本书为"涉农或农村治理"的系列成果之一

农村集体经济组织
特别法人制度构建研究

吴宜男　李　佳　陈钦昱 ◎ 著

西南交通大学出版社
·成都·

图书在版编目（CIP）数据

农村集体经济组织特别法人制度构建研究 / 吴宜男，李佳，陈钦昱著. -- 成都：西南交通大学出版社，2024. 7. -- ISBN 978-7-5643-9923-8

Ⅰ. D922.44

中国国家版本馆 CIP 数据核字第 20240UW084 号

Nongcun Jiti Jingji Zuzhi Tebie Faren Zhidu Goujian Yanjiu
农村集体经济组织特别法人制度构建研究

吴宜男　李　佳　陈钦昱　著

责 任 编 辑	邵莘越
封 面 设 计	墨创文化
出 版 发 行	西南交通大学出版社
	（四川省成都市金牛区二环路北一段 111 号
	西南交通大学创新大厦 21 楼）
营销部电话	028-87600564　028-87600533
邮 政 编 码	610031
网　　　址	http://www.xnjdcbs.com
印　　　刷	郫县犀浦印刷厂
成 品 尺 寸	185 mm × 260 mm
印　　　张	11.75
字　　　数	318 千
版　　　次	2024 年 7 月第 1 版
印　　　次	2024 年 7 月第 1 次
书　　　号	ISBN 978-7-5643-9923-8
定　　　价	60.00 元

图书如有印装质量问题　本社负责退换
版权所有　盗版必究　举报电话：028-87600562

前 言
PREFACE

2016年，中共中央、国务院《关于稳步推进农村集体产权制度改革的意见》第十九条提出，应"抓紧研究制定农村集体经济组织方面的法律，赋予农村集体经济组织法人资格"。随后，每年中央"一号文件"均强调抓紧研究并制定农村集体经济组织相关法律，以此维护农村集体经济组织的特别法人地位和权利。2020年中央进一步提出，要"有序开展集体成员身份确认、集体资产折股量化、股份合作制改革、集体经济组织登记赋码等工作"。如今，《中华人民共和国民法典》第九十六条以特别法人制度明确了农村集体经济组织的法人地位，使之作为民事主体参与民事活动具备了合法依据。纵观特别法人制度之"入法"，既从理论层面完善了我国法人分类体系，又在实践层面为特别法人提供了法律基础。除此之外，也为我国目前农村集体产权制度改革、全面推进乡村振兴提供了法律依据与制度支撑，对《中华人民共和国民法典》所确立的法人制度体系实践落地具有重要推进作用。

2024年6月28日，第十四届全国人民代表大会常务委员会第十次会议通过了《中华人民共和国农村集体经济组织法》，该法自2025年5月1日起施行，这是中国农村改革史上的里程碑事件，亦是巩固改革成果的必然路径。这是一部关系农村改革、发展、稳定的大局和亿万农民的切身利益的重要法律，对于实践中农村集体经济组织法人治理结构"五花八门"式的探索，此番立法恰有正本清源、适逢其时之意。

本书研究的核心正是农村集体经济组织特别法人制度的科学化、体系化构建，本研究不仅旨在阐明立法视域下的法人制度体系化构建之路，更是对立法最及时回应。通过调研、查询、分析等方式，本书多维多向剖析全国典型试点的举措和困境，在《中华人民共和国农村集体经济组织法》颁布到施行的"窗口期"，本书可作为农村集体经济组织特别法人构建的实践探索和制度推广的技术性、指导性用书，并可作为推广性用书为"深化农村集体产权制度改革，构建集体经济治理体系""'天府粮仓'背景下法治化营商环境建设的检察履职路径研究"等方面提供深度增益。

三更灯火五更鸡，正是写作奋进时。此书从计划到成稿经历了一年时间，无数个夜晚的写作情景存于作者的记忆，写作中每个观点梳理通彻后的喜悦记于作者的心中。本书第一、二章由李佳主笔，第三、四、五章由吴宜男主笔，第六、七章由陈钦昱主笔，在此要特别感谢于新循教授、颜勇教授所提供的写作思路和技术指导，同时感谢马艺先生提供的对于此书具体内容的诸多思考，还要感谢祝佳怡、廖佳怡、钟泽凯、聂梓亭、张雨婷、彭莉芸、刘佳音、李珂欣、邹佳彤等同学对于本书校稿所贡献的力量，此书稿得以顺利完成离不开大家的付出，纵无法十全十美，只愿回望无疚于心。

本书为 2021 年教育部人文社会科学研究"家庭农场法律规制与促进研究——面向《家庭农场法》的立法推动"（项目批准号：21XJA820001）阶段性研究成果，2023 年教育部高校国别和区域研究备案中心日韩研究院项目"日本家庭农场法律规制对我省'天府粮仓'建设的启示"（项目批准号：2023RHYB014）阶段性研究成果。

吴宜男
2024 年 7 月 9 日于嘉州

目 录
CONTENTS

第一章 农村集体经济组织基本认识 ... 001
 第一节 农村集体经济组织的历史变迁 ... 002
 第二节 农村集体经济组织的内涵确定 ... 011
 第三节 农村集体经济组织的外延辨析 ... 017
 第四节 农村集体经济组织的相关法律规范 ... 023

第二章 农村集体经济组织特别法人之构建基础 ... 033
 第一节 农村集体经济组织特别法人的确立 ... 033
 第二节 农村集体经济组织的立法价值及现实意义 ... 041
 第三节 农村集体经济组织特别法人的组织形式 ... 046

第三章 农村集体经济组织特别法人之特别性认识 ... 059
 第一节 农村集体经济组织法人的特别性溯源 ... 059
 第二节 农村集体经济组织特别法人设立的特别性 ... 067
 第三节 农村集体经济组织特别法人成员的特别性 ... 072
 第四节 农村集体经济组织特别法人治理的特别性 ... 075
 第五节 农村集体经济组织特别法人终止的特别性 ... 078

第四章 农村集体经济组织特别法人制度之构建理念 ... 081
 第一节 农村集体经济组织特别法人制度的构建原则 ... 081
 第二节 农村集体经济组织特别法人制度的构建思路 ... 087

第五章 农村集体经济组织法人制度之构建路径 ... 095
 第一节 农村集体经济组织特别法人制度的改革典型 ... 095
 第二节 农村集体经济组织特别法人制度的构建路径选择 ... 117

第六章 农村集体经济组织特别法人制度之构建核心 ... 124
 第一节 农村集体经济组织特别法人财产制度构建 ... 124
 第二节 农村集体经济组织特别法人成员权利体系构建 ... 134

第七章 农村集体经济组织法人制度之构建方式 ... 146
 第一节 农村集体经济组织特别法人管理体制构建 ... 146
 第二节 农村集体经济组织特别法人治理机制构建 ... 156
 第三节 农村集体经济组织特别法人终止程序构建 ... 166

参考文献 ... 174

第一章 农村集体经济组织基本认识

　　农村集体经济组织是自我国改革开放以来，一直独立存在的一种民事主体，是我国农村地区最重要的组织形式之一，也是农村经济发展中责任承担的主要载体。[1]农村集体经济组织不仅是我国深化农村改革的核心体现形式，更是推动乡村振兴发展以及实施新型城镇化战略的重要力量。虽然《中华人民共和国宪法》（以下简称《宪法》）规定了农村集体经济组织的体制和主体地位，纵观长期实践，仍存在着集体所有权含义不清、集体组织性质模糊等限制其适用的问题，且长期存在农村集体经济组织与其他农村组织形式如村民委员会、村民小组之间交叉或相互混淆的现象。[2]

　　在长达 40 多年的实践改革过程中，我国经济发达地区的农村集体经济组织率先实施了股份制改造，随即开展的就是对于集体经济组织的地方性立法探索，但因地区差异，地方性立法无法达到统一标准，这也凸显出地方立法较为混乱的状况。[3]虽然《中华人民共和国民法通则》（以下简称《民法通则》）在立法时将关注点落脚于农村集体经济组织，但也仅限于概念的界定，对其民事主体地位的规定并不明确。这种情况导致虽然在市场活动中建立了农村集体经济组织，但它却不能以独立法人的身份参与其中。加之农村集体经济组织内部治理结构依据甚少，集体财产管理使用相对不透明，这一主体存在着较大的流失风险。直至《民法总则》颁布，农村集体经济组织才首次被法律赋予"特别法人"的地位。虽然立法填补了法人地位确立的空白，但没有对集体经济组织特别法人的制度进行进一步明确。2024 年 6 月 28 日《中华人民共和国农村集体经济组织法》（以下简称《农村集体经济组织法》）的通过代表着未来将以顶层设计的方式来维护农村集体经济组织及其成员的合法权益。但因立法较新且未正式实施，现实形态下的农村集体经济组织实际运行仍然面临着各种复杂的局面。为此，本书第一章将立足于研究农村集体经济组织的机理，以此助力深入探索和建设农村集体经济组织特别法人制度的整体构架。

---

[1] 黄宗智. 中国的隐形农业革命[M]北京：法律出版社，2010：1.

[2] 农村集体经济组织的体制规定在《宪法》第八条，农村集体经济组织的主体地位规定在《宪法》第十七条。

[3] 这里需要说明的是，我国广东、湖南、湖北等地都先后进行了农村集体经济组织的立法探索与改革实践。如广东省 2006 年颁行《广东省农村集体经济组织管理规定》，对农村集体经济组织的组织构成、登记注册等内容进行了规范，同时废止了改革前所适用的《广东省农村社区合作经济组织暂行规定》；2023 年 4 月广东省又颁行《广东省农村集体经济组织财务制度实施细则》，进一步通过地方立法细化农村集体经济组织的财务管理制度。

第一节　农村集体经济组织的历史变迁

一、农村集体经济组织的始源

作为一种极具中国特色的经济组织，我国农村集体经济组织诞生于20世纪50年代新中国农业社会主义改造时期，这一时期也被认为具有"历史发展的阶段性"。[1]农村集体经济组织的始源为研究其本质的起点，不论从理论还是实践上探究，始终存在四种学说观点，未达成一致。

（一）农业生产互助组

1. 发展时期

最早的一种代表性观点认为，农村集体经济组织的始源是农业生产互助组。[2]中华人民共和国成立以前，我国实行土地私有制度，大量土地被少数地主集中占有，而贫苦农民却无地可种。1947年7月，中共中央召开全国土地会议，决定在解放区推行土地改革，实行耕者有其田的土地制度，废除地主土地所有制，将土地充公，按农村人口平均分配。这一政策极大地鼓舞了贫苦农民的生产热情和革命积极性，农民踊跃参军，积极支援前线，使解放战争迅速取得了胜利。中华人民共和国成立后，1950年6月，中央人民政府颁布了《土地改革法》，其中第一条明确规定：废除封建剥削的地主土地所有制，实行农民土地所有制，以此解放农村生产力，促进农业生产，开辟新中国工业化的道路。各地据此开始推行土地改革，实行农民土地所有制，让每一位农民都能拥有自己的土地。到1953年，土地改革基本完成。封建剥削的土地制度被彻底废除，封建的土地所有关系得到根本改革。土地改革使农村生产关系得到彻底改变，农村生产力量得到有效解放，农业生产得到较快恢复和发展，为国家的工业化建设创造了条件。

随着土地改革的推进，农村社会趋于稳定，农业生产迅速恢复，但由于人口、环境等存在差异，各地农业产量情况各异。比如，在地少人多的地区，一家一户生产经营规模小、生产较为分散，农民不能合理分配劳动力、利用土地，无法利用新技术，不能很好地抵御自然灾害，劳动生产率明显低下。而在地广人稀的地方，由于土地耕种、收获季节往往较为集中，劳动力以及农机具的利用负担重、使用矛盾突出，一家一户的生产常常不能在农时完成农作任务，导致农业出产量较低。为解决上述矛盾，提高农业生产量，全国许多地区的农民自发团结起来，开展农业生产互助合作活动，形成了互助组。[3]改革初期的1950年，全国建立起了272万个互助组，有1 131万农户参与其中，占全国总农户数的10.7%。[4]之后一年的时间内，全国范围内建立的互助组迅速发展到了467万个，参与其中的农户增加到2 100万户，占全国总农户数的19.2%。

---

[1] 赵万一. 民法概要[M]. 武汉：华中科技大学出版社，2014：153.
[2] 龙卫球，刘保玉. 中华人民共和国民法总则释义与适用指导[M]. 北京：中国法制出版社，2017：340.
[3] 李永军. 集体经济组织法人的历史变迁与法律结构[J]. 比较法研究，2017（4）：36.
[4] 谢春涛. 中国共产党读本[M]. 北京：中国青年出版社，2014：286.

2. 特点与形式

农业生产互助组最明显的特点是：第一，以劳动为交换对象，虽然为个体经济，但体现了集体劳动，与纯粹的个体经济存在差异性；第二，以私有制为基础，虽然互助生产，但未将土地、耕畜、农机等生产资料进行共享，奠定了合作经营的雏形；第三，以自愿互助为前提，产生不同形式的互助组，最终提高了劳动生产率，产量高于个体农户；第四，以临时性、季节性为组织起点，互助组虽进行互助合作，但显现出较为明显的临时性和季节性，农户之间仍保持各自独立经营，是一种松散的外部联合。

农业生产互助组有两种形式——临时互助组和常年互助组。临时互助组是季节性的小型灵活劳畜变工组织形式，即几户农户基于自愿互助进行临时性换工生产，农忙过后互助组解散，来年若有需要再次进行自愿组织。临时互助组的劳动互助，主要基于农民之间的感情而联结，彼此之间劳动力强弱大致相当，以工换工或以牛换工。虽然农户仍保持各自的独立经营，但解决了生产中的部分困难。常年互助组是农业生产互助组的高级形式，其特点是具有固定的小组、共同的发展计划以及一定的组织制度，是一种长期性互助组织。与临时互助组相比，常年互助组的规模更大，时间更长。常年互助组一般由十户农户组成，农户之间不仅在主要的农事活动中进行固定的生产互助，还在小型水利、产供销等活动中进行互助合作。组内有明确的分工分业和简单的生产计划，有的互助组通过提留集体累计产生少量公共资产以便购买互助物资。这两种形式的互助组都以私有制为基础，都在集体劳动中体现出自愿互惠原则，虽未具备农村集体经济组织的组织化实体本质特征，但为后期的合作经营奠定了良好的基础。[①]

（二）初级农业生产合作社

1. 发展时期

1953年，中共中央将农业合作组织发展的重点转到了初级社，期望通过农民集体劳动、统一经营来推动农业生产的更大发展，以便为工业化提供更多的原始积累资金。中共中央通过《关于发展农业生产合作社的决议》，指出了办好农业生产合作社的各项工作要求，并对个体农业的转型之路作出了明确表述，即引导农民建立从互助组到初级社再到高级社的合作社，以实现合作社从社会主义萌芽到半社会主义再到完全社会主义的过渡。在这一转型过程中，要坚持以"积极引导、稳步推进"为原则和指导方针，在农业社会主义改造过程中不断取得新进展。既要反对一切强迫命令、剥夺农民权益的行为，也要反对放任自流的农事现象。自此，农村互助合作开始由互助组的普遍发展阶段、初级社的试办阶段向初级社的普遍发展阶段、高级社的试办阶段发展。

1955年，全国人大常委会确定：农业生产合作社是劳动人民建立的集体经济组织。基于初级农业合作社实现了集体劳动和集体共有资产，农户将自己的土地、耕畜、农具交给合作社形成了以生产队为单位的集体经济组织，有学者认为这便是农村集体经济组织最初的表现形式。[②]在此基础上，也有学者认为，从1950年的初级社、高级社到人民公社、生产大队、生

[①] 应建均. 农村集体经济组织法人主体确定及其实现[D]. 重庆：西南政法大学，2018：35.
[②] 陈甦. 民法总则评注（上）[M]. 北京：法律出版社，2017：683.

产队，再到 1980 年后的改革，农村集体经济组织制度历经多次变革才最终形成。①根据前文所述，农村集体经济组织的制度是在《农业生产合作社示范章程》中首次得到规范式明确的，以此认定农村集体经济组织的初始形态是初级农业合作社，此种观点最宜。

2. 特征

初级合作社是合作性的经济组织，以私有土地入社和劳动相结合的方式换得农业生产分红，激发了农民的参与热情，同时也克服了互助组劳动集中，经营却分散的矛盾，农业生产的整体产出量得到提高。②农业生产初级合作社的特点突出表现在以下几个方面：第一，以土地为基础，以生产资料入社为前提。农民将自有土地和生产资料交由合作社统一安排使用，但其所有权仍然属于社员。第二，非主要生产资料可不入社。社员拥有的日常生活资料和零星小型财产，如家禽、家畜、小型农具以及经营家庭副业必需的工具等，无须入社，仍归社员私人所有。第三，社员有权获得报酬，也有权取得红利。以入社的土地数量和质量为标准，社员享有从初级社每年的收入中获得适当的报酬和入股分红的入社权益。第四，坚持以自愿为前提。初级社的社员有权自由退社，退社时可以对入社的土地退股，仍然没有改变互助组的原则。③

（三）高级农业生产合作社

1. 发展时期

把高级农业生产合作社作为农村集体经济组织的源头的观点，在理论和实践研究中也较普遍。由于初级农业生产合作社本质上仍保持了农村土地私有制，这与社会主义公有制的目标背离，故全国踏上再次改革的道路。从 1956 年开始，高级农业生产合作社的发展达到高潮，各地的初级合作社纷纷向高级合作社过渡。这种建立在生产资料集体所有制基础上的农业生产高级合作社，在一些学者眼里，也是农村集体经济组织建立的标志。④

高级农业生产合作社的本质是农民合作经济组织，以主要生产资料集体所有制为基础，实行土地集体所有制和主要生产资料集体所有制，取消土地分红制度，以适当的价格将农具和耕畜收归入社，产品分配比例由劳动贡献决定。合作社制订生产计划，推行季节和长年包工制度，社、队之间实行"三包一奖罚"的管理办法；⑤对农户实行劳动定额，按投工量计酬。高级社将农民私有的土地无偿划入集体所有，大牲畜、大型农具、非农具等由集体有偿收购。土地上的附属设施，如池塘、水井等水利设施，则随土地一起转移到集体名下。如果这些水利设施是新修的，本主尚未从中享受到利益，高级社会适当补偿本主所支付的费用。为满足社员的生活需要，高级社按照各户人口数量和合作社拥有土地资源的多少来划拨一定数量的自留地给社员个人种植蔬菜，划拨的土地数量一般不高于当地每人平均拥有土地数量的 5%。

---

① 李适时. 中华人民共和国民法总则释义[M]. 北京：法律出版社，2017：305.
② 马晓河. 中国农村 50 年：农业集体化道路与制度变迁[J]. 当代中国史研究，1999（5）：73.
③ 何宝玉. 我国农村集体经济组织的历史沿革、基本内涵与成员确认[J]. 法律适用，2021（10）：9-21.
④ 罗培新. 放好农村集体经济组织这只"风筝"——农村集体资产监管立法论略[N]. 文汇报，2017-04-02（7）.
⑤ "三包一奖罚"是指包工、包产、包费用和超产奖励。

2. 特征和性质

高级农业生产合作社具有以下特征：第一，高级合作社实现了主要生产资料的公有化和社员个人消费品的按劳分配。高级合作社可以无偿获得社员私人所有的土地，可以在向社员支付合理价格后获得社员私有的耕畜以及大中型农机具。而社员的日常生活资料和零星小型财产，如家畜、家禽、小型农业用具以及开展家庭副业所必需的工具等，仍归社员私人所有。高级社有计划地分工和统筹协作，组织社员参与社内劳动。第二，高级社在社员之间以按劳分配原则分配扣减了税金、生产费、公积金和公益金后的收入总额的剩余部分。第三，高级社实行民主管理的方式，它的最高领导机构是社员大会或社员代表大会。它选举出的管理委员会负责管理社务，监察委员会负责监察社务。

更先进的高级农业生产合作社能够大规模地开展农业基础设施建设，引进新型农机具，创造有利的环境，使农业技术改革和生产条件改善得以实现；也能够根据国家规划的指导，结合地方实情和特色，发展农林牧渔及工副业生产，以满足社员、集体、国家的需要。就其本质而言，高级社是具有完全社会主义性质的合作经济组织，实现了主要生产资料的公有制和按劳分配的制度，被认为是我国全面建立集体经济组织的开始和基础。[1]有学者称，高级农业生产合作社后来经过了从人民公社到生产大队再到生产队的演变，又经过了 1980 年以来的改革，转变为社区性合作经济组织，理应是农村集体经济组织的前身。[2]上述认为农业生产高级合作社是农村集体经济组织的始源的观点，显然把判断的重点放在了农村集体经济组织应该是完全社会主义性质的组织形式上，而初级农业生产合作社是半社会主义性质，因此，只有高级农业生产合作社才符合判断的标准。

（四）人民公社

高级农业生产合作社的迅速发展推动了农业生产的跨越式发展，人民公社应运而生。人民公社是农村土地集体所有制的组织载体，是农业现代化和农村工业化的组织载体，也是传统农村社会结构向现代社会转型的组织载体，是农村集体所有制经济向全民所有制经济发展的桥梁，同时也有不少学者主张人民公社是农村集体经济组织真正始源。[3]

1. 发展时期

1958 年，为兴修水利、推进农田基本建设，中共中央提出将小型高级农业生产合作社合并为大社，合并后的大社称为"人民公社"。随即，全国开始了小社并大社工作，推行"一乡一社"模式，并要求人民公社应是一个以工农商学兵合一、政社合一为原则，具有集体化程度较高、规模较大的特点的集体组织形式。从高级农业生产合作社到人民公社、从合作经济到集体经济，这一变化的本质是农业合作化向农村集体化的发展，这一发展标志着集体组织规模的扩大和农业产业结构的拓展。基于此，有学者提出农村集体经济组织经历了一个较长的发展过程，最初的形式便是新中国成立初期的人民公社化运动，只是在 20 世纪 80 年代

---

[1] 李永军. 集体经济组织法人的历史变迁与法律结构[J]. 比较法研究，2017（4）：38.
[2] 杜万华. 中华人民共和国民法总则实务指南[M]. 北京：中国法制出版社，2017：380.
[3] 最高人民法院民法典贯彻实施工作领导小组. 中华人民共和国民法典总则编理解与适用（上）[M].
北京：人民法院出版社，2020：687.

的农村改革和发展后,农村集体经济组织模式发生了很大的变化。①即便也有学者认为人民公社是农村集体经济组织的起源,但同时又提出若没有法律规定的集体经济组织的特征——成员共同劳动、共同分配,则不可能是真正的"集体经济组织",因此这些学者认为《农村人民公社工作条例(修正草案)》的通过才是现行法律规定的"农村劳动群众集体经济组织"出现的标志。②

2. 主要特征

"一大二公"是人民公社的主要特征。"大"指的是规模大。一个人民公社平均由28个原来的合作社组成,囊括了四千至二万个农户,基本上一个乡就是一个社,甚至几个乡才能组成一个社。"公"指生产资料高度公有化。公社将所有生产资料,如土地、耕畜、农具等收归统管,进行统一核算、统一分配;将国营商业、粮食、银行等部门的基层机构下放到人民公社,由人民公社统一经营。人民公社实行政社合一体制:它不仅是一个负责全社的农林牧副渔业生产经营,以及国营商业、粮食、银行等部门的基层机构经营的经济组织,同时也是担当工农商学兵(民兵)等各方面管理工作的一级政权机构。人民公社早期实行混合分配制度,供给制与工资制相结合。③公社被划分为若干个生产大队,生产大队又被划分为若干个生产小队,由上到下实行纵向管理,形成三级管理体制。这一体制内部各级分工不同,公社统筹全局,负责全社的生产安排、协调物资、劳动力的调配、产品的分配并负责主要经济核算;生产大队的职责较公社更加具体,主要负责生产管理和部分经济核算;生产小队则负责落实生产。人民公社还在社员的生活方式和公社的劳动组织方式中融合军事化管理,实现"生活集体化、组织军事化、行动战斗化"。并且,人民公社还重视公益福利事业发展,大量兴办托儿所、敬老院等。

二、农村集体经济组织的演变

梳理农村集体经济组织的起源,不难发现,农村集体经济组织的发展经历了从初级农业生产合作社发展至高级农业生产合作社,再改革成为人民公社,最后演变为农村集体经济组织的四个主要历史阶段。④

(一)起点:初级农业生产合作社

1952年年底,互助合作形式的推广取得显著成效,全国已建立起了830多万个农业互助合作组织,全国总农户中有40%参与其中,其中还有个别地区试办的3 634个初级农业生产合作社。⑤1953年2月,中共中央发表《关于农业生产互助合作的决议》,要求发展临时互助组、常年互助组和以土地入股为特点的农业生产合作社三种互助合作形式。在当时粮食紧

---

① 王利明等.民法学(第六版)[M].北京:法律出版社,2020:115.
② 孙宪忠.推进我国农村土地权利制度改革若干问题的思考[J].比较法研究,2018(1):173.
③ 有些公社宣布对社员的生活实行"七包""十包",甚至"十五包""十六包",即包下社员的衣食住行、生老病死、婚丧嫁娶、教育医疗等各种基本生活费用。
④ 值得特别注意的是,在农村集体经济组织发展的四大阶段中,初级农业生产合作社和高级农业生产合作社是一定时期同时存在的两种形式,故演变的梳理以实践发展进程为主。
⑤ 谢春涛.中国共产党读本[M].北京:中国青年出版社,2014:287.

缺的情况下，加之全国工业化建设的恢复，农业产量已无法满足大规模的工业化建设的需求。[①]因此，农业合作组织将发展重心转向初级合作社，期望通过农民集体劳动、统一经营、分工协作等方式进行粮食统购统销，加快推进农业社会主义改造进程，推动农业生产的更大发展，为产业化提供更多的原始积累资金。1953年6月，中共中央提出要在一段较长的时间内逐步实现社会主义工业化和三大改造（即对农业、手工业和资本主义工商业的社会主义改造）的过渡时期总路线。同年12月，中共中央通过《关于发展农业生产合作社的决议》，肯定了该年2月发布的《决议》及其实施成效；并在此基础上提出要逐步改善管理，努力增加生产，实行合理分配，以及增加社员收入，采取多元化、灵活化的分配制度以增加社员权益保障的规定；同时，公有财产积累和公积金、公益金积累也须以社员自愿为原则。初级农业生产合作社发展迅猛，在1953年全国就建立了14 171个农业生产合作社，其中包括15个高级合作社。[②] 1954年年底，初级社已达到49万个，高级社达到200个，初级合作社数量增长迅速，已经超过了《关于发展农业生产合作社的决议》中提出的发展预期速度。[③]在这种发展速度下，很多地方出现了严重损害农民利益的情况，非正常杀猪、杀牛现象频繁，由此，耕牛的数量也急速减少，农民的不满情绪持续上升。为解决这种乱象，1955年年初，中共中央、国务院陆续发出各种文件，要求停止继续扩张农业生产合作社规模和数量，集中精力进行整顿和巩固。[④]整顿工作成效显著，1955年6月，全国共有农业生产合作社65万个，其中高级社有529个，实际参加秋收分配的有63.4万个，加入合作社的农户有1 692万户，占全国总农户数量的14.2%；同年10月底，全国的农业生产合作社已经发展到128万个，入社农户增加到3 813万户；11月底合作社达到158万个，入社农户增加到4 940万户；12月底达到190万个合作社，已有7 545万户农民入社。

1955年11月，全国人大常委会总结实践经验，通过了《农业生产合作社示范章程（草案）》，其中第一条明确规定，农业生产合作社作为农民的集体经济组织，将社员的土地、耕畜等主要生产资料收归集体统一使用，并逐步实现这些生产资料的公有化；它组织社员协作劳动，并对其共同劳动的成果进行统一分配。该《草案》第三条还进一步指明，农业生产合作社的发展经历了从初级到高级两个阶段。初级阶段的合作社是半社会主义性质，在这一阶段，土地的所有权人仍然是农民，但合作社也有一定的公有生产资料：社员保留对交给集体统一使用的土地和其他的生产资料在一定期间内的所有权，并能从合作社获得适当报酬。到1955年年底，加入初级社的农户由1 600多万发展到7 574万户，河北、安徽、湖北、辽宁、天津等14个省市基本实现了半社会主义性质的初级社化。[⑤]到1956年，全国已有10 667万户农户加入了初级社，占全部农户的90%，半社会主义性质的初级社化在全国范围内已基本实现。

[①] 中共中央党史研究室. 中国共产党历史第二卷（上册）[M]. 北京：中共党史出版社，2011：184.
[②] 孔祥智，片知恩. 新中国70年合作经济的发展[J]. 华南师范大学学报（社会科学版），2019（6）：30.
[③] 《关于发展农业生产合作社的决议》提出1954年秋前初级社由现有的14 000多个发展到35 800多个，到1957年争取发展到80万个左右，参加的农户争取达到农村总户数的20%左右。
[④] 文件包含《关于整顿和巩固农业生产合作社的通知》《关于大力保护耕畜的紧急指示》《关于迅速布置粮食购销工作，安定农民生产情绪的紧急指示》等。
[⑤] 这里所指的14个省市有河北、山西、辽宁、黑龙江、吉林、安徽、河南、湖南、湖北、青海、甘肃、北京、上海、天津。

（二）发展：高级农业生产合作社

高级农业生产合作社的建立排山倒海般地快速推进，数量增长速度十分迅猛，这也造成了初级农业生产合作社的运行成效出现反复，数量大幅减少。1956年6月，一届人大三次会议通过了《高级农业生产合作社示范章程》，该《章程》详细规定了指导农业合作化运动的高级合作社基本规范。①同月，具有完全社会主义性质的高级社化在京、津、沪、冀、晋、辽、吉、黑、豫、桂、青等省份基本实现，在这些省份，加入高级社的农户达到了该省总农户的90%~95%。同年秋季，湘、赣、皖、苏、浙、鄂等省也紧随其后，高级社的入社农户均达到该省总农户的80%以上。

1956年年底，全国范围内普遍建立了以集体土地所有制为基础的高级农业生产合作社。初级社减少至76万个，高级社增加至54万个，入社农户共计11 783万户，占全国农户总数的96.3%，其中加入高级社的农户占87.8%。②在这一过程中，虽然有些地方出现了初级社匆忙转为高级社、小社并大社等现象，但绝大多数农民拥护农业合作化高潮的到来。由于每个高级社往往囊括几个初级社，因此社均户数明显增多，1956年年底有155.9户，其中高级社有199户。1957年，高级社发展为75.3万个，而初级社则减少至3.6万个，加入农户共12 105万户。③1951—1957年农业生产合作社发展情况如表1-1所示。

高级农业生产合作社与初级农业生产合作社相比，有明显不同：第一，生产资料所有制由私有制转变为公有制，高级社是一个以生产资料公有制为基础的集体经济组织；④第二，在土地政策上，取消了入股分红的社员权益，高级社直接实行土地所有制；第三，在利益分配政策上，取消了对社员股金分红的权益，直接改为年终收入的按劳分配；第四，在性质上，高级社因为规模较大而产生了社区性，并承担了社区内社会事务管理的职责。⑤从表1-1中的数据可以看出，农业合作化在1956年年底已经在全国范围内基本实现，这也标志着我国已经基本完成了农业社会主义改造。⑥高级农业生产合作社的建立也是农村合作社经济与集体经济的重要分水岭。⑦

---

① 1956年3月全国人大常委会通过的《关于农业生产合作社示范章程的决议》提出，农业生产合作社示范章程草案经过各地试用，证明是切合实际的，可以不再修改补充；同时，现在全国加入农业生产合作社的农户已经达到农户总数的85%，其中高级合作社的社员约占社员总数的60%，急需通过"农业生产合作社示范章程"，不必再提请全国人民代表大会讨论通过，并且应当从速制定高级农业生产合作社的示范章程。因此决议：将本会第二十四次会议通过的农业生产合作社示范章程草案照原案通过，成为正式章程。
② 罗平汉.农业合作化运动史[M].福州：福建人民出版社，2004：310.
③ 王贵宸.中国农村合作经济史[M].太原：山西经济出版社，2006：317-320.
④ 祝之舟.农村集体土地统经营法律制度研究[M].北京：中国政法大学出版社，2014：35.
⑤ 陈水乡.北京市农村集体经济产权制度改革历程(1992—2013年)[M].北京：中国农业出版社，2015：2.
⑥ 孟勤国，黄莹，段晓红，等.中国农村土地流转问题研究[M].北京：法律出版社，2009：33.
⑦ 温铁军.三农问题与制度变迁[M].北京：中国经济出版社，2009：207.

表 1-1　农业生产合作社发展情况（1951—1957）[1]

数量	1951 年	1952 年	1953 年	1954 年	1955 年	1956 年	1957 年
发展计划数量/个				35 800	350 000	1 000 000	1 300 000
初级社数量/个	129	3 634	14 171	490 000	1 900 000	760 000	36 000
高级社数量/个	1	10	15	200	138 000	544 000	753 000
入社农户总数/户	1 588	59 000	275 000	15 000 000	75 740 000	117 830 000	121 050 000
占总农户百分比/%	0.01	0.29	0.32	2.69	63.3	96.3	96.9

（三）转变：人民公社

随着农田水利建设和农机化目标的提出，1958 年 3 月，成都会议通过的《中共中央关于把小型的农业合作社适当地合并为大社的意见》（中央政治局会议于同年 4 月 8 日批准）中强调："我国农业发展正处在迅速实现农田水利化的进程中，并将在最近几年内逐步实现耕作机械化。如果农业生产合作社规模过小，会阻碍生产的组织和发展。因此，在条件允许的地方，有必要将小型农业合作社有计划、适当地合并为大型合作社，以适应农业生产和文化革命的需要。"在文件指导下，全国陆续以一乡一社为原则，将高级农业生产合作社的小社并为大社。全国农村由此掀起了一场以"小社并大社，转为人民公社"为方向的人民公社化运动。

1958 年 8 月，北戴河会议通过的《中共中央关于在农村建立人民公社问题的决议》指出：在当前情况下，几十户、几百户的单一的农业生产合作社已不能适应形势发展的要求，建立人民公社是必然趋势。为了引导农民更快地推进社会主义建设，提前建成社会主义并逐步过渡到共产主义，建立一个农、林、牧、渔全面发展，农、工、商、学、兵相结合的人民公社是接下来必须坚持的基本方针。具体来说，一般一乡一社、由两千户左右组成的人民公社的组织规模较为适宜；但也可以根据具体情况进行调整，可以一乡数社、少于两千户，这在一些乡界辽阔、人烟稀少的地方更加适用；还有的地方也可以按照自然地理环境和农业发展的要求，把几个乡合并为一个乡，由六七千户组成一社。并要坚持乡党委就是社党委，乡人民委员会就是社务委员会原则，实行"政社合一"制度。[2]全国范围内很快就掀起了人民公社化运动的热潮。据统计，到同年 9 月 29 日，在短短一个月左右的时间内，全国建立了 23 397 个

---

[1] 此组数据根据国家统计局农业统计司的《农业合作化和 1955 年农业生产合作社收益分配的统计资料》、《当代中国农业合作化》编辑室的《建国以来农业合作化史料汇编》、王贵宸的《中国农村合作经济史》、蒋云龙的《20 世纪 50 年代我国农业生产合作组织发展回顾与评析》、孔祥智的《新中国 70 年合作经济的发展》等多个文件、论文整理而成。

[2] 中共中央文献研究室. 建国以来重要文献选编（第一册）[M]. 北京：中国文献出版社，2011：384-385.

人民公社，入社农户占全国总农户数的90.4%。①高级农业生产合作社在全国农村推行了不到两年，建立的高级社在一个多月的时间内就大部分被人民公社取代，全国农村实现了人民公社化。

人民公社时期，我国实现了生产和生活资料的公有化，实行"政社合一"的管理体制，即人民公社同时是经济和基层政权组织。②在此之后又经过两次调整，最终形成"三级所有，队为基础"的人民公社制度。③然而事实证明，这场全国范围内的人民公社运动，并不适合当时农村的生产和生活，无法满足中国农村的实际需求。

（四）改革：农村集体经济组织

1978年农村改革后，包产到户、包干到家的生产方式在全国农村地区得到推广和普遍发展。在这一时期，人民公社的作用日益弱化，而以农户为主体的家庭联产承包责任制成为农业生产的主要形式。中共中央、国务院于1983年10月发布《关于实行政社分开建立乡政府的通知》（中发〔1983〕35号），要求分别建立乡政府和基层群众自治组织，实行"政社分开"制度。至此，问题频发的人民公社组织体制被终结，而农村集体经济组织则继续以其他形式发展着。例如在经济发达地区，乡镇一级设有行使经济管理职能的经济联合总社或农工商总公司等集体经济组织，有的村民小组还设有经济合作社。但在经济欠发达地区，基本上只设立了村民委员会作为农村集体经济组织的代管机构，代为行使职能。1984年，中央一号文件《关于1984年农村工作的通知》发布最新要求：政社分设后，农村经济组织可以灵活采取多种形式和规模，反对自上而下地强制推行某种模式，应该根据生产发展的需要，在群众自愿的基础上选择。为健全统一经营与分散经营相结合的经营体制，一般应设立土地公有制基础上的地区性合作经济组织。这种地区性合作经济组织，可以称作经济联合社、农业合作社，也可以以群众选定的其他名称命名；可以以村（大队或联队）为单位，亦可以以生产队为单位；可以与村民委员会分立，也可以建立在同一个体系中，实行"一套班子、两块牌子"。以村为单位设立农村集体经济组织的，原生产队的资产不能平调，必须妥善处理好债权债务关系。原公社一级已经形成了经济实体的，应充分发挥其经济组织的效用；对于经济力量较弱的公社，可根据具体情况，参照群众意愿，建立不同形式的经济联合组织或者协调服务组织；没有条件的地方也可以不设置。这些组织与地区性合作经济组织和其他专业合作组织之间的相互关系，不再是行政隶属和逐级过渡，而是协调指导或平等互利。④

之后，人民公社普遍改为乡（镇），成为行使行政管理权的基层地方政府，生产大队普遍改为村，生产队普遍改为村民小组。但是，各地实际情况不同，在集体经济组织设置上，

---

① 其中，有12个省、自治区、直辖市100%的农户加入人民公社，10个省、自治区85%以上的农户加入人民公社。到10月底，全国农村建立的人民公社达到26 000多个，入社农户占农户总数的99%以上。

② 《农村人民公社工作条例修正草案》第一条规定："农村人民公社是政社合一的组织，是我国社会主义社会在农村中的基层单位，又是我国社会主义政权在农村中的基层单位。"

③ 这里的两次调整是指：1958年12月的第一次调整，即针对人民公社一级领导机构统一指挥管理提出的"统一领导，三级管理，管理区（或生产大队）为基本核算单位"模式。1962年的第二次调整，即针对人民公社基本核算单位的有效层级提出的"三级所有，队为基础"模式。

④ 中国共产党中央委员会. 中共中央关于一九八四年农村工作的通知[EB/OL].（1984-01-01）[2024-07-01]. https://www.crnews.net/zt/jj2022nzyyhwj/lnyhwj/944850_20220221014627.html.

也存在较大差别。在一些经济发达地区，乡镇一级设有行使经济管理职能的经济联合总社或农工商总公司等集体经济组织；村一级设有村民委员会和村经济合作社联社；村民小组设有经济合作社等集体经济组织。而在经济欠发达地区，村一级一般只设置了村民委员会；村民小组也没有设立经济合作社等经济组织，集体土地由村民小组依据集体土地所有权进行发包管理。

总体而言，随着集体经济组织体制的发展变迁，我国农村集体经济组织的形式日趋复杂。从村社合一到20世纪80年代中后期的村社分立，再到后来中央允许各地根据实际情况自主选择设立的模式，有的地方叫村委会，有的地方在村委会之外还加挂村经济联合社的牌子。而随着城乡一体化进程的加快，一些乡镇、村、组在明晰产权归属的基础上，还积极发展农民股份合作，建立股份经济合作社等新型集体经济组织，量化集体经营性资产，将其以份额或者股份的形式分配给集体成员。

农村集体经济组织的演变如图1-1所示。

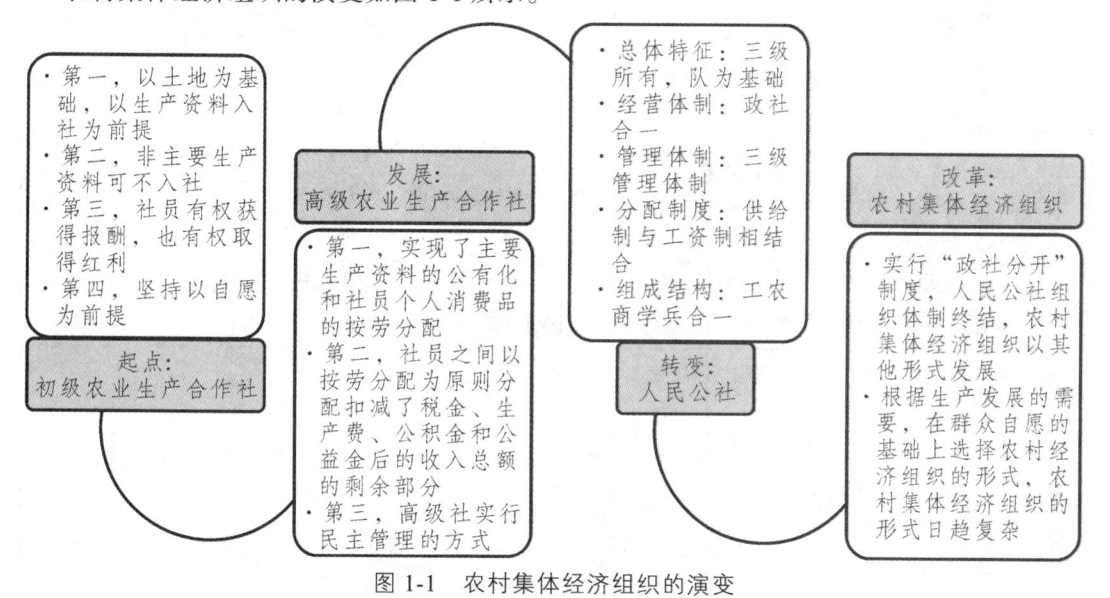

图1-1 农村集体经济组织的演变

第二节 农村集体经济组织的内涵确定

一、名称的变化检视

农村集体经济组织在不同时期有不同的名称和含义，具有明显的"历史性"和"阶段性"，这一特点也会继续随着农村土地制度和经济体制的不断变革而发展变化。[1]1984年，中央一号文件《关于1984年农村工作的通知》提出，政社分立的农村经济组织是一种"地区性合作经济组织"，它以土地公有制为基础，可以被称作经济联合社、农业合作社，也可以被称作群众自己选定的其他名称。1987年，中央五号文件《把农村改革引向深入》明确提出，农村

---

[1] 孔繁军，许尚涛. 农村集体经济组织重组的法制问题[J]. 发展论坛，2002（2）：59.

集体经济组织应为在经营体制上实行分散经营和统一经营相结合的双层经营体制，在职能上承担生产服务、管理协调、资产积累等有别于专业合作社职能的"乡、村合作组织"。1991年11月29日，中国共产党第十三届中央委员会第八次全体会议通过了《中共中央关于进一步加强农业和农村工作的决定》（中发〔1991〕21号）。文件进一步指出，在家庭联产承包制的前提下，统分结合的双层经营体制是我国农村集体经济组织的长期基本制度，文件还明确将农村集体经济组织的名称改为"乡村集体经济组织"。1993年11月5日，中共中央、国务院发布了《中共中央、国务院关于当前农业和农村经济发展的若干政策措施》（中发〔1993〕11号）。文件指出，要积极引导农村集体经济组织和农民增加农业资金投入和劳务积累。此后，法律和中央文件一般统一采用"农村集体经济组织"这一概念名称。

农村集体经济组织的名称变化如表1-2所示。

表1-2 农村集体经济组织的名称变化

文件	名称	规范内容
1954年《宪法》	无	无具体规定
1982年《宪法》	集体经济组织	这一概念实际上是对城市集体经济组织和农村集体经济组织的统称，并非专指农村集体经济组织
1986年《民法通则》	农村集体经济组织	虽然使用了"农村集体经济组织"这一概念，但其内涵也仍然没有得到确定
1986年《中华人民共和国土地管理法》（以下简称《土地管理法》）	农业集体经济组织	不仅使用了"农业集体经济组织"这一概念，还明确规定其为集体土地的经营者和管理者
1993年《中华人民共和国农业法》（以下简称《农业法》）	农业集体经济组织	无具体规定
2002年以及2012年《农业法》	农村集体经济组织	用更直接明确的"农村集体经济组织"取代"农业集体经济组织"
2020年《土地管理法》	农村集体经济组织	将"农业集体经济组织"更名为"农村集体经济组织"，但仍未定义其内涵
2007年《中华人民共和国物权法》（以下简称《物权法》）	农村集体经济组织	对农村集体经济组织的土地权属进行了规定，但未涉及其定义
2017年《民法总则》	农村集体经济组织	规定了农村集体经济组织作为特别法人的法人地位，但仍没有对其他方面做出规范
2024年《农村集体经济组织法》	农村集体经济组织	明确规定农村集体经济组织的定义及制度规范

二、农村集体经济组织的内涵

纵观七十多年的中国实践之路，"农村集体经济组织"这一概念在《宪法》《农业法》等法律规范中以"集体经济组织""农业集体经济组织""农村集体经济组织"等各类名词出现，但长期以来，农村集体经济组织不仅没有被明确界定，且这些概念的交互使用更反映出立法者对其内涵的不断探索。客观上，"农村集体经济组织"早已经成为我国法律体系中固定使用的概念性名词。直至《农村集体经济组织法》第二条明晰了其定义："本法所称农村集体经济组织，是指以土地集体所有为基础，依法代表成员集体行使所有权，实行家庭承包经营为基础、统分结合双层经营体制的区域性经济组织，包括乡镇级农村集体经济组织、村级农村集体经济组织、组级农村集体经济组织。"为了推动对《农村集体经济组织法》的理解与适用，本书从实践和学理两个角度对其内涵作出进一步厘清。

（一）实践层面

实践中，为了弥补农村集体经济组织这一概念的内涵在国家立法层面上的缺失并满足地方改革实践的现实需求，地方立法层面对农村集体产权制度改革实践进行了"地方先行"的积极探索，主要表现为以下三种形式：

一是在农村集体经济组织专门性的地方立法中被确定。如2020年黑龙江省专门在立法中规定："农村集体经济组织，是指在经营体制上采取集体统一经营和家庭分散经营相结合的双层经营体制，在生产资料所有制上实行土地等生产资料由全体成员集体所有的制度，具有公有制性质的农村社区型经济组织。"[1]又如2021年四川省通过专门性立法规定："农村集体经济组织，是指以集体所有的土地为基本生产资料，以家庭承包经营为基础，实行统分结合双层经营体制的经济组织。"[2]

二是在农村集体资产监督管理的地方立法中被确定。如2010年修订的《甘肃省农村集体资产管理条例》第三条规定："本条例所称的农村集体经济组织指的是乡（镇）、村、组（社）农民在生产资料集体所有的基础上建立的独立核算的经济组织。"又如2020年修订的《上海市农村集体资产监督管理条例》第二条第三款规定："本条例所称农村集体经济组织，是指乡镇、村、组成员建立的以生产资料集体所有制为基础的合作经营、民主管理、服务成员的组织。"

三是在地方性农村集体产权制度改革政策性文件中被确定。全国各地在推进农村集体产权制度改革过程中制定的一些政策性文件对农村集体经济组织的内涵和外延进行了界定。如北京市委、市政府《关于进一步深化乡村集体经济体制改革，加强集体资产管理的通知》中明确规定，"村集体经济组织是村一级的集体资产管理主体"以及乡村集体企业的"拍卖所得资金归乡村集体经济组织所有，可用于偿还债务，也可用于投入优势企业、投资新办企业，还可以用于组织成员的社会保障支出"。

（二）学界争议

对于农村集体经济组织内涵的理解，多年以来学界亦是见仁见智、各持其说，对其内涵的界定也体现出不同的侧重点。[3]

---

[1] 2020年8月21日黑龙江省第十三届人民代表大会常务委员会第二十次会议通过《黑龙江省农村集体经济组织条例》。

[2] 2021年7月29日，四川省第十三届人民代表大会常务委员会第二十九次会议通过《四川省农村集体经济组织条例》。

[3] 吴宜男. 特别法人制度的理论分析与体系构建——以《民法总则》的法人分类为基本背景[J]. 现代经济信息，2017（7）：307-308.

第一，从体现农村集体经济组织的源头出发，有学者认为，农村集体经济组织由"三级所有、队为基础"的人民公社演变而来，分为传统农村集体经济组织和新型农村集体经济组织两种。[1]传统农村集体经济组织经产权制度改革，成为新型农村集体经济组织，相比传统农村集体经济组织，新型农村集体经济组织更偏向市场化发展。新型农村集体经济组织以集体所有制为核心，以家庭承包为主，以复合功能为特殊追求，实行统分结合的双层经营体制，并负责集体资源的开发、集体经济的发展、集体资产的管理以及为集体成员提供服务，同时又兼具一定的集体公共社会功能。[2]第二，从体现农村集体经济组织的社会功能出发，有学者认为农村集体经济组织在农村的经济、文化、政治等方面均能发挥效用，是在土地集体所有制下具有农村公共管理和公共服务双重功能的组织。[3]第三，从体现农村集体经济组织的运作方式出发，有学者认为农村集体经济组织是在土地集体所有制的前提下，以自愿为基础建立的农民自我管理运营的经济组织。[4]第四，从体现农村集体经济组织的财产来源和权利基础出发，有学者认为农村集体经济组织是由国家法律规定的集体经济组织，是将农民让渡的自有资产和权利汇总集合而成的特别法人。[5]此外，还有一些界定侧重于体现农村集体经济组织的治理机制，认为农村集体经济组织是指在一定范围的农村社区内的农业人口为实现其经济目的而建立的组织体。[6]有些界定对广义和狭义的农村集体经济组织进行了区分，还有些界定从多方面反映了农村集体经济组织的本质属性。[7]总之，虽然学界从不同视角出发对农村集体经济组织的内涵和本质属性进行了多维揭示，但对农村集体经济组织内涵的界定仍无法统一。

（三）观点总结

结合政策制定、实际改革经验、地方性法律法规、学术界观点，以及对农村集体经济组织现实状况和演变历程的综合分析，本书得出如下结论[8]：农村集体经济组织是指根植于社会主义公有制和农村土地集体所有制，演变自初级农业生产合作社，脱胎于人民公社，以乡、村、组为基本单位，实行家庭承包经营为基础的统分结合双层经营体制，以农村集体所有资产单独或与其他主体共同投资并从事农业经营的区域性经济组织，也是以促进集体经济发展，实现集体资产保值、增值，保障农民权益，提供公共服务为目的的合作制经济组织。[9]

---

[1] 黄延信，余葵，师高康，等.对农村集体产权制度改革若干问题的思考[J].农业经济问题，2014，35（4）：8-14.

[2] 房绍坤，袁晓燕.关于制定农村集体经济组织法的几点思考[J].南京农业大学学报（社会科学版），2023，23（1）：70-81.

[3] 王留鑫，何炼成.农村集体经济组织的制度困境与治理之道——基于制度经济学分析视角[J].西北民族大学学报（哲学社会科学版），2017（3）：59-63+82.

[4] 崔超.农村集体经济组织发展的内部困境及其治理[J].山东社会科学，2019（4）：148-153.

[5] 韩冬，韩立达，史敦友，等.农村集体经济组织法人治理的构建与完善[J].中国土地科学，2017，31（7）：4-11.

[6] 杨一介.我们需要什么样的农村集体经济组织？[J].中国农村观察，2015（5）：13.

[7] 吴宜男.特别法人制度的理论分析与体系构建——以《民法总则》的法人分类为基本背景[J].现代经济信息，2017（7）：308.

[8] 需要特别说明的是，《农村集体经济组织法》虽将农村集体经济组织的定义立法化，但笔者仍需结合实践和学说来厘定其内涵，以便作为后续论证之基。

[9] 吴宜男.商法视阈下农村经营主体法律形态研究[D].成都：四川师范大学，2018：32.

三、农村集体经济组织的特征

作为特殊的法人组织，农村集体经济组织的特色十分鲜明。其特征分别表现在以下六大方面：所有权构成的特殊性、成员身份的社区性、资产的不可分性、地域范围的固定性、形式的多样性、职能的综合性。

（一）所有权构成的特殊性

我国社会主义经济制度的基础是生产资料的社会主义公有制，农村集体经济组织，是以集体所有制为核心，以土地为纽带的。农村集体经济组织资产集体资产主要包括土地、森林、生产设施等，在《农村集体经济组织法》中对此有具体的规定。[1]农村集体经济组织的资产，既有资源性的资产，也有集体化入股的耕畜、农具等经营性的资产。[2]集体土地既是农村集体经济组织存在和经营的基础，也是集体经营的主要对象。

（二）成员身份的社区性

基于农业户口、农业合作化历史和现实状况等因素，集体经济组织成员的身份得到了明确界定，其身份特征明晰可辨。根据《农村集体经济组织法》第十一条，农村集体经济组织成员需依托土地，在具备户籍或稳定关系的情况下方可成为成员，体现出社区性。[3]从实践来看，集体经济组织成员的身份可以通过多种方式获取，包括原始取得、经过民主程序取得以及经法律途径取得。例如，《广东省农村集体经济组织管理规定》对集体经济组织成员的身份进行了分类，主要分为三类情况：一是对于原人民公社、生产大队、生产队成员，规定其户口须保留在村集体经济组织所在地，并根据法律法规和组织章程履行相关义务。二是针对集体经济组织成员的子女，要求其户口必须在本集体经济组织所在地，且户口在以家庭承包经营为基础、统分结合的双层经营制度实施后，始终未变更。三是对户籍变更的公民，应经本集体经济组织或理事会审核，经会员大会表决，按本组织章程规定确定本集体经济组织所在地户籍迁入和迁出的公民资格。组织成员的财产权利和民主权利在组织内部是平等的，在表决机制上也因此采用"一人一票"的平等主义作为表决的基本原则。

（三）资产的不可分性

集体经济组织以土地集体所有制为基础，因此集体产权具有不可分割的特性。《农村集体经济组织法》第十六条、十七条规定，在农村集体经济组织成员退出后，可通过协商获得

---

[1] 《农村集体经济组织法》第三十六条规定："集体财产主要包括：（一）集体所有的土地和森林、山岭、草原、荒地、滩涂；（二）集体所有的建筑物、生产设施、农田水利设施；（三）集体所有的教育、科技、文化、卫生、体育、交通等设施和农村人居环境基础设施；（四）集体所有的资金；（五）集体投资兴办的企业和集体持有的其他经济组织的股权及其他投资性权利；（六）集体所有的无形资产；（七）集体所有的接受国家扶持、社会捐赠、减免税费等形成的财产；（八）集体所有的其他财产。"

[2] 骆玉兰，王飞. 农村集体经济组织的法律属性[J]. 学理论，2011（7）：51.

[3] 《农村集体经济组织法》第十一条规定："户籍在或者曾经在农村集体经济组织并与农村集体经济组织形成稳定的权利义务关系，以农村集体经济组织成员集体所有的土地等财产为基本生活保障的居民，为农村集体经济组织成员。"

适当补偿或在一定期限内保留已经享有的财产权益，但不可要求分割财产。在实践中，集体成员享有诸如宅基地使用权、土地承包权以及集体收益分配权等权益，而这些权益仅在本集体经济组织内部成员间才可以进行流转。在这一体制下，集体资产的所有制特性与共有制有所不同。集体资产只能由集体成员共同占有，虽然可以确定每个成员的股份或份额，但绝不允许个人分割集体资产为其私有。

（四）地域范围的固定性

基于前文可知，农村集体经济组织是一种区域性的组织，其边界以乡、村、组的集体所有土地为基础来确定。通常情况下，代表"农民集体"行使集体土地所有权的集体经济组织，在农村同一层级只允许设立一个，没有其他同级集体经济组织对代行集体土地所有权享有同等地位。在特定的社区地域范围内，同一层级的农村集体经济组织代行集体土地所有权具有固定于这一地域范围内的特点。农村集体经济组织的范围覆盖为自然村（组）、行政村、乡镇，其范围与专业合作社、供销社、信用社等合作经济组织及各类企业组织存在显著的不同，是在农村特定社区范围内建立的以集体土地所有权为基础的社区型经济组织，在范围上，既有固定性，又有社区性。①

（五）形式的多样性

目前，在实践中已有三种类型的农村集体经济组织形式，分别是工业发达型、中介型和新型农村集体经济组织。工业发达型农村集体经济组织主要分布在东部沿海的深圳、东莞等珠三角地区，江苏苏州、浙江宁海等长三角地区，这些区域的共同特点是工业化、城市化较为发达。在这些工业发达的农村，集体经济的收入与农村经济工业化息息相关，主要包括政府征地补偿收入，出租土地使用权及厂房的租金收入，集体资本的投资收益以及创办集体企业的收益等。中介型农村集体经济组织集中在工业欠发达的中西部区域，农村集体经济组织能够组织农户和整合乡村资源，在企业和农户间起到联结作用。其中介作用的发挥关键在于土地集体所有的制度，并在县域统筹下形成了农业产业的规模效应。如在云南省西盟佤族自治县，对橡胶、甘蔗、茶叶生产等传统产业，农村集体经济组织通过内部协调，根据产品质量标准把关，形成种植面积符合规模化生产所需的连片种植区，具有企业农户交易关系稳定和产业规模化、集中化等特点。而新型农村集体经济组织的典型特征，是具备显著的市场化趋势。就现实案例而言，其形成路径有所差别。湖北河村和山东庄村分别在政府脱贫政策帮扶和党支部引领下发展成为市场化经营的农村集体经济组织，天津韩村直接通过市场激励和建立现代企业制度的方式，转变成新型的农村集体经济组织。农村集体经济组织创新发展的动力来自农村集体产权制度改革，其结果也与乡村振兴战略相契合。

（六）职能的综合性

农村集体经济组织在农村社区中扮演着重要角色，虽然《农村集体经济组织法》更倾向于其应仅具有推动农村经济高质量发展的职责，但不论从立法还是现实着眼，其仍承担着治

---

① 张英红，王丽红，刘伟. 农村集体经济组织的基本特征与问题[J]. 农村经营管理，2021（8）：23.

理社区和提供公共服务等部分综合职责。其综合功能主要体现在多个方面，包括集体资源开发、集体资产经营、为集体社员提供各类服务以及促进集体经济发展等。[①]此外，在农村社区的公共产品供给、文化传承等公共服务领域，农村集体经济组织实际上也负有相应的责任。[②]但是由于农村集体经济组织的经营管理实际由村干部或村委会负责，这也造成了阻碍农村集体经济发展的所谓"政经不分"的难题。在工业化过程中，这个问题得到了部分解决，但仍是高质量发展农村集体经济的制度瓶颈。如深圳农村集体经济组织通过集体资产收益股份化的方式实现了"政经分离"，出现了专司经济和专司行政职能的相对独立的治理主体。然而，与深圳毗邻的东莞，其农村集体经济组织在城市化过程中受到政府的引导，股东分红和村民福利依赖于集体资本的收益，集体经济组织还为农村社区提供医疗、养老、文体、残疾、交通、治保、环卫等公共服务。苏州农村集体经济组织以提供公共产品、集体经济组织资金投入、生产经营管理和收益分配等方式，对行政主导的集体成员福利予以保障，通过强化"政经合一"的方式发展集体经济，具有鲜明的行政色彩，这与东莞的农村集体经济组织治理模式有类似之处。而在中西部欠发达地区，农村集体经济组织具有中介作用，恰恰发挥出农村集体经济组织和村委会"二合一"的功效，既能把农民有效组织起来，又能把资源有效整合起来，从而降低了他们的治理成本。[③]也基于此，《农村集体经济组织法》将《农村集体经济组织法（草案）》第二条中关于公共职责的部分删去，旨在明晰两者间的职能差别，让农村集体经济组织仅承担"支持和配合村委会自治"的职责。

第三节　农村集体经济组织的外延辨析

一、农村集体经济组织与村民委员会

农村集体经济组织与村民委员会两者在实践中的关系存在交错性。《农村集体经济组织法》第三十六条规定，由农村集体经济组织代表成员集体行使所有权，而《中华人民共和国民法典》（以下简称《民法典》）第一百零一条的规定，未设立村集体经济组织的，村民委员会可以依法代行村集体经济组织的职能。这就明确了在管理集体土地等财产上，村集体经济组织和村民委员会之间的主次关系。《民法典》第九十六条规定农村集体经济组织和村民委员会分别具有特别法人的地位。[④]农村集体经济组织是农民合作经济的载体，是独立的民事主体；村委会具有从事与履行职能有关的民事活动的权利，是基层的群众自治组织。依据相关的法律条款以及实践中的经验，这两者的区别主要是：

[①] 中共中央、国务院.关于稳步推进农村集体产权制度改革的意见[EB/OL].（2016-12-29）[2024-08-01]. https://www.gov.cn/zhengce/2016-12-29/content_5154592.htm?eqid=cd724605000d27000000000664842c66.
[②] 农业农村部.农村集体经济组织示范章程（试行）[EB/OL].（2020-11-4）[2024-08-01]. https://www.gov.cn/zhengce/zhengceku/2020-11/18/content_5562197.htm.
[③] 郭祥.农村集体经济组织的特征、发展趋势及监督机制建构[J].农村经济，2022（4）：45-51.
[④] 《民法典》第九十六条规定："本节规定的机关法人、农村集体经济组织法人、城镇农村的合作经济组织法人、基层群众性自治组织法人，为特别法人。"

第一，农村集体经济组织与村委会的产生时间及地域覆盖范围存在显著差异。从产生时间来看，农村集体经济组织的发展历程可以追溯到中华人民共和国成立初期，当时实施了农村社会主义改造，诞生了初级合作社和高级合作社。之后农村集体经济组织的发展经过了人民公社体制的演变，一直延续至农村改革时期。在这个演变的过程中，重新建立了乡、村、组等合作社联社以及农民经济合作社等农村集体经济组织。相比之下，村委会则是基于原有的生产大队，在农村改革后改制成立的。因此，在成立时间上，农村集体经济组织的形成要先于村委会。在地域范围方面，村委会只聚焦在村级，而农村集体经济组织的覆盖范围则更为广泛，既可以是村级，也可以涵盖乡（镇）级及村民小组级。这种地域布局与人民公社时期的"三级所有，队为基础"体制一致。

第二，农村集体经济组织和村委会在成员组成和享有权利上具有显著区别。从权利角度来看，依据《民法典》《农村集体经济组织法》《土地管理法》等法律规定，农村集体经济组织成员主要对农民集体所有的土地及其他财产享有权利，如承包集体土地、参与集体收益分配、依法取得宅基地的权利等。另外，农村集体经济组织成员还拥有村民自治的权利。相比之下，根据《中华人民共和国村民委员会组织法》（以下简称《村民委员会组织法》），村民主要享有与村民自治相关的权利，例如非集体经济组织成员的村民就不能参与集体收益的分配、享有集体所有土地和其他财产权益。[①]在成员构成方面，农村集体经济组织的成员主要由当地长期居住的原住民及其后代构成，即使长期住在当地，对集体有贡献，通过法定程序也仅可享有部分成员权益，无法获得成员身份。[②]而村委会的成员构成则以本地原住民及其后代为主，同时也包括在本村居住一年以上的外来人员。因此，农村集体经济组织的成员通常是村民，而村民则不一定是集体经济组织成员，特别是在外来人口较多的经济发达地区，大部分村民可能并非集体经济组织成员。

第三，农村集体经济组织与村委会的基本职能存在明显不同。《农村集体经济组织法》明确了农村集体经济组织代表农民集体行使发展经济的职责，主要承担经济职能，对农民集体所有的财产进行经营管理，从事各种经营活动，为农村集体经济组织成员提供生产、技术、信息等服务，起到促进集体资产保值增值、发展集体经济的作用并承担部分公共职责。[③]相较之下，村委会是基层群众性组织，实行村民自治管理，村民自治教育，村民自愿服务。根据《村民委员会组织法》第二条的规定，村民委员会的主要职责包括协调本村的民间纠纷、辅助维护本村的社会治安等公共事务和公益事业，即村民的意见、要求和建议，由村民委员会

---

① 何宝玉. 关于农村集体经济组织与村民委员会关系的思考[J]. 法律适用，2023（1）：97.
② 《农村集体经济组织法》第十五条规定："非农村集体经济组织成员长期在农村集体经济组织工作，对集体作出贡献的，经农村集体经济组织成员大会全体成员四分之三以上同意，可以享有本法第十三条第七项、第九项、第十项规定的权利。"
③ 《农村集体经济组织法》第五条规定："农村集体经济组织依法代表成员集体行使所有权，履行下列职能：（一）发包农村土地；（二）办理农村宅基地申请、使用事项；（三）合理开发利用和保护耕地、林地、草地等土地资源并进行监督；（四）使用集体经营性建设用地或者通过出让、出租等方式交由单位、个人使用；（五）组织开展集体财产经营、管理；（六）决定集体出资的企业所有权变动；（七）分配、使用集体收益；（八）分配、使用集体土地被征收征用的土地补偿费等；（九）为成员的生产经营提供技术、信息等服务；（十）支持和配合村民委员会在村党组织领导下开展村民自治；（十一）支持农村其他经济组织、社会组织依法发挥作用；（十二）法律法规和农村集体经济组织章程规定的其他职能。"

负责向人民政府反映。[1]村委会主要承担社会职能，从事公益事业，也可能受政府的委托，负责一些行政管理方面的事务，并非单纯的民事主体。

第四，农村集体经济组织与村民委员会的指导机关存在显著差异。《农村集体经济组织法》第十条规定，农村集体经济组织由乡镇人民政府和县级以上人民政府农业农村部门对其进行指导、监督；[2]而《村民委员会组织法》第五条规定，村委会由乡镇人民政府进行指导、支持和帮助。[3]这种分工体现了政府部门在农村经济和社会治理方面的不同职责。

第五，农村集体经济组织与村民委员会的经费来源存在显著差异。农村集体经济组织的经费来源仅限于集体经济的收益，不包括公共财政资金。然而，村委会的资金来源包括公共财政资金和集体经济收入，通过村民会议筹资、义务劳动等方式，解决推进公益事业所需的财务。确实不足的由地方政府适当给予支持，以应对实际困难。

农村集体经济组织与村民委员会的区别，如表1-3所示。

表1-3 农村集体经济组织与村民委员会的区别

类型	农村集体经济组织	村民委员会
产生时间	成立在先	成立在后
地域覆盖范围	村级、乡（镇）级及村民小组级	村级
享有的权利	享有农民集体所有的土地及其他财产的权利，村民自治的权利	主要享有与村民自治相关的权利
成员组成	当地长期居住的原住民及其后代	本地原住民及其后代，包括在本村居住一年以上的外来人员
基本职能	主要承担经济职能	主要承担社会职能
指导机关	乡镇人民政府和县级以上人民政府农业农村部门	乡镇人民政府
经费来源	仅限于集体经济的收益	包括公共财政资金和集体经济收入

二、农村集体经济组织与农民专业合作社

农村集体经济组织与农民专业合作社在以下方面存在明显差异。在组织职能方面，农村集体经济组织具有从事经济活动的主要职能，同时具有一定的社区管理职能。农村集体经济组织其成员大会或成员代表大会作为最高权力机构，负责农村集体经济组织内部管理、运行、财务等重大事项的决策。村民委员会及村集体经济组织则充当成员大会或代表大会的执行机构，负责具体执行和实施成员大会或代表大会所作的决议。而专业合作社则是以家庭承包经

---

[1] 傅道忠. 农村公共产品供给制度创新研究[J]. 农村经济，2008（5）：8.
[2] 《农村集体经济组织法》第十条规定："县级以上地方人民政府农业农村主管部门负责本行政区域内农村集体经济组织的登记管理、运行监督指导以及承包地、宅基地等集体财产管理和产权流转交易等的监督指导。县级以上地方人民政府其他有关部门在各自职责范围内负责有关的工作。乡镇人民政府、街道办事处负责本行政区域内农村集体经济组织的监督管理等。"
[3] 《村民委员会组织法》第五条规定："乡、民族乡、镇的人民政府对村民委员会的工作给予指导、支持和帮助，但是不得干预依法属于村民自治范围内的事项。"

营农村土地为基础、专门具有经济职能的互助性组织。合作社的成员大会是其最高权力机构。在成员构成方面，农村集体经济组织通过地缘关系、承包土地关系以及户籍关系等方式确定成员资格，而合作社则以自愿加入和随时退出为原则确定成员资格。在经营分配方面，农村集体经济组织则根据集体资产入股的方式进行集体经济收益的分配，而合作社主要按交易额返还分配收益。在经营业务方面，农村集体经济组织侧重于社区性的资产运作，而合作社则更注重专业性的农业产业经营。在历史债务方面，由于一乡一社的集体经济发展背景，农村集体经济组织对公益事业如基础设施、社会事业等承担着历史债务。而农民专业合作社因为刚刚兴起不久，并没有这样的历史债务。

农村集体经济组织与农民专业合作社的区别如表1-4所示。

表1-4 农村集体经济组织与农民专业合作社的区别

类型	农村集体经济组织	农民专业合作社
组织职能	从事经济活动的主要职能，兼相应的社区管理职能	专门从事经济活动的职能
最高权力机构	村集体经济组织成员大会或成员代表大会	成员大会
成员构成	地缘关系、承包土地关系、户籍关系	自愿加入、随时退出
经营分配	根据集体资产入股的方式进行集体经济收益的分配	按交易额返还分配收益
经营业务	社区性的资产运作	专业性的农业产业经营
历史债务	发展集体经济、公益事业所形成的历史债务	没有这类历史债务

但无论哪一类主体，它们都以实现自身社会价值为目标，以实际行动促进新型农村高质量发展，加快实现农村农民共同富裕。两类主体的共同目标、共同的改进需求使得其相互融合发展，推动农村集体经济组织和农民专业合作社功能优化、绩效提升。

第一，两类主体的目标具有实现公益福利的共性。无论是农村集体经济组织还是农民专业合作社，它们均致力于实现社会目标，努力增进社区及其成员的福祉，推动公益事业的发展。农村集体经济组织起源于集体化时代的人民公社、生产大队和生产队等，其组织目标一直是提升社区福利、促进公益福利的繁荣。它们肩负着重塑集体认同、推动村庄社会融合、为农民提供服务的重要使命。农民专业合作社体现了共同利益追求的价值取向和有限的资本报酬原则。通过优化关系治理机制，合作社成功地降低了组织成本，并在辐射带动方面发挥了积极作用。这种合作社模式有利于吸引政府的支持，有助于形成农民入社社员的共同体。

第二，这两者具有促进功能优势发挥的互补特性。两类主体各有千秋，在资源结构、组织体系等方面，两者存在着差异。从资源结构看，尽管农民专业合作社具备资金、管理和技术等丰富要素，然而，大多数合作社在发展壮大的过程中普遍面临资源紧缺的挑战。而农村集体经济组织则以土地资源资产为核心要素。[①]从组织体系上看，农村集体经济组织由于缺乏充分的激励机制来吸引人力资源，致使其不能很好地适应市场变化。尽管农村集体产权制度

---

① 郭晓鸣, 张耀文. 农村集体经济组织与农民合作社融合发展的逻辑理路与实现路径[J]. 中州学刊, 2022（5）: 30.

改革取得了明显进展，但在《农村集体经济组织法》未颁布前，农村集体经济组织在市场主体的合法地位方面仍然受到质疑。如在获得贷款、开具发票、进行经营合作等方面仍然面临一系列障碍和限制。但是，农村集体经济组织在其他方面也有众多优势，如村社资源的整合，农户组织的统筹，获得政策扶持等。相比之下，农民专业合作社则具有市场主体的法人地位和较强的市场适应能力，经营管理更灵活，风险承受能力更强。

第三，不论是农村集体经济组织还是农民专业合作社，都面临提升组织绩效并持续改进的挑战。当前，乡村产业正经历转型升级，这在产业形态上体现为农业产业链的延伸，以及促进康养、休闲、乡村旅游等农业新形态融合发展。抓住农村产业形态变化的机遇，提高组织绩效，这是二者共同面临的重要的挑战。但这两类主体均面临实力不济，孤军奋战的窘境，这将导致非必要的相互竞争，产生低效发展的消极影响，使得农村集体经济组织往往难以与其他市场参与者形成竞争优势，因此难以适应市场需求和融入产业发展，在壮大过程中会面临一系列困难。同样，农民专业合作社也受到一些限制，例如需要与龙头企业、家庭农场等其他经营主体进行激烈竞争。通过推动两类主体融合发展，能有效促进农业产业链纵向延伸，培育发展新型农村业态，整合双方资源，提高投资参与能力，合力推进农村集体经济发展，壮大农民专业合作社，繁荣农村产业。

三、农村集体经济组织与家庭农场

家庭农场主要依靠家庭成员的劳动和农产品的销售收入维系家庭经济来源，是一种新型农业经营主体。家庭农场采取规模化、集约化、商品化经营方式，以家庭承包土地或流转土地的方式开展农业生产。农村集体经济组织与家庭农场也存在着显著区别。

第一，农村集体经济组织与家庭农场在性质上存在显著差异。从性质上看，农村集体经济组织是一种区域性经济组织，以土地等集体财产为纽带，承担对集体资产的经营管理服务责任。其职责涵盖资产增值、资本积累、资源开发以及土地承包等方面。其依法律规定，以组织成员和资产的管理为主要内容，代表集体成员行使集体资产所有权，享有独立进行经济活动的权利。而家庭农场是一种新型的农业经营组织形式，其基本生产经营单位以家庭为主，并依托企业经营方式进行运作。其核心特点是适度规模的土地承包和集约化、商品化的生产经营。这种经营模式强调家庭经营单位的灵活性和自主性，使得农民能够更好地利用自身资源和技术，实现经济效益和社会效益的双赢。相较之下，前者主要关注集体资产的管理和运营，后者则致力于提高农业生产效率和经济效益。

第二，农村集体经济组织与家庭农场在经营目标上存在显著差异。从经营目标来看，农村集体经济组织更多承担着集体经济经营管理事务和集体资源开发利用、资产经营管理、生产发展服务、财务管理分配等职能；而家庭农场则是家庭组织的一种，采取的是家庭经营的方式，以盈利为主要经营目标。前者主要关注集体发展和社会进步，后者则致力于提高农业生产效率和家庭收入。

第三，农村集体经济组织与家庭农场在管理对象上存在显著差异。农村集体经济组织的管理对象包括土地、森林、山岭、荒地、滩涂等资源，这些资源由农村集体所有或使用。此外，农村集体所有的资源性资产、经营性资产、公益事业资产等，也由其成员负责经营管理。

相较之下，家庭农场仅对流转后获得的耕地进行管理。家庭农场通过租赁或流转的方式获得土地使用权，主要进行农业生产活动。家庭农场的管理重点是提高土地的利用效率和农产品的产量、质量，以实现经济效益的最大化。前者涉及农村各类资源的经营管理，后者则专注于耕地的农业生产活动。

第四，农村集体经济组织与家庭农场在规模化实现途径上存在显著差异。从规模化实现途径来看，农村集体经济组织主要通过农民之间的资源联合来实现规模化，代表集体成员行使集体资产所有权并对集体财产进行管理，如统一开发自然资源或要求成员统一从事农事活动等。这一模式并非基于增加单个农民的土地面积，而是通过整体规模化的方式进行。同时，农村集体经济组织内部的农民无须放弃土地和农业生产活动，仍然可以积极参与组织的经济活动。相较之下，家庭农场实现规模化经营的方式侧重于农业生产与土地所有权的分离，以土地流转的方式获取大规模土地的经营权，使得家庭农场能够更大规模、更高效地进行经营。前者主要依靠农民之间的资源联合实现规模化，后者则通过推动农民向非农民转型、土地流转等方式实现规模化经营。

农村集体经济组织与家庭农场的区别如表1-5所示。

表1-5　农村集体经济组织与家庭农场的区别

类型	农村集体经济组织	家庭农场
性质	侧重集体资产的管理和运营	提高农业生产效率和经济效益
经营目标	村庄的经济发展和社会进步	农业生产效率和家庭收入
管理对象	农村各类资源的经营管理	耕地的农业生产活动
规模化实现途径	依靠农民之间的资源联合	推动农民向非农民转型、土地流转等方式

四、农村集体经济组织与农村承包经营主体

农村承包经营户是一种特殊的农户组织形式，与传统农户存在差异。在联产承包责任制体系下，农村承包经营户通过签订承包合同，将农民家庭从单纯的生活单位转变为既具备生产功能又具备生活功能的单位。这种组织形式使得农村集体经济组织的成员能够以一人或多人的形式组成农户，共同从事农业生产经营活动。《民法典》第五十五条规定，农村集体经济组织的成员，依法取得农村土地承包经营权，从事家庭承包经营的为农村承包经营户。其中的农村承包经营户，是指利用农村集体土地从事种植、副业生产经营的成员或家庭，按照农村土地承包经营合同的规定，由农村集体经济组织的成员或家庭所组成。

农村承包经营户是一种经营模式，是农村集体经济的组成部分。根据《民法典》第二百六十二条和《农村集体经济组织法》第三十六条的规定，集体所有的土地、森林、山岭、草原、荒地、滩涂等，其所有权主体是"农民集体"，应由集体经济组织代为行使。换言之，农村集体经济组织实际上独立拥有集体土地的独立占有、使用、收益和处分的支配权。而对于农民集体而言，他们享有土地集体所有权的主体权利。农民集体享有对经营主体和承包农户使用承包土地的行为进行监督的权利，意味着他们有权防止和纠正违法改变土地用途、毁地及长期荒芜的行为，并可以采取相应的处理措施。承包人在本集体经济组织内部进行土地

承包权的转让，应当征得其集体同意；土地经营权流转须以书面形式向农民集体建档备案。这些规定表明农村集体经济组织与农村承包经营户之间存在垂直管理关系。①

第四节　农村集体经济组织的相关法律规范

对于农村集体经济组织，我国在宪法、法律和行政法规中作了相应规定，本节以时间顺序为轴，对相关法律规范逐一展开梳理，以用于了解其发展演变及法源全貌，如表1-6所示。

表1-6　农村集体经济组织法律规范对比总览②

规范名称	所涉条文总数	具体条数	所规范内容
《宪法》	5	8、17、19、21、42	经营制度、自主经营权
《民法通则》	2	27、74	农村承包经营户的定义、集体财产所有权
《物权法》	5	59、60、62、63、124	农民集体所有财产归属以及重大事项集体决定、农民集体所有权的行使、公布集体财产状况、集体财产权保护、农村集体经济组织实行双层经营体制
《民法总则》	4	55、96、99、101	农村承包经营户的定义，将其规定为特别法人、法人资格
《民法典》	8	55、96、99、101、262、264、265、330	农村集体经济组织、定义农村承包经营户的身份、特别法人的地位、依法取得法人资格的民事主体资格、村民委员会、农民集体所有权的行使、农村集体经济组织成员的权利等
《土地管理法》	12	10、14、15、37、41、43、48、49、50、57、60、65	集体财产所有权、农村集体经济组织、集体土地所有权主体、经营管理主体
《农业法》	8	2、5、10、27、44、71、72、73	农村集体经济组织与其他经济组织、农村集体经济组织的职能、集体经济组织管理权限、征地补偿权、筹资筹劳

---

① 中共中央办公厅、国务院办公厅.关于完善农村土地所有权承包权经营权分置办法的意见[Z/OL].（2016-10-30）[2024-07-01]. https://www.gov.cn/zhengce/202203/content_3635234.htm.
② 需要特别说明的是，这里的总览包括了对农村集体经济组织的规范发展阶段的梳理，故而所列的部分规范虽已经废止，但从发展的角度来看法条的对比更能凸显研究内容的内核变动。

续表

规范名称	所涉条文总数	具体条数	所规范内容
《农村土地承包法》	21	3、5、13、15、16、19、20、25、27、28、29、33、34、38、45、46、50、51、52、67、69	农村承包经营户的定义、农村集体经济组织的发包权、公共性职能、承包方、承包地调整、内部治理机构成员会议
《农村集体经济组织法》	67	1~67	从总则、成员、组织登记、组织机构、财产经营管理和收益分配、扶持措施、争议的解决和法律责任以及附则六部分进行体系性规范

一、《宪法》的相关规定

中国自古以来就是农业大国,所以中华人民共和国成立以来,历届宪法都非常重视农村的基本经济制度以及农业和农村问题对全局的影响。目前,《中华人民共和国宪法修正案》(2018)关于集体经济组织的规范包含位于第一章"总纲"部分的第八条、第十七条、第十九条、第二十一条和位于第二章"公民的基本权利和义务"的第四十二条。《宪法》从含义上主要对农村集体经济组织的五个方面进行了规定。

第一,第八条第一款对"家庭承包、统分结合"这一农村集体经济组织的经营制度作了规定。统分结合是指以分散包户为主的集体统管。第二,第八条第一款指出"农村各种形式的合作经济,包括产供销、信用、消费"等,这意味着,农村集体经济组织并不等同于在农村的经济组织,与采用前述合作经济形式的组织体并不具有包含关系,一定意义上界定了农村集体经济组织的外延。第三,第十七条对农村集体经济组织的自主经营权作出了规定,与第十六条以同一法理为依据规定国有企业享有自主经营权,表明其为独立的民事主体,是《宪法》对其的法律定性。第四,第十七条指导性条款,确立了农村集体经济组织的治理结构大纲,对其实行民主管理的基本原则方面进行了规定。第五,第十九条、第二十一条规定表明农村集体经济组织在经营经济的同时,还承担着诸如医疗保障、提供卫生服务和促进教育发展等社会职责。

除上述规定之外,《宪法》对于农村集体经济组织并没有进一步的规定,也未明确定义其具体内涵。作为国家根本法,《宪法》中的上述规定为其他法律和法规在确立农村集体经济组织的制度时,应当遵循的原则,并在此基础上进行具体的规定和完善。

二、法律、法规的相关规定

农村集体经济组织的法律规定不仅仅体现于《宪法》,还包含在一系列下位法中。《民法典》《土地管理法》《农村集体经济组织法》等法律文件和《村庄和集镇规划建设管理条例》《乡村集体所有制企业条例》等行政法规都对其作出相应规定。

（一）《民法典》的相关规定

《民法典》是一部固根本、稳预期、利长远的基础性法律，涉及农村集体经济组织的条款有第五十五条、第九十六条、第九十九条、第一百零一条、第二百六十二条、第二百六十四条、第二百六十五条、第三百三十条。第五十五条要求农村承包经营主体，必须是农村集体经济组织的成员。[1]第九十六条，农村集体经济组织特别法人的地位，延续《民法总则》中的规定。[2]根据第九十九条的规定，农村集体经济组织依法可以取得法人资格，使其确立了牢固的民事主体资格，从而拥有相应土地的所有权、租赁权和农村财产经营权等。[3]村民委员会不成立村集体经济组织的，依照第一百零一条的规定，有权行使该组织的职能。[4]这是农村集体经济组织与村委会职能的重合，也凸显出两个性质不同、界定不清、身份混淆的组织之间存在的问题，是当前影响农村集体经济长远发展和规范运作的问题之一。而《物权法》第六十条则继承了《民法典》第二百六十二条。[5]第二百六十四条对农村集体经济组织成员对集体财产状况的相关资料进行查询、复制的权利进行了规定，使其对集体财产状况进行更好的监督，确保其安全。[6]第二百六十五条也是《物权法》第六十三条第二款的延伸部分。[7]而第三百三十条则延续《宪法》第八条第一款，再次明确了"家庭承包、统分结合"的农村集体经济组织经营制度。[8]

---

[1]《民法典》第五十五条规定："农村集体经济组织的成员，依法取得农村土地承包经营权，从事家庭承包经营的，为农村承包经营户。"

[2]《民法典》第九十六条规定："本节规定的机关法人、农村集体经济组织法人、城镇农村的合作经济组织法人、基层群众性自治组织法人，为特别法人。"

[3]《民法典》第九十九条规定："农村集体经济组织依法取得法人资格。法律、行政法规对农村集体经济组织有规定的，依照其规定。"

[4]《民法典》第一百零一条规定："居民委员会、村民委员会具有基层群众性自治组织法人资格，可以从事为履行职能所需要的民事活动。未设立村集体经济组织的，村民委员会可以依法代行村集体经济组织的职能。"

[5]《民法典》第二百六十二条规定："对于集体所有的土地和森林、山岭、草原、荒地、滩涂等，依照下列规定行使所有权：（一）属于村农民集体所有的，由村集体经济组织或者村民委员会依法代表集体行使所有权；（二）分别属于村内两个以上农民集体所有的，由村内各该集体经济组织或者村民小组依法代表集体行使所有权；（三）属于乡镇农民集体所有的，由乡镇集体经济组织代表集体行使所有权。"《物权法》规定与此完全相同。

[6]《民法典》第二百六十四条规定："村集体经济组织或者村民委员会、村民小组应当依照法律、行政法规以及章程、村规民约向本集体成员公布集体财产的状况。集体成员有权查阅、复制相关资料。"

[7]《民法典》第二百六十五条规定："集体所有的财产受法律保护，禁止任何组织或者个人侵占、哄抢、私分、破坏。"《物权法》第六十三条第二款规定："农村集体经济组织、村民委员会或者其负责人作出的决定侵害集体成员合法权益的，受侵害的集体成员可以请求人民法院予以撤销。"

[8]《民法典》第三百三十条规定："农村集体经济组织实行家庭承包经营为基础、统分结合的双层经营体制。"《宪法》第八条第一款规定："农村集体经济组织实行家庭承包经营为基础、统分结合的双层经营体制。农村中的生产、供销、信用、消费等各种形式的合作经济，是社会主义劳动群众集体所有制经济。参加农村集体经济组织的劳动者，有权在法律规定的范围内经营自留地、自留山、家庭副业和饲养自留畜。"

（二）《土地管理法》的相关规定

初版《土地管理法》（1986）中的规定与《民法通则》第七十四条规定大体相同。[①]规定乡（镇）集体土地所有权主体内涵包括了乡（镇）农民集体和乡（镇）农民集体经济组织，使这两者概念实现一致。然而，也并未界定"村农业生产合作社等农业集体经济组织"和"农村集体经济组织"，导致这两者的概念仍旧混淆。第二版《土地管理法》（1998）将"村农业生产合作社等农业集体经济组织"的表述删去，统一采用"农村集体经济组织"的表述，使两者同时存在的问题迎刃而解。此外，这次修订同时明确界定了集体土地所有权和经营管理主体，将农村集体经济组织单独作为经营管理主体确定为"集体土地所有权主体"，二者不再具有等价性。在建立相应集体经济组织作为经营管理主体的同时，将集体土地所有权主体划分为村内各村民小组一级、村一级、乡（镇）农民一级等三个层级主体。在人民公社时期，我国确立了集体土地所有权的核心制度，即"三级所有，以队为单位"。这一规范体系成为后续法律制定时的重要参考依据，自建立以来一直保持不变，并延续至今。根据《立法法》第九十二条的规定，在法律修改或更新后，如果《土地管理法》和《民法通则》是同一立法机关制定的法律，新规定应具有优先适用的效力，以确保法律的连贯性和时效性。[②]因此，《土地管理法》的规定事实上取代了《民法通则》，并明确了三个要点：第一，农村集体经济组织是集体土地的经营管理主体，而非集体土地所有权的主体，即农村集体经济组织可以负责对集体土地的出租、承包、流转等经营管理活动，并享有相应的收益。第二，可按原人民公社"三级所有"的原则，将农村集体经济组织划分为三个层次。第三，农村集体经济组织和农民集体联系紧密，只有先搞清楚农民集体的概念，才能搞清楚农村集体经济组织的内涵。《土地管理法》（2020）保留了村民小组、村和乡镇三级的组织结构，并对其环境治理和耕地保护的职责作了明确规定。[③]除此之外，该法也明确了农村集体经济组织及其成员在土地征用与经营性利用以及收回土地使用权等事项上的权利与义务。

（三）《农业法》的相关规定

《农业法》（2012）对农村集体经济组织作出了七个方面的规定，分别位于第二条、第十条、第二十七条、第四十四条、第七十一条、第七十二条以及第七十三条，以规范农业生产方面的经营活动，确保农业生产组织和农民的合法权益。

---

① 《土地管理法》第八条规定："集体所有的土地依照法律属于村农民集体所有，由村农业生产合作社等农业集体经济组织或者村民委员会经营、管理。已经属于乡（镇）农民集体经济组织所有的，可以属于乡（镇）农民集体所有。村农民集体所有的土地已经分别属于村内两个以上农业集体经济组织所有的，可以属于各该农业集体经济组织的农民集体所有。"《民法通则》第七十四条规定："法人可以依法设立分支机构。法律、行政法规规定分支机构应当登记的，依照其规定。分支机构以自己的名义从事民事活动，产生的民事责任由法人承担；也可以先以该分支机构管理的财产承担，不足以承担的，由法人承担。"

② 《立法法》第九十二条规定："涉及两个以上国务院部门职权范围的事项，应当提请国务院制定行政法规或者由国务院有关部门联合制定规章。"

③ 《土地管理法》第三十九条："国家鼓励单位和个人按土地利用总体规划，在保护和改善生态环境、防止水土流失和土地荒漠化的前提下，开发未利用的土地；适宜开发为农用地的，应当优先开发成农用地。国家依法保护开发者的合法权益。"

首先，第二条规定了农业生产经营组织的范围，包括农村集体经济组织和其他类型的农村经济组织，比如合作经济组织等。[1]这说明农村集体经济组织和其他农村经济组织在法律上被明确为相对独立的概念，各自具有其独特的法律地位和定义。其次，根据《农业法》第十条第二款的规定，农村集体经济组织的职能涵盖经营和管理集体土地。[2]这一点在《民法通则》和《土地管理法》中也有明确规定。值得注意的是，《农业法》（2002）第十条进一步扩展了集体经济组织的管理权限，不仅包括经营管理集体土地，还包括对集体资产的管理。[3]因此，农村集体经济组织可以有效地管理和运营除土地以外的其他集体资产，为促进农村经济的发展和维护农民的利益提供了更多的法律支持。这说明农村集体经济组织除了具有营利性质，还具有为其成员提供生产、技术、信息服务等社会职能。此外，根据该法第七十一条，农村集体经济组织享有土地征用补偿权，而第七十三条则规定经全体委员（村民）会议或委员（村民）代表会议百分之五十以上的赞成票，农村集体经济组织可以通过"集资筹劳"的方式筹资筹劳。[4]其中，一方面是对宪法第八条"农村集体经济组织以家庭承包经营为基础"予以落实的体现；另一方面是制定和实践《宪法》第二十七条规定的"农村集体经济组织实行民主管理"的详细措施。[5]虽然《农业法》在功能上对农村集体经济组织与其他经济组织进行了初步区分和规定，但仍未对农村集体经济组织进行详细界定。该法关于农村集体经济组织的组织规范，仅规定了以半数的决定为限，并未提供更为详尽的规定。

（四）《农村土地承包法》的相关规定

《农村土地承包法》规范了农村集体经济组织的多个方面，为其提供了丰富多样的内容。依据该法第三条第二款规定，农村家庭承包户隶属于某一农村集体经济组织。[6]这说明农村集体经济组织与《民法总则》第五十五条、《民法通则》第二十七条在界定农村承包经营主体

---

[1] 《农业法》第二条规定："本法所称农业，是指种植业、林业、畜牧业和渔业等产业，包括与其直接相关的产前、产中、产后服务。本法所称农业生产经营组织，是指农村集体经济组织、农民专业合作经济组织、农业企业和其他从事农业生产经营的组织。"

[2] 《农业法》第十条第二款规定："农村土地承包经营的方式、期限、发包方和承包方的权利义务、土地承包经营权的保护和流转等，适用《中华人民共和国土地管理法》和《中华人民共和国农村土地承包法》。"

[3] 《农业法》第十条第三款规定："农村集体经济组织应当在家庭承包经营的基础上，依法管理集体资产，为其成员提供生产、技术、信息等服务，组织合理开发、利用集体资源，壮大经济实力。"

[4] 《农业法》第七十一条规定："国家依法征用农民集体所有的土地，应当保护农民和农村集体经济组织的合法权益，依法给予农民和农村集体经济组织征地补偿，任何单位和个人不得截留、挪用征地补偿费用。"第七十三条第一款规定："农村集体经济组织或者村民委员会为发展生产或者兴办公益事业，需要向其成员（村民）筹资筹劳的，应当经成员（村民）会议或者成员（村民）代表会议过半数通过后，方可进行。"

[5] 《宪法》第八条第一款规定："农村集体经济组织实行家庭承包经营为基础、统分结合的双层经营体制。农村中的生产、供销、信用、消费等各种形式的合作经济，是社会主义劳动群众集体所有制经济。参加农村集体经济组织的劳动者，有权在法律规定的范围内经营自留地、自留山、家庭副业和饲养自留畜。"第二十七条规定："一切国家机关实行精简的原则，实行工作责任制，实行工作人员的培训和考核制度，不断提高工作质量和工作效率，反对官僚主义。一切国家机关和国家工作人员必须依靠人民的支持，经常保持同人民的密切联系，倾听人民的意见和建议，接受人民的监督，努力为人民服务。国家工作人员就职时应当依照法律规定公开进行宪法宣誓。"

[6] 《农村土地承包法》第三条第二款规定："农村土地承包采取农村集体经济组织内部的家庭承包方式，不宜采取家庭承包方式的荒山、荒沟、荒丘、荒滩等农村土地，可以采取招标、拍卖、公开协商等方式承包。"

时是相同的,它在一定程度上是以社区为单位的组织。①《农村土地承包法》第五条、第十三条规定了农村集体经济组织不同层级的土地承包权,对集体经济组织经营管理土地的权限进行了明确。②除了承担发包人的责任外,作为发包人的农村集体经济组织还需要履行一些公共职能,这一点在《农村土地承包法》第十四条中予以说明,再次证明了集体经济组织的多重功能。③此外,该法第十八条和第二十八条继承了《农业法》"筹资筹劳"多数通过一致决定的规定,明确须以集体经济组织成员代表会议或成员会议三分之二以上多数通过,才能使调整承包等条款内容生效。④这展现出在农村集体经济组织内部治理机构中,成员大会或成员代表大会是权力机构,有权力做出重大的决定。第二十七条,承包土地调整方案决议应当报批的规定,既不符合民法中私主体行为通常不需要事先批准或者不需要行政机关批准的基本原则,也不符合《公司法》规定的公司决议行为效力的认定标准,这说明《宪法》《农村土地承包法》中规定的农村集体经济组织本质上尽管是私法人,但仍然具有某些特殊性。⑤由《农村土地承包法》的有关条款分析,可以了解到,该法的主要目的是调整农村集体土地的发包和承包关系,以进一步促进农村集体经济的发展。因此,该法对于农村集体经济组织的规定显得不够完善和系统。

(五)《农村集体经济组织法》

目前,一些农村集体经济组织由于历史等原因仍存在一系列问题,如组织机构、运行机制、监督管理不健全,执行力度不大等。有些地方甚至因为集体经济发展得还不充分,没有建立独立的农村集体经济组织。但是,依照《民法典》第一百零一条的规定,未成立村集体

---

① 《民法总则》第五十五条规定:"农村集体经济组织的成员,依法取得农村土地承包经营权,从事家庭承包经营的,为农村承包经营户。"《民法通则》第二十七条规定:"农村集体经济组织的成员,在法律允许的范围内,按照承包合同规定从事商品经营的,为农村承包经营户。"
② 《农村土地承包法》第五条规定:"农村集体经济组织成员有权依法承包由本集体经济组织发包的农村土地。"第十三条规定:"农民集体所有的土地依法属于村农民集体所有的,由村集体经济组织或者村民委员会发包;已经分别属于村内两个以上农村集体经济组织的农民集体所有的,由村内各该农村集体经济组织或者村民小组发包。村集体经济组织或者村民委员会发包的,不得改变村内各集体经济组织农民集体所有的土地的所有权。国家所有依法由农民集体使用的农村土地,由使用该土地的农村集体经济组织、村民委员会或者村民小组发包。任何组织和个人不得剥夺和非法限制农村集体经济组织成员承包土地的权利。"
③ 《农村土地承包法》第十四条规定:"发包方享有下列权利:(一)发包本集体所有的或者国家所有依法由本集体使用的农村土地;(二)监督承包方依照承包合同约定的用途合理利用和保护土地;(三)制止承包方损害承包地和农业资源的行为;(四)法律、行政法规规定的其他权利。"
④ 《农村土地承包法》第十八条规定:"承包方承担下列义务:(一)维持土地的农业用途,未经依法批准不得用于非农建设;(二)依法保护和合理利用土地,不得给土地造成永久性损害;(三)法律、行政法规规定的其他义务。第二十八条规定:"承包期内,发包方不得调整承包地。承包期内,因自然灾害严重毁损承包地等特殊情形对个别农户之间承包的耕地和草地需要适当调整的,必须经本集体经济组织成员的村民会议三分之二以上成员或者三分之二以上村民代表的同意,并报乡(镇)人民政府和县级人民政府农业农村、林业和草原等主管部门批准。承包合同中约定不得调整的,按照其约定。"
⑤ 《农村土地承包法》第二十七条规定:"承包期内,发包方不得收回承包地。国家保护进城农户的土地承包经营权。不得以退出土地承包经营权作为农户进城落户的条件。承包期内,承包农户进城落户的,引导支持其按照自愿有偿原则依法在本集体经济组织内转让土地承包经营权或者将承包地交回发包方,也可以鼓励其流转土地经营权。承包期内,承包方交回承包地或者发包方依法收回承包地时,承包方对其在承包地上投入而提高土地生产能力的,有权获得相应的补偿。"

经济组织的，村委会可以依法行使村集体经济组织的职能，从而出现"村社合一"、村民委员会"一体两面"的局面。但在促进农村集体经济发展方面，村社合一的情况往往造成两者职责不明、关系不清，甚至个别村委会干部村滥用职权支配集体资产现象的发生。①这种情况不利于农村集体经济的规范运作和集体经济长远发展，导致农村集体经济长期发展受阻和腐败现象的滋生。

为解决上述问题，2022年12月27日，《中华人民共和国农村集体经济组织法（草案）》提请十三届全国人大常委会第三十八次会议初次审议，该草案于2023年2月上旬结束征求意见阶段。2023年12月29日，《中华人民共和国农村集体经济组织法（草案二次审议稿）》公开征集意见。2024年6月28日，第十四届全国人民代表大会常务委员会第十次会议通过《农村集体经济组织法》。此法的颁布是贯彻党中央决策部署、推动农村集体经济组织发展壮大和建立健全法律制度的重要举措，有助于进一步加强对农村经济的支持和引导，推动农村地区的经济繁荣和社会稳定。

《农村集体经济组织法》共计八章、六十七条，对一系列概念进行了界定，以解决当前农村经济组织所面临的困境。其中，明确了立法目的和适用范围，规定了如何确认成员的身份及其权利义务，对农村集体经济组织的设立、合并、分立等事项作出原则规定，规范了农村集体经济组织的组织机构，明确对集体财产依法管理，规定了扶持措施，明确了争议的解决办法和法律责任。通过概念的明确定义，农村集体经济组织被明确定位为地域性经济组织，清晰地区分农村集体经济组织与其他合作经济组织，如农村供销合作社、农村信用合作社和农民专业合作社等的区别。同时，明确了农村集体经济组织作为中国特色社会主义公有制经济组织的身份，以及其在参与乡村治理中的重要地位。制定《农村集体经济组织法》可以有效平衡各方利益，推动城乡发展的协调性，打造良好的乡村治理环境，巩固和增强党在农村的领导地位，为构建社会主义现代化农业提供坚实的法治基础。

（六）其他

除了前面提到的与其密切相关的法律外，还有诸多其他法律也涉及对于农村集体经济组织的规定。如《中华人民共和国乡镇企业法》（以下简称《乡镇企业法》）（1996）规定，农村集体经济组织可以投资兴办乡镇企业，符合法人条件的乡镇企业可以取得法人资格。②再如，《中华人民共和国老年人权益保障法》（以下简称《老年人权益保障法》）（1996）第二十二条规定了五保老人的供养责任由农村集体经济组织承担。③第二次修订的《老年人权益

---

① 《民法典》第一百零一条规定："居民委员会、村民委员会具有基层群众性自治组织法人资格，可以从事为履行职能所需要的民事活动。未设立村集体经济组织的，村民委员会可以依法代行村集体经济组织的职能。"

② 《乡镇企业法》第十条规定："农村集体经济组织投资设立的乡镇企业，其企业财产权属于设立该企业的全体农民集体所有。农村集体经济组织与其他企业、组织或者个人共同投资设立的乡镇企业，其企业财产权按照出资份额属于投资者所有。农民合伙或者单独投资设立的乡镇企业，其企业财产权属于投资者所有。"

③ 《老年人权益保障法》第二十二条规定："老年人对个人的财产，依法享有占有、使用、收益和处分的权利，子女或者其他亲属不得干涉，不得以窃取、骗取、强行索取等方式侵犯老年人的财产权益。老年人有依法继承父母、配偶、子女或者其他亲属遗产的权利，有接受赠与的权利。子女或者其他亲属不得侵占、抢夺、转移、隐匿或者损毁应当由老年人继承或者接受赠与的财产。老年人以遗嘱处分财产，应当依法为老年配偶保留必要的份额。"

《保障法》（2012）统一了城市和农村对待"三无老人"的标准，并取消了农村集体经济组织承担社会养老功能的规定。①根据修订后的法律，地方政府都必须为符合相关规定的老年人提供供养或救助。这意味着由国家承担原本由农村集体经济组织承担的部分社会保障职责。

对于农村集体经济组织，《农田水利条例》等部分行政法也作了相应规定。如该条例中表明农村集体经济组织建设农田水利受到国家支持。在编制农田水利规划时，乡镇政府应按照该条例第八条规定，根据县级人民政府水行政主管部门的要求，在进行农田水利设施或政府财政补助项目开发时，必须首先征询农村集体经济组织的意见。对于由政府主导开发或提供财政支持的项目，应按规定由受益的农村集体经济组织对其维护和使用。也可由农村集体经济组织自行筹集资金建设农田水利，并负有管理和维护的义务。农村集体经济组织的作用在农村农田水利建设中得以体现。②再比如，《村庄和集镇规划建设管理条例》规定赋予村集体经济组织一定的行政管理职能，如农村居民新建住宅，应向村集体经济组织或村民委员会提出新建住宅的申请。此外，农村集体经济组织可以向农民收取"村提留"费用，《农民负担费用和劳务管理条例》也作出了相关规定。此项资金主要用于农田基建、集体福利、村干部报酬及行政开支等方面的支出。③

三、地方立法的相关规定

目前，专门针对农村集体经济组织的地方性法规、规章和政府规范性文件已经有 8 部。这些全方位地规范了农村集体经济组织的法律内涵、成员要求、设置规则、组织架构规则和法律责任等内容。

第一，有 7 部地方性规定在界定农村集体经济组织时，将其定位为社区型经济组织。除此之外，只有四川 2021 年颁布的地方性立法直接将其定性为"经济组织"，但并未区分其社区属性。④然而，上述 7 部地方性规定并未进一步明确社区型集体经济组织的具体内涵。在湖北 1996 年制定的地方性立法和广东 2006 年制定的地方性立法中，农村集体经济组织主体被划分为三级，分别为经济联合总社、经济联合社和经济合作社（股份经济合作社）。⑤同时，

---

① 《老年人权益保障法》（2012）第二十三条规定："城市的老年人，无劳动能力、无生活来源、无赡养人和扶养人的，或者其赡养人和扶养人确无赡养能力或者扶养能力的，由当地人民政府给予救济。农村的老年人，无劳动能力、无生活来源、无赡养人和扶养人的，或者其赡养人和扶养人确无赡养能力或者扶养能力的，由农村集体经济组织负担保吃、保穿、保住、保医、保葬的五保供养，乡、民族乡、镇人民政府负责组织实施。"

② 《农田水利条例》第八条规定："县级以上人民政府应当组织开展农田水利调查。农田水利调查结果是编制农田水利规划的依据。县级人民政府水行政主管部门编制农田水利规划，应当征求农村集体经济组织、农民用水合作组织、农民等方面的意见。"

③ 《村庄和集镇规划建设管理条例》第六条规定："国务院建设行政主管部门主管全国的村庄、集镇规划建设管理工作。县级以上地方人民政府建设行政主管部门主管本行政区域的村庄、集镇规划建设管理工作。《农民负担费用和劳务管理条例》第六条规定："农民直接向集体经济组织缴纳的村提留和乡统筹费（不含乡村集体所有制企业缴纳的利润），以乡为单位，以国家统计局批准、农业部制定的农村经济收益分配统计报表和计算方法统计的数字为依据，不得超过上一年农民人均纯收入的5%。对经济发达的地区，经省、自治区、直辖市批准，可以适当提高提取比例。乡统筹费的最高限额由省、自治区、直辖市确定。乡级人民政府负责本行政区域的村庄、集镇规划建设管理工作。"

④ 四川的地方性立法为《四川省农村集体经济组织条例》。

⑤ 湖北的地方性立法为《湖北省农村集体经济组织管理办法》，广东的地方性立法为《广东省农村集体经济组织管理规定》。

这两部法规将这三级主体总称为农村集体经济组织。广东的地方性立法为明确农村集体经济组织的含义，从历史发展角度出发，农村集体经济组织是对原来的人民公社进行改革后形成的，并且保留了三级组织结构。这一规定旨在强调农村集体经济组织的历史演变过程和其与原人民公社的延续性。"经济合作社"这一概念在浙江 2007 年制定颁行的地方性立法以及扬州、泰州 2012 年、2013 年颁行的地方性立法中均被使用，此概念用于称定农村集体经济组织。①在这些法规文件中，农村集体经济组织的成员共同出资、共同经营、共享收益，强调了合作与共同发展的原则。这些法规为农村集体经济组织的发展提供了法律支持和管理框架，促进了其合作性质的发挥和优化。如江苏省 2018 年制定的《江苏省农村集体资产管理条例》使用村（社区）经济合作社或者村（社区）股份经济合作社来指称农村集体经济组织。《四川省农村集体经济组织条例》和黑龙江省 2020 年制定的《黑龙江省农村集体经济组织条例》则并未在条文中提及。

第二，在农村集体经济组织的民事主体性质方面，农村集体经济组织的法人资格在湖北省和浙江省得以确定，但是湖北省和浙江省并未明确规定其法人的具体性质。而黑龙江省和四川省则将其确定为特别法人，黑龙江省还鼓励农村集体经济组织实行股份合作制。在扬州市和泰州市，农村集体经济组织被明确授予农民专业合作社法人资格。这表示在这两个地方，农村集体经济组织可以作为法人主体参与市场交易，并享有相应的权利和义务。与此不同的是，广东省和江苏省并未直接规定农村集体经济组织是否具备法人资格，但可以对其发放"组织证明书"，并允许其凭借银行开户、办理组织机构代码等相关手续，以市场主体的身份参与市场交易。

在上述 8 部地方性规定中，无论农村集体经济组织能否取得法人资格，都未明确规定其成员是否须对组织债务承担责任。因此，在这些地区，涉及集体经济组织成员的债务责任问题可能需要按照一般的民事法律规定进行处理。

第三，8 部地方性规定在农村集体经济组织的设立方面的要求基本一致，也与我国《民法典》关于法人成立要件的规定一致。这些要求包括成员、独立资产或名称、经费、住所及章程等，在实践中，这些要求有助于确保农村集体经济组织的合法性和有效性。

第四，对于农村集体经济组织机构的划分，8 部地方性规定基本吻合，均明确其由权力机构、执行机构和监督机构三部分构成，只是这些部分的具体名称和职责划分可能会有所不同。此外，在湖北省，农村集体经济组织机构的管理人员的产生需要经过相关部门的批准，并进行备案登记，以确保管理人员的合法性和合规性。

第五，农村集体经济组织除了具有发展集体经济的职能之外，还应当承担相应的公共职能。相对于中央层面的法律和行政法规，这些地方性法规对农村集体经济组织的成立和运营进行了较为详细的规定。然而，与相对成熟的《公司法》《农民专业合作社法》等组织法相比，这些地方性法规的规定显得较为简略。

第六，在确定农村集体经济组织成员资格方面，主要考量的因素仍是户籍身份。这意味着，通常情况下只有本地户籍人员才能成为集体经济组织的合法成员。不过，在一些地区，非本户籍人员在履行一定的义务的前提下也被允许加入并取得成员资格。

农村集体经济组织地方立法的相关规定对比如表 1-7 所示。

---

① 浙江的地方性立法为《浙江省村经济合作社组织条例》，扬州的地方性立法为《扬州市村经济合作社组织暂行办法》，泰州的地方性立法为《泰州市村经济合作社暂行管理办法》。

表 1-7 农村集体经济组织地方立法的相关规定对比

规范名称	条文总数	章节内容
《湖北省农村集体经济组织管理办法》（1996）	31	总则、设立、社员、组织机构、法律责任、附则
《广东省农村集体经济组织管理规定》（2006）	26	未划分章节
《浙江省村经济合作社组织条例》（2007）	45	总则、设立和终止、社员、组织机构、财务管理、法律责任、附则
《扬州市村经济合作社组织暂行办法》（2012）	35	未划分章节
《泰州市村经济合作社暂行管理办法》（2013）	32	总则、设立和登记、成员、组织机构、财务管理、附则
《江苏省农村集体资产管理条例》（2018）	63	总则、农村集体经济组织及成员、资产权属与运营、财务管理、股份合作、保障监督、法律责任、附则
《黑龙江省农村集体经济组织条例》（2020）	57	总则、组织成员、组织机构、资产管理运营、财务管理、监督、法律责任、附则
《四川省农村集体经济组织条例》（2021）	50	总则、组织成员、组织机构、登记管理、经营管理和收益分配、扶持和监督、法律责任、附则

第二章　农村集体经济组织特别法人之构建基础

第一节　农村集体经济组织特别法人的确立

新一轮集体产权制度改革自 2013 年中国共产党第十八届三中全会拉开帷幕。2016 年颁布的《关于稳步推进农村集体产权制度改革的意见》（以下简称《意见》）通过顶层设计规划部署了农村集体产权制度改革。[1]自 2017 年起，中央陆续发布了一系列"一号文件"，强调研究制定"农村集体经济组织法人法"。[2]在《民法总则》中，农村集体经济组织法人被赋予"特别法人"的资格，并规定了农村集体经济组织取得法人资格的渠道，改革的步伐在《民法总则》中得以稳步实践，在《民法典》中也得以体现，在《农村集体经济组织法》中进一步规范细化。可以说，从《民法总则》的正式颁布实施起，农村集体经济组织的法人地位被正式确立。基于此，本节将围绕农村集体经济组织法人确立的法律定位、法人职责、现实意义三个角度展开阐述。

一、农村集体经济组织特别法人的法律定位

（一）地位：法人的确定

1. 立法确定

农村集体经济组织作为极具中国特色的经济组织形式，反映了农村基本经营制度。如前文梳理，即使《宪法》《土地承包法》等法律法规已经明确了其法律概念，但其主体地位的不明晰，仍引发了学者的长期争议。[3]既有学者倾向于其非法人组织的定性[4]，也不乏支持农

---

[1] 2016 年 12 月 26 日，中共中央、国务院发布《关于稳步推进农村集体产权制度改革的意见》（中发〔2016〕37 号）文件。

[2] 这里所指的"陆续"长达三年时间，文件包括：中共中央、国务院《关于深入推进农业供给侧结构性改革加快培育农业农村发展新动能的若干意见》（中发〔2017〕1 号）、中共中央、国务院《关于实施乡村振兴战略的意见》（中发〔2018〕1 号）、中共中央、国务院《关于坚持农业农村优先发展做好"三农"工作的若干意见》（中发〔2019〕1 号）。

[3] 《宪法》第八条第一款规定："农村集体经济组织实行家庭承包经营为基础、统分结合的双层经营体制。农村中的生产、供销、信用、消费等各种形式的合作经济，是社会主义劳动群众集体所有制经济。参加农村集体经济组织的劳动者，有权在法律规定的范围内经营自留地、自留山、家庭副业和饲养自留畜。"

[4] 温世扬，廖焕国. 物权法通论[M]. 北京：人民法院出版社，2005：368.

村集体经济组织应当按照企业法人进行治理的观点。①

在《民法总则》颁布之前，农村集体经济组织的法律地位并不清晰，其适用制度、组织形态等呈现出混乱的状况。不论是1986年的《民法通则》还是2009年修正的《民法通则》，均未将农村集体经济组织放于"法人"的分类序列内。虽然第七十四条规定了"集体经济组织"可作为债权、所有权的主体，其权利依法受到保护，但其法律地位却未得以明确。②从诉讼主体的规定来看，农村集体经济组织因缺乏法人地位只得被定位为"其他组织"参加诉讼，如《民事诉讼法》规定，民事诉讼的当事人可以是其他组织；③在司法实践中，法院也确实将集体经济组织作为"诉讼当事人"对待，如2014年通过的《民事诉讼法司法解释》规定，民事纠纷的当事人包含了村民委员会或者有独立财产的村民小组。④因此，不论是从制度的周延上考虑，还是基于司法实践的需求，农村集体经济组织都应当通过法人化来确定其主体地位。

作为民法中法人制度建立的基础起点和立法支点，整个法人制度体系的脉络走向取决于法人的分类方式。⑤故而在《民法总则》的制定过程中，将法人按照两分法或者三分法进行分类一直是探讨的焦点。中国法学会民法典编纂项目领导小组在2016年提交的专家建议稿⑥，即建议以团体自治为原则，将其分类为社团法人和财团法人。但社团法人和财团法人是私法人内部按照私主体自治原则进行分类的结果，而该分类方式因跳过了公、私法人这一上级分类而显得突兀。同年7月，《民法总则（草案）》将营利法人与非营利法人的分类写入⑦，但在农村集体经济组织的法律定位上，仍然没有载明或者释义。鉴于农村集体经济组织在农村集体资产经营管理方面的关键作用，一些代表、地方、部门以及社会公众认为有必要对其民事主体地位进行明确。⑧故而《民法总则（二次审议稿）》规定农村集体经济组织可依法取得法人地位。⑨经第二次征求意见后，专家建议增设特别法人以概括合作经济组织的互益性和营利性，此建议在《民法总则（三次审议稿）》和《民法总则（四次审议稿）》中得到采纳。2017年10月，农村集体经济组织在《民法总则》中被确认特别法人地位⑩，并在之后颁布的《民法典》中延续体现，使其能以法人身份持有土地、发包权及农村财产经营权。《农村集体经

---

① 何嘉. 农村集体经济组织法律重构[M]. 北京：中国法制出版社，2017：62-65.
② 《民法通则》第七十四条规定："劳动群众集体组织的财产属于劳动群众集体所有，包括：（一）法律规定为集体所有的土地和森林、山岭、草原、荒地、滩涂等；（二）集体经济组织的财产；（三）集体所有的建筑物、水库、农田水利设施和教育、科学、文化、卫生、体育等设施；（四）集体所有的其他财产。集体所有的土地依照法律属于村农民集体所有，由村农业生产合作社等农业集体经济组织或者村民委员会经营、管理。已经属于乡（镇）农民集体经济组织所有的，可以属于乡（镇）农民集体所有。"
③ 《民事诉讼法》第五十一条规定："公民、法人和其他组织可以作为民事诉讼的当事人。"
④ 《民事诉讼法司法解释》第六十八条规定："村民委员会或者村民小组与他人发生民事纠纷的，村民委员会或者有独立财产的村民小组为当事人。"
⑤ 吴宜男. 特别法人制度的理论分析与体系构建——以《民法总则》的法人分类为基本背景[J]. 现代经济信息，2017（7）：307.
⑥ 《中华人民共和国民法典·民法总则（专家建议稿）》（2016年2月）。
⑦ 《民法总则（草案）全文》（2016年7月5日）。
⑧ 《全国人民代表大会法律委员会关于〈中华人民共和国民法总则（草案）〉修改情况的汇报》（2016年10月31日第十二届全国人民代表大会常务委员会第二十四次会议）。
⑨ 《民法总则（草案二次审议稿）》第七十六条规定："农村集体经济组织具备法人条件的，依法取得法人资格。"
⑩ 《民法总则》第九十九条规定："农村集体经济组织依法取得法人资格。"

济组织法》亦延续了对其法人地位的确定。[①]

2. 立法实益

法人地位的确定是构建农村集体经济组织特别法人的制度以及特别性规则构造的前提，同时我们需要注意到特别法人地位确定的实益之处。

第一，农村集体经济组织特殊属性在特别法人条款中得以体现。在《民法典》中，农村集体经济组织在性质上更倾向于私法人，在经济职能、运行经费、区域化、民事活动范围等方面显著异于其他特别法人，其中成员资格取得更体现出私主体的自愿性，这些独特属性与现有营利法人规则并不对应，因此制定农村集体经济组织法律时仅适宜借鉴参考，不宜直接套用。第二，明确了营利法人与非营利法人二分后的兜底支撑作用。在中国国情下，农村集体经济组织在法人设定中不可或缺，但又明显区别于营利法人、非营利法人。随着经济社会的发展，甚至出现法人形态更加多样化、构成更加复杂化、法人类型边界模糊化的情况。因此，特别法人的设立为农村集体经济组织提供了法律主体地位上的落脚点。第三，《民法典》之于《农村集体经济组织法》，应当是"一般规则"与"特殊规则"的关系，故法人地位的确定具有指引性。因为《民法典》的重心在于调整民事法律关系本身，故《民法典》除了明确相关民事主体作为法人所具备的权利能力之外，在立法考虑法人分类时，《民法典》的基本任务是通过"一般性规则"对不同的法人大类作出基本规范指引，如此《农村集体经济组织法》以《民法典》为纲，有条不紊、准确审慎地厘清农村集体经济组织这一特别法人主体的内在立法逻辑和规则，并对具体运行中的成员确认、组织登记、组织机构等进行细化规定。

（二）对标性质：法律的属性

农村集体经济组织法人的本质属性及其理论根源一直是学界探讨的话题之一，但始终未形成共识。曾有学者对农村集体经济组织法人化提出反对意见，认为合作经济组织不宜被统一定性为法人，且特别法人的权责利与治理结构也并不明确。[②]虽然农村集体经济组织被《民法典》赋予了特别法人地位，但过于抽象与原则性的规定使该制度在理论上仍存在困惑与争议。

由前述内容可推知，若以法定结构为基础考虑，应对"法人"采取总分模式。即"一般规定"涵盖"营利法人""非营利法人"和"特别法人"3个分支，作为特别法人的农村集体经济组织当然也在其中。[③]因此，从自身法人特征来看，该组织应具备民事权利能力和民事行为能力，并在成立时形成、在终止时则消失。[④]从自身要素来看，必须确保在形成及运行过程中具备独立的名称、组织机构、住所、财产等要素。同时，其成立过程必须在法律或行政法规规定的框架内，以确保其合法性和合规性。从内部关系来看，法人与法定代表人之间有着明确的边界和联系，农村集体经济组织必须具备符合要求的法定代表人，一方面法定代表人是法人行为的代表者，另一方面法人对法定代表人的职务行为亦承担明确的法律责任。此种法人与法定代表人的关系构建了一种有序的管理体系，以确保法人组织的运作和决策的合法

[①] 《农村集体经济组织法》第六条规定："农村集体经济组织依照本法登记，取得特别法人资格，依法从事与其履行职能相适应的民事活动。"
[②] 谭启平. 中国民法典法人分类和非法人组织的立法构建[J]. 现代法学, 2017, 39（1）: 76-93.
[③] 陶钟太朗, 沈冬军. 论农村集体经济组织特别法人[J]. 中国土地科学, 2018, 32（5）: 11.
[④] 陈钦昱. 农村集体经济组织特别法人的认识确立与制度构建[D]. 成都: 四川师范大学, 2023: 14.

性，《农村集体经济组织法》与此构建理念相似。

部分学者对农村集体经济组织属性进行分析时，基于其承载的社会主义公有制理想的特征，深度结合新中国成立以来各个阶段的改革背景进行判断。[①]实际上，在理论逻辑方面，农村集体经济组织法人与传统法人存在显著差异。传统民法基于个体主义对法人本质进行判断，而农村集体经济组织法人以坚持集体所有制为本质特征，基于整体主义对其进行构建。个体主义的观点强调私法自治，而在我国的经济制度和民法设计中，财产属性在组织成员权利中愈加凸显。然而，在整体主义的视角下，《农村集体经济组织法》规定农村集体经济组织法人设立时需要经过登记，在法人设立和法人治理中党组织发挥核心作用，使其整体主义的建构性特征在市场经济中得以充分显现。[②]

作为特别法人，农村集体经济组织的形成根源于特殊的历史背景，其核心构建基于集体主义和公有制的理念。这种组织形式在特定历史时期崛起，旨在强调集体的价值观念和社会主义公有制的原则，其存在和运作具有深刻的历史渊源和理论基础。因此，综合我国宪法、历史以及农村的时代背景来看，农村集体经济组织法人应是源于社会主义公有制、基于国家对农业农村的定位、产生于改革发展过程中的以集体主义为核心的特别法人，其不仅是依法独立经营的市场竞争者，目前也承担着一定社会管理服务职能。

（三）内核："非独立"的市场主体

1. 农村集体经济组织法人是市场主体

在大力进行农村集体产权改革、积极推进乡村振兴的时代背景下，农村集体经济组织作为市场经济主体具有重要地位。因此，将市场主体地位授予农村集体经济组织不仅是政策上的一贯要求，更是推动农村经济市场化发展、实现共同富裕的关键举措。虽然《农村集体经济组织法》确立了农村集体经济组织法人地位，明确其可以从事民事活动，且可以依法出资设立市场主体，但2022年施行的《市场主体登记管理条例》却未明确将"农村集体经济组织"列为登记管理对象，导致其市场主体地位存在不确定性，这值得深刻关注和解决。[③]但《市场主体登记管理条例》列举的"农民专业合作社"在《民法典》中也被确定为特别法人，从其性质上讲也非完整意义上的营利性市场主体。根据前文的阐述，可以得出结论：《民法典》在确立法律地位方面具有"一般规则"式的作用。由于农村集体经济组织同时具备经济经营性质，因此理应被视为独立的市场主体，与农民专业合作社一样。这一推论并不违反《市场主体登记管理条例》的规定，因为该条例明确将登记为市场主体的实体定义为市场主体，而

---

① 宋天骐，房绍坤. 农村集体经济组织法人的理论逻辑：个体主义抑或整体主义？[J]. 苏州大学学报（哲学社会科学版），2022，43（3）：118.

② 《农村集体经济组织法》第四条规定："农村集体经济组织应当坚持以下原则：（一）坚持中国共产党的领导，在乡镇党委、街道党工委和村党组织的领导下依法履职；（二）坚持社会主义集体所有制，维护集体及其成员的合法权益；（三）坚持民主管理，农村集体经济组织成员依照法律法规和农村集体经济组织章程平等享有权利、承担义务；（四）坚持按劳分配为主体、多种分配方式并存，促进农村共同富裕。"

③ 《市场主体登记管理条例》第二条规定："本条例所称市场主体，是指在中华人民共和国境内以营利为目的从事经营活动的下列自然人、法人及非法人组织：（一）公司、非公司企业法人及其分支机构；（二）个人独资企业、合伙企业及其分支机构；（三）农民专业合作社（联合社）及其分支机构；（四）个体工商户；（五）外国公司分支机构；（六）法律、行政法规规定的其他市场主体。"

并未排除未进行登记的主体。换言之，在农村集体经济组织被《民法典》确认特别法人地位的情况下，即使其他法定市场主体的地位通过《市场主体登记管理条例》进行确认，也并没有否定农村集体经济组织可作为市场主体的资格。值得注意的是，在农村集体产权制度改革中，农村集体经济组织已经进行了登记，地方法规对其登记也有相关规定。尽管《市场主体登记管理条例》中未明确列举农村集体经济组织，但这并不意味着否认其市场主体地位。[①]同时，在司法解释中也已经确认了农村集体经济组织具备担保能力。[②]虽然农村集体经济组织法人属于特别法人，但作为经济组织，其作为担保人的资格并无争议。[③]而农村集体经济组织的市场主体能力在大量司法实践中已经被认可。农村集体经济组织市场主体地位被司法实践认可的另一方面实证，即承认其具备市场主体参与较高市场风险活动的担保能力，将其参与市场交易活动的范围与其他具备担保能力的市场主体同质化。因此可以认定，农村集体经济组织是社会主义市场经济体系中不可忽视的市场主体。在这一背景下，它们作为积极参与者和重要组成部分，在市场经济中发挥着不可或缺的功能。

2. 农村集体经济组织法人是"非独立"的市场主体

值得关注的是，作为特别法人身份的农村集体经济组织肩负着一定的农村社会公共服务职责，与一般市场主体相比，其性质和功能上存在多方面的差异，可视为一种"非独立"的市场主体。这种独特地位使得农村集体经济组织在市场经济中不仅具备一定的经济运作能力，同时还需承担社会责任，呈现出多维度的综合特性。

第一，农村集体经济组织兼具经济属性与社会属性。经济上，农村集体经济组织可开发集体资源，通过如农业养殖业、休闲旅游业、土地租赁业等多种方式发展集体经济，创造收益。同时，农村集体经济组织还承担着管理集体资产、服务集体成员的公共职责。其着眼点在于通过引领集体成员实现共同富裕来展现其社会属性。这种职能旨在确保资源的合理利用，促进农村群体的整体发展，并倡导追求共同利益和福祉，从而在社会层面上实现更广泛的利益和价值。

第二，农村集体经济组织的注册登记管辖机构是农业农村主管部门，而非市场监督管理部门。农村集体经济组织的特别法人地位虽然已经明确，且能够依法登记获得主体资格，但毕竟未能进行工商注册，致使其存在"不完全的"市场认可度。

第三，农村集体经济组织不能破产。集体所有制构成了农村集体经济组织建立的根本，其中土地作为其最核心的资产，依据法律规定是不允许转让的。正因为这样的特殊性，《农村集体经济组织法》中也相应地规定了农村集体经济组织不适用于破产制度。[④]这一规定考虑到了农村集体经济组织的特殊地位和功能，确保其在法律框架内维护集体利益，同时保障农村土地资源的合理管理与利用。

第四，农村集体经济组织财产具有成员共有性。《民法典》第二百六十条规定了集体所有的不动产和动产。此外，由集体经济组织法人管理的财产并非法人所有，而是具有专有属

---

① 值得关注的是，在农村集体产权制度改革中，农村集体经济组织已经开展了登记，地方立法中对农村集体经济组织的登记也多有探索，这些组织实际上都是农村集体经济组织。因此，虽然《条例》没有将农村集体经济组织列举在内，但这并不意味着否定农村集体经济组织的市场主体地位。
② 这里是指《最高人民法院关于适用〈中华人民共和国民法典〉有关担保制度的解释》第五条。
③ 高圣平.民法典担保人资格的解释论[J].荆楚法学，2022（1）：89.
④ 《农村集体经济组织法》第六条第二款规定："农村集体经济组织不适用有关破产法律的规定。"

性。其本质在于形成属于公共领域的不可分割资产，体现了对农村集体经济组织财产的独特法律处理和社会属性的认知。这一规定旨在保护农村集体经济组织的整体利益，确保其财产得到合理管理与保护。建立在私人产权上的法人组织，诸如公司、农民专业合作社等，与农村集体经济组织有着本质区别。

第五，农村集体经济组织的成员关系具有显著的社区封闭性。在这种结构中，成员并不能自由地加入，而是必须综合多方面因素，并经过成员集体的审议和决策才能取得成员身份，主要关注户籍、对集体积累的贡献以及土地承包关系等方面。此外，集体的股份或份额分配亦具有封闭性，一般只有社区范围内的成员才有资格获取，这样的设计旨在确保该集体拥有的土地性资产不会流失。这不仅有助于维护和强化集体所有制的公共属性，而且能够有效地保障每一位成员的财产性利益，从而确保整个组织在经济和社会层面上的稳定和发展。

第六，农村集体经济组织的资源性资产不得对外承担责任。这里的资源性财产包括社会主义改造时农民加入合作社所投入的土地等生产资料、经营性资产和财政投入形成的资产。其中，由于承载集体和成员基本权益的是土地等资源性资产，故仅限经营性资产具备对外承担责任的资格，以明确划分不同类型资产的法律责任界限，以维护农村集体经济组织的整体稳定和财产安全。

（四）法人确立：特别法人名义下的"准营利性法人"

通过前述分析，关于农村集体经济组织法人的法律定位，可以得出以下两个核心要点：第一，基于其作为特别法人的特质，将其置于立法时设立的特别法人框架中；第二，其亦不可被片面置于营利法人之地位。由此，在现有立法框架和法律拟制思维下考量，具有准营利法人属性的特别法人的定位更宜与农村集体经济组织对应衔接。

本书将农村集体经济组织定位为准营利法人，是在承认其法人人格的前提下，找到其适用的"大前提"，为构建运行制度探究路径。将农村集体经济组织定位为"准营利法人"，不仅能有效解决特别法人不规范的现状，也是我国社会主义市场经济蓬勃发展下法制逐步完善的客观需要。目前，可在《民法典》已有的法人框架下，结合其他类型法人的功能区分，理解农村集体经济组织特别"准营利法人"的概念和性质，其本质是应当前经济社会发展需要，在既有的法人分类下进一步阐释与区分，对该类法人主体的属性、特征以及底层逻辑予以明确，而非虚构某一类法人主体。因此，我们可以归纳为：对于营利法人、非营利法人以及一般性法人的规则，农村集体经济组织宜兼收并蓄，既可适用、参照适用，也可类推甚至排除，以利于这一特殊的法人类别更适用于当前以及未来的发展需要。

在拟制路径上，考虑到农村集体经济组织法人与营利法人部分关键构成要件一致，宜以营利法人作为明确参考的规则对象，在法人规则上考虑部分适用营利法人的要求，在法律效果上趋同于一定条件下的营利法人从事相关民商事行为之效，使农村集体经济组织成为适用排除营利法人的规则的"准营利法人"。我国学界和理论界并没有明确提出"准营利法人"这一概念，但已明显向营利法人方向靠拢进行规则构建。

二、农村集体经济组织特别法人的基础职能

农村集体经济组织不仅是农村土地等资源的唯一所有权人，还充当法定的土地承包合同

发包方、集体资产经营者角色，并负责管理医疗、社区治安、养老等事务。尽管在成立时可能带有一些政治因素，它的职能涵盖了公共管理，但其主要目的并非发挥政府功能，而是维护内部成员的权益。作为经济组织，其发展经济的主要目标是为内部成员谋取利益。在成员管理方面，它类似于企业的股东，不能对成员执行政策上的强制力。因此，在从事经济或社区公共管理中的民事活动时，它表现为私法主体。就其社区自治职能而言，拥有土地所有权意味着它是一个具有完成公共使命的私法人。据此，其基础功能有以下三个方面。

（一）经济功能

1. 代表农民集体行使所有权

《民法典》第二百六十二条规定，"农民集体"对本集体财产享有所有权，而农村集体经济组织仅"代表集体行使所有权"。换言之，农村集体经济组织只是所有权的执行机构，而非所有权的实际拥有者。《农村集体经济组织法》第五条的规定亦同。有学者认为，现行法有关农村土地的所有和行使的规则，确定了农民集体与农村经济组织之间系法定的信托关系，前者为委托人，后者为受托人[①]，但此种观点是基于将农民集体定义为一个独立的民事主体，但农民集体所有与农村集体经济组织所有并存的现象，体现了集体所有在不同制度层面（所有制—所有权）和不同历史时期的不同表现形式，是同一事物的不同面相。[②]因此，农民集体和农村集体经济组织的成员应该是完全相同的，不能解释为信托关系。

结合当前的社会实践和《农村集体经济组织法》第五条的相关规定，农村集体经济组织代表农民集体行使所有权的职能主要包括五种。[③]第一，在农村土地管理方面，包括向组织成员免费提供耕地、宅基地等土地，并通过招标、拍卖、公开协商等方式将经营性土地的经营权出让。第二，涉及农村宅基地的申请和使用事宜。农村集体经济组织有责任审核农户、村民小组相关材料的真实性有效性，如农户提出的申请、身份证明材料、村民小组会议记录等材料，确保在村庄规划内使用土地建房，并确认是否征得了用地建房相邻权利人的意见。这两个方面涉及农村土地的有效管理和宅基地使用的合规性。第三，合理开发利用、保护耕地、林地、草地等土地资源并进行监督，"监督"职能源于农村集体经济组织作为土地所有权的行使主体身份。第四，涉及使用集体经营性建设用地，包括出让、出租等方式获取该建设用地的使用权。在这一情境中，农村集体经济组织可能通过各种手段，如土地出售、租赁等，使得特定的建设用地能够被有效利用。这一步骤涵盖了对集体经营性建设用地的灵活运用，以促进农村资源的合理利用。第五，涉及在集体土地被征收或征用时，对于土地的补偿费以及其后续分配和使用等问题。这一环节牵涉到对被征收土地的公正补偿安排，应确保涉及土

---

① 吴昭军. 论农村集体经济组织的经营管理权——基于信托理论的阐释[J]. 当代法学，2023，37（1）：99.
② 宋志红. 论农民集体与农村集体经济组织的关系[J]. 中国法学，2021（3）：177.
③ 《农村集体经济组织法》第五条规定："农村集体经济组织依法代表成员集体行使所有权，履行下列职能：（一）发包农村土地；（二）办理农村宅基地申请、使用事项；（三）合理开发利用和保护耕地、林地、草地等土地资源并进行监督；（四）使用集体经营性建设用地或者通过出让、出租等方式交由单位、个人使用；（五）组织开展集体财产经营、管理；（六）决定集体出资的企业所有权变动；（七）分配、使用集体收益；（八）分配、使用集体土地被征收征用的土地补偿费等；（九）为成员的生产经营提供技术、信息等服务；（十）支持和配合村民委员会在村党组织领导下开展村民自治；（十一）支持农村其他经济组织、社会组织依法发挥作用；（十二）法律法规和农村集体经济组织章程规定的其他职能。"

地被征用的情形下,相关利益方得到合理的补偿和分配安排。这个步骤旨在维护各方的权益,同时确保土地使用的合规性和公正性。

2. 经营、管理集体的经营性资产

2016年中共中央、国务院发布的《意见》明确了农村集体资产分为经营性资产、非经营性资产和资源性资产三类,其中经营性资产主要包括经营的房屋、建筑物、农业基础设施等。作为经营性资产的所有权人,农村集体经济组织有权且应当经营这些资产营利。此外,近年来,随着脱贫攻坚、乡村振兴等战略的实施,各类项目资金更多地流向了村级集体经济发展项目。在这一过程中,农民集体有机会获取大量的经营性资产,如优质果蔬苗、优质养殖品种甚至引入地方的种植产业基地,从而获得相应的所有权。

(二)公共功能

农村集体经济组织法人在促进农村经济蓬勃发展的同时,还承担着一系列公共职能。这包括但不限于提供农村社区的公共服务、协调农民集体的利益关系、维护和促进农村社会稳定等。因此,法人设立不仅关乎经济层面的发展,更涉及在农村社区中建立健全的治理体系,以满足农民的多元需求。《农村集体经济组织法》第五条规定了农村集体经济组织的三项主要的社会职能:一是为成员的生产经营提供技术、信息等服务;二是支持和配合村民委员会在村党组织领导下开展村民自治;三是支持农村其他经济组织、社会组织依法发挥作用。这里的社会职能更多体现的便是农村集体经济组织法人的公共职能。除此之外,农村集体经济组织的公共职能还体现在其对集体所有的生产、水利、教科文卫体设施也负有管理和维护的职责。

尽管我国城乡基础设施建设通常由政府负责,但实际上,仍需要依靠农村集体经济组织法人的集体收益,来完成诸如大量道路、水利设施,以及改善农村环境等基础设施建设任务,该部分建设对于政府出资建设农村基础设施部分是有力的补充和完善。因此,农村集体经济法人在提供公共服务方面扮演着至关重要的角色。

(三)保障功能

当前,我国社会主要矛盾已转化为人民日益增长的美好生活需要和不平衡不充分的发展之间的矛盾。在乡村振兴战略背景下,农村集体经济组织法人从单一的资产经营走向了更多元的产业发展道路,在新农村发展领域也呈现出新优势和新活力,不仅是为村民提供农业生产、农村基本公共服务的主要保障力量,更是农村稳定、产业振兴、农民富裕的重要基石。但是,从实践看,农村集体经济组织法人也暴露出一些囿于自身原因产生的问题,如集体经营性收益单一、集体承接项目能力弱、缺乏市场化运营主体、政府资源集中投入带来新的区域发展不平衡等,亟须因地施策、对症下药,推动农村集体经济不断发展壮大,以实现长期、稳定、持续增收,提高成员的盈余分配。

综上所述,农村集体经济组织有以下几方面保障功能:首先,在经济功能上负责经营内部土地和财产性资产,作为政策"传导器",在农村集体经济组织中贯彻落实国家的经济政策。其次,在社会公共职能方面,通过提供自留地、自留山和改善村庄、饮用水状况等举措,为内部成员提供重要支持。最后,在内部资产经营和盈余分配方面,农村集体经济组织通过

法律和实践相结合的方式发挥管理和保障功能。

第二节　农村集体经济组织的立法价值及现实意义

一、农村集体经济组织特别法人的立法价值

（一）构建中国特色民法理论话语体系的价值

我国采用了一种融合多元特点的法人分类模式，并推动了相关法律框架构建，着重规定了农村集体经济组织在法律体系中的特殊法人地位。这项立法措施不仅是对习近平总书记有关强化我国民事法律制度理论研究的明确要求的践行，同时也显现出国家致力于建构具有鲜明中国特色、实践经验以及符合时代精神的话语体系和民法理论体系所作出的积极努力。《民法典》在编纂过程中，采用了功能主义的建构逻辑，引入了特别法人，将其与营利法人和非营利法人统一起来，为中国法人类型化制度开辟了新的篇章。这种分类既体现了法人在经济、非营利以及特殊领域中的不同功能和定位，为法律制度的完善和发展提供了重要范本，又为不同类型的法人提供了更为清晰和具体的法律定位，有助于更好地规范不同法人实体的行为，促进法律实施的有效性和公平性。

随着我国经济社会的高质量发展，特别法人形式，如农村集体经济组织设立的合理性和必要性得到彰显。一方面，法人体系的分类一直在不断变化发展。法人分类是为了更方便地研究和司法，而非划定不可超越的界限。各具特色的四种特别法人类型很难纳入原有的营利法人和非营利法人体系，基于实用主义，结合我国社会经济发展的现实需求发展法人的分类，将传统法人分类体系无法涵盖的特别法人放进一个更为适宜、包容性更强的概念体系之内，在民事基本法上根本性地明确了这些特别法人的地位，为其行为规范提供了依据，有助于实现特别法人，如农村集体经济组织等所具有的特殊功能和目标。此分类既符合中国国情的需要，又是中国特色社会主义法治建设的客观要求，且体现出对社会现实的关切。另一方面，创设特别法人更有利于我国法人制度体系的全面表达。法人根本性差异的描述是法人传统分类中的方法论，但并不能全面概括所有类似法人或者新型法人在目的和功能上的特征。《民法典》中营利法人、非营利法人和特别法人的分类模式和农村集体经济组织的特别法人地位的确立，皆以传统大陆法系私法为基石，从而开展不间断的制度和体制创新，以更全面的视角来理解、分析我国各类型法人设立、存续、治理、内外关系调整等方面根本逻辑和运行规则，既深刻揭示三者之间的结构性差异、区别性特征，又与大陆法系私法传统基础上的法人立法分类明显不同，具有别具一格的中国法律制度底色，有助于构建具有中国特色的法人制度体系。

（二）繁荣农村市场经济、推动乡村振兴战略实施的价值

为积极推动乡村振兴和农业农村农民现代化目标的实现，我国需要在深化农村改革方面取得重要的支持。因此，聚焦于激发主体、激励要素以及激活市场成为关键战略。以激活各类与农业相关的主体为深化农村改革的基础，才能引领要素市场和市场交易的繁荣。除此之

外，农村集体经济组织在推动乡村振兴的过程中的地位也尤其重要，尤其是在以家庭承包经营为基础、统分结合的双层经营体制中，农村集体经济组织起着统筹协调的重要作用。例如在推动乡村振兴战略的五大振兴过程中，农村集体经济组织发挥着多重角色，承担产业振兴的组织者、人才振兴的聚集地、文化振兴的引领者、生态振兴的参与者等重要职能，同时还作为组织振兴的纽带起到关键作用。[①]这一多元化的功能定位使其在乡村振兴中具有不可替代的地位。基于对这种认知的深刻理解，人们普遍认为，构建和完善农村集体经济组织法人制度是激活与农业相关主体、推动农业农村市场化和法治化进程的关键举措。这一制度的完善将有助于提升农村集体经济组织的法人地位，从而促进其更有效地履行各项职责，推动乡村全面振兴取得更为显著的成果。

在此背景下，值得注意的是，在《民法总则》出台之前，基层村民自治组织和农民专业合作组织在法律和党内法规中都有明确的表述，其法律地位较为清晰。然而，与此形成明显对照的是，农村集体经济组织的法律地位存在一些待解决的问题，需要更深入的研究和制度上的改革来确保农村集体经济组织在乡村振兴中发挥更为积极的作用。尽管《宪法》和法律法规中频繁提及农村集体经济组织的概念，但其固有的立法缺陷，导致这一组织缺乏有效的法律支持和保障。长期以来，尽管农村集体经济组织在法律上被授予法人地位，但实际上并未真正贯彻执行，农村集体经济组织产权制度改革一直面临着这一难题，这也对农民集体所有制的实现、农村集体经济的发展以及农村集体经济组织成员权益的有效落实产生了不利的影响。这个问题成为制约农村集体经济组织发展的困境，影响着其在产权方面的变革，以及在实现农业现代化、提升农民福祉等方面的进程。我国长期以来一直在民事立法方面秉持实事求是的原则，采取兼容主义的法人分类模式，并构建了特别法人的完整体系。特别是在确认农村集体经济组织特别法人地位方面，这一法律选择成功解决了长期以来一直影响其发展的问题。从《民法总则》到《民法典》再到《农村集体经济组织法》，我国一直坚定地确认并延续农村集体经济组织法人的特殊法人地位，并在法律框架中持续明确相关方向。这一系列法律措施不仅为农村集体经济组织提供了法人地位的明确法律依据，也为其在经济和法治方面的发展奠定了坚实基础。在确认农村集体经济组织特别法人地位之后，一些学者强调其重要价值主要表现在几个方面。首先，这一确认符合社会与经济发展的需求，解决了立法时的困扰。其次，为农村集体经济组织法人地位提供了方便的法律工具，有效推动了农村经济的繁荣。此外，这一举措促使农民集体财产合法享有，实现了集体所有权的实质化。最后，通过赋予农村集体经济组织法人地位，使其本源主体性得以恢复，为乡村治理机制的进一步完善提供了支持。[②]一些学者还指出，将特别法人地位赋予农村集体经济组织的做法不仅在财产归属方面进行了明确，同时也清晰规定了组织与成员之间的责任关系，从而进一步巩固了农村集体经济组织在法律上的地位。

可以清楚看到，厘清农村集体经济组织法人类型的定位具有显著的实际意义。《民法典》积极响应农村社会经济的发展需求，为农村集体经济组织提供了更为清晰的法律地位，为其参与必要的民事活动提供了法律基础，为其融入市场体系提供了更为稳定和可行的法律支持，有助于激发其在市场经济中积极参与的热情、释放其发展潜力，从而为促进农村市场经济的蓬勃发展、助力乡村振兴，并达成农业农村现代化的目标，营造更为有利的法治环境。

---

① 管洪彦. 农村集体经济组织法人类型定位之证成与价值展开[J]. 法学论坛，2021，36（5）：29-39.
② 屈茂辉. 农村集体经济组织法人制度研究[J]. 政法论坛，2018（2）：31.

（三）指引农村集体经济组织特别法人立法的价值

通过确立独特的法人类型，授予农村集体经济组织独特的法人资格，表明了农村集体经济组织法人地位的授予上升至国家层面。这一法律举措不仅为农村集体经济组织注入了独特的法律属性，更意味着国家对其法人地位的认可和支持进一步得到强调，为其在法治建设和经济发展中的作用提供了更为稳固的法律基础。然而，尽管明确了农村集体经济组织的特殊法人地位，但离其真正取得法人身份并充分发挥社会功能的目标仍有一定差距。[1]《民法典》确立独特的法人类型并确认农村集体经济组织的特殊法人地位，不仅在立法模式上展现出创新性，且在《农村集体经济组织法》的制度与规范设计的具体细节方面，产生了积极且深刻的影响。

一方面，在农村集体经济组织法人领域，法制建设已采用了一种"一般立法+特别立法"的组合模式。即应以《民法典》为基础、《农村集体经济组织法》特别立法为核心，构建起"一般立法+特别立法"的宏观立法架构。《民法典》第九十九条第二款设立了专门的转介条款，为特别立法奠定了基础。[2]《民法典》关于农村集体经济组织法人仅有一条规定，而《农村集体经济组织法》则以特别立法为其提供具体支持，充分规范了农村集体经济组织的构架及经营。

另一方面，在微观层面的制度设计方面，明确农村集体经济组织法人的类型定位将具有极其重要的指导作用。举例而言，《农村集体经济组织法》在基本制度和规范设计中，特别强调了农村集体经济组织法人的私法人属性，为其中的社团法人等提供了一系列适用的规则。这种精确的定位不仅为农村集体经济组织的法人地位提供了清晰的法律依据，同时也对《农村集体经济组织法》的条款设立产生了基础性、适用性、倾向性的影响。既然农村集体经济组织法人是不同于营利法人、非营利法人的特别法人，故《农村集体经济组织法》将农村集体经济组织特别法人的特别性作为立法逻辑主线进行了制度和规范的设计。彰显其特别性主要体现为特别法人属性的市场主体理念和把握"普遍特别性"与"个体特别性"逻辑关系两个方面。首先，《农村集体经济组织法》在市场主体理念基础上深入进行制度建设和规范表述，紧紧围绕特别法人属性展开，贯穿整个法律的主线。其次，通过《民法典》与《农村集体经济组织法》之间独特的立法模式，揭示和理解农村集体经济组织的"普遍特别性"与"个体特别性"，以及这两者之间的逻辑结构，并在对"普遍特殊性"进行表述的基础上，精心设计关于"个体"的法律制度和法规。这一独特的法律框架旨在确保对农村集体经济组织法人地位的全面理解，并为其在市场经济环境下更好地运作提供精准的法律指引。

二、农村集体经济组织特别法人的现实意义

（一）厘清法律定位，消除立法迷惘

农村集体经济组织自20世纪50年代中期以来一直在农村经济社会建设中扮演不可或缺

---

[1] 值得一提的是，2024年6月28日颁布的《农村集体经济组织法》再次确认了法人地位，确具有重大意义，但该法明确的施行时间为2025年5月1日，可见规范适用之路仍需留有一定的实践空间。

[2] 《民法典》第九十九条规定："农村集体经济组织依法取得法人资格。法律、行政法规对农村集体经济组织有规定的，依照其规定。"

的角色。尽管在实际运作中发挥着重要作用，但其在法律层面的地位直至 2024 年 6 月以前长期处于未予明确的状态。虽然《民法通则》《物权法》等法规规定了"集体经济组织"为独立民事主体，具备所有权或债权等民事权利，其权利受法律保护，但却未明确其法人地位。在实践中，"集体所有权主体虚置"现象尤其普遍且明显。即农村集体经济组织在法人地位未明确的情况下，虽然履行了集体土地所有权人的职能，但缺乏有效治理结构，其法定代表人的职责无法明确，导致集体组织功能丧失。这一法律地位不明的问题使得农村集体经济组织难以建立健全的治理机制，从而影响了其功能的正常发挥。《宪法》要求的"家庭承包经营为基础、统分结合的双层经营体制"并没有达到理想效果。[①]将农村集体经济组织进行法人化及进一步制度规范化具有根本性的改革意义。这一变革可以有效解决农村集体经济组织作为集体所有权主体被虚置的尴尬境地，打破其在管理集体财产时缺乏合法性授权的困境。通过法人化，集体经济组织的财产归属得到明晰，不再是成员之间共有，彰显了法人主体的独立性，从而实现了集体所有权的实质化。

（二）破除产权改革障碍

农村集体产权制度改革的目标在于构建一个中国特色社会主义农村集体产权制度，该制度具有权属清晰、权能完整、流转便捷、保护严密的特征。这一改革旨在构建适应市场经济需求的农村集体经济运行机制，同时形成一套维护农村集体经济组织成员的权利治理体系。[②]农村集体经济组织的法人化，不仅是对"明确农村集体经济组织是特殊的经济组织，并赋予法人资格"这一改革内容的回应，也使得农村集体经济组织能够在产权结构、治理方式、功能作用等方面按照市场经济方式运行，破除农村集体经济发展面临的资源产权权能不完整、社会保障体系不健全、风险保障机制不完善、产权流动效率不高等困境[③]，进而实现产权改革，重构农村集体产权的权利结构，打破农村集体资产和成员权利的村社封闭性，增强农村集体产权的对外开放性，不断提升农村集体经济组织的市场竞争力和可持续发展能力，推动产权改革的顺利进行。

（三）保障农村发展

在经济组织中，集体经济组织的核心定位是经济而非政治或社会组织。这种组织注重的主要甚至唯一目标是推动经济的繁荣。经济的发展紧密关联着各种交易行为。农村集体经济组织的法人化即赋予了其法律人格，将团体视为单一的法律实体，交易时就不必了解团体内各成员的各种情况，交易更加便捷的同时有效降低交易费用，尊重并保障了农民集体组织的主体性需求。因此，农村集体经济组织的法人化能够充分激发农村生产要素的潜能，推动农村集体产业发展，壮大集体经济。

---

① 屈茂辉. 农村集体经济组织法人制度研究[J]. 政法论坛，2018（2）：31.
② 芦千文，杨义武. 农村集体产权制度改革是否壮大了农村集体经济——基于中国乡村振兴调查数据的实证检验[J]. 中国农村经济，2022（3）：84-103.
③ 符刚，陈文宽，等. 推进我国农村资源产权市场化的困境与路径选择[J]. 农业经济问题，2016，37（11）：14-23.

（四）保障成员权利

在中国，农村集体经济组织法人与其成员之间的依存度相当高。若无法人，集体经济组织成员自身权益将无法有效保障、救济。集体经济组织成员通过行使各种财产性权利，如土地承包经营权、宅基地使用权、集体收益分配权等，以及民主管理权利，包括民主决策权、民主监督权、知情权等，实现其在组织内的权益。因此，农村集体经济组织特别法人制度的建立有助于实现集体经济组织成员所享有的知情权、参与权、表达权、监督权等民主管理权益，最终"形成有效维护农村集体经济组织成员权利的治理体系"。农村集体经济组织成员将因为这一制度的构建得到更加有效的法律保障，促进其在组织内权利的充分行使，推动整个治理体系的健康发展。

（五）补缺乡村治理体制机制

在乡镇一级，经济组织与行政组织、基层群众性自治组织的内部关系长期交织，彼此之间没有理顺，农村集体经济组织与乡镇人民政府、村民委员会、村民小组之间的关系尤其明显。如按照《土地管理法》等相关法律法规，属于村民集体所有的土地和其他财产明确可以由村民委员会管理。但在集体经济组织明确为法人后，集体经济组织即回归其原本的经济组织的地位，乡镇集体经济组织与乡镇政府、村集体经济组织与村民委员会在功能上即可实现分离。集体经济组织作为民事主体，在章程、治理结构、设立法定代表人等方面予以耦合，进而在集体与成员之间形成财产、责任、意思表示等三者皆相互独立的法律关系，重构村民会议（村民大会或村民代表大会）、村民委员会之间的权利义务关系，以法人制度体系构建乡村民主监督机制，使其责权明晰、运转有效，形成公平、有效的乡村治理体制机制。

农村集体经济组织作为具有鲜明中国本土特色的经济组织，扮演着推动农村集体经济繁荣发展、确保集体组织成员权益的关键角色。在中国的特殊经济和社会背景下，农村集体经济组织不仅是经济生产和发展的重要组成部分，更是连接农村社区和集体成员的纽带。农村集体经济组织的发展和壮大，需要建立合理的治理体系，并寻找方式以健全其体制机制。《农村集体经济组织法》对农村集体经济组织特别法人制度的构建具有三方面的作用：首先，通过促进集体经济治理框架的完善，深刻推动集体产权制度进行实质化的改革，从而建立更加有效和透明的经济管理框架。其次，清晰界定各种集体资产的权利归属对于建立健全的资产管理体系至关重要。通过明确定义每个成员在集体资产中的权益和责任，可以确保资产的所有权得到根本性的保护，从而稳固和巩固资产的长期稳定性。这不仅有助于推动这些资产实现保值增值，而且为集体共同体的可持续发展奠定了坚实的基础。最后，强化集体资产的财务管理，不仅有助于确保这些资产的稳健管理，同时可以达成对集体资产管理的信息公开，起到预防潜在的资产流失的效果，减少各类可能导致"微腐败"行为的机会。

第三节　农村集体经济组织特别法人的组织形式

一、纵向现实形态

在中国的农村地区，为了更好地组织和管理农村经济活动，通常会按照乡镇、村、组的行政级别将农村集体经济组织进行纵向组织。这种方式可以使组织更贴近基层，更具体地服务于特定地域的农民。目前，我国农村集体经济组织包含三级核算单位：一是乡镇集体经济组织；二是村级集体经济组织；三是在原生产队基础上组建的组集体经济组织。然而，在实际运作中，并非所有地区都同时建立了乡镇、村、组这三个层次的农村集体经济组织。具体做法可能会因地制宜，在不同的地方，由于地理、经济或社会因素的差异，农村集体经济组织的设立和层次划分存在一定程度的多样性，各地可能会根据当地的特殊需求和条件，灵活地制定和调整农村集体经济组织的层次结构。在不同的地方，由于地理、经济或社会因素的变化，对于农村集体经济组织的设立和层次划分存在着一定的差异。有些地方可能会选择在特定的层次上集中资源和精力，以更有效地推动农村经济的发展。这样的选择可能基于地方的经济特点、人口分布、资源状况等因素。在一些地区，可能更注重在村一级或组一级建立农村集体经济组织，以更精准地满足当地的需求。

（一）乡镇级农村集体经济组织特别法人

自从人民公社制度废止之后，农村集体经济组织在乡（镇）行政区域无法有效存在，逐渐被乡（镇）政府下辖村庄的单独集体经济组织取代。一些学者根据这一情况认为，"乡（镇）集体经济组织"已经失去实质性，实际上已由乡（镇）政府取而代之。[1]但是，乡镇集体经济组织在某些地区仍然具有一定的历史背景和实际意义。特别是通过对试点区（市）县的调研，可以看到一些乡镇集体经济组织承载了原人民公社时期的集体土地，其中东部地区占到了农村建设用地的 1.5%，而西部地区只有 0.2%左右，并且这些土地主要是 20 世纪 80 年代以前的乡镇企业遗留下来的建设用地。这些数据也反映了东部地区和西部地区在农村建设用地方面的不同情况。东部地区占据了农村建设用地的较大比例，而西部地区占比则相对较低。这可能与地区的经济发展水平、土地利用状况以及历史发展路径等因素有关。这表明即便在制度演变过程中，乡镇集体经济组织的形式发生了变化，但其在土地资源管理和农村建设中仍然具有实际的经济价值。作为我国农村集体资产，其规模较小、经营主体相对较少，因此，加强乡镇集体经济组织是推进农村集体产权制度改革的一个重要方面。

目前，我国在发展镇级农村集体经济组织的过程中存在着两种不同的路径。这两种路径在农村集体产权制度改革中涌现，分别体现了新型和传统的经济组织模式。一类是近年来在农村集体产权制度改革中崭露头角的新型乡镇集体经济组织。这些新型组织在制度变革的推动下，积极适应市场经济发展的需求，通过整合资源、优化经营模式，以更灵活和创新的方式推动乡镇层面的集体经济发展。在这一路径中，一些地区如北京市和上海市出现了新型乡镇集体经济组织。这可能涉及更灵活的产权制度、经营模式以及管理机制，体现了对农村集体经济组织进行创新和改革的努力。这些新型组织可能更注重市场化、专业化，以适应现代经济

---

[1] 韩立达等. 农地"三权分置"的运行及实现形式研究[J]. 农业经济问题，2017（6）：5.

的需求。另一类则采取比较传统的模式，由乡级集体统一经营、统一核算。在这种情况下，出于特定的历史、文化和地理因素，经济组织可能更侧重传统的集体经济管理方式，反映出一些地方在改革方面较为保守，河北省晋州市周家庄乡就是其中一个典型代表。

上海市探索乡镇级农村集体经济组织的主要做法是制定章程，建立乡镇级农村社区经济合作社作为乡镇级集体资产的管理主体。①上海市专门出台了沪农委〔2014〕61号文件，对乡镇级农村集体经济组织的资产产权进行了界定："上海市70%以上的农村集体资产由镇级集体经济组织所有。"②截至2016年年底，上海市已有25个镇级集体经济组织完成了产权制度改革。③

2003年，北京市颁布《关于进一步深化乡村集体经济体制改革加强集体资产管理的通知》（京发〔2003〕13号），明确提出要健全乡（镇）集体资产管理机构，对乡（镇）一级的集体资产进行管理。北京市以股权方式对乡镇级存量资产实行股份量化，主要采用三种方式：第一，以村为单位，将资产量化分配给各村的集体经济组织；第二，对村集体经济组织中各成员的利益进行合理分配；第三，将一部分资产量化分配给乡镇企业职工，并把剩余部分资金投入村集体经济组织。

改革开放之后，河北省晋州市周家庄乡选择成立了乡农工商联合公司（后更名为乡农工商合作社），此种改革措施与家庭联产承包责任制有较大不同。这一独特的举措表明了该地区在农村经济改革方面的创新精神和实践探索。通过建立农工商联合公司，该乡致力于整合农业、工业和商业资源，推动各个领域的协同发展。这种做法体现了一种不同的农村经济组织模式。这种合作形式不仅仅关注农业生产，还注重整个乡村经济体系的优化和提升。该合作社的职责涵盖对全乡农林牧副工商建运各行业的统一领导、集体经营、专业承包、联产计酬以及统一分配，其使命不仅在于协调和领导各行业的整体运营，还通过集体经营和专业承包，促进各领域高效合作。这种模式强调集体的领导和经营，同时也包括了专业承包和联产计酬的元素，这样的安排可能旨在实现资源的更有效利用和收益的合理分配。周家庄乡采用了一种分配形式多样化的组织形式，以村为单位进行统一核算，按劳分配；周家庄乡在发展生产上采取了一系列措施，办起了一批乡镇企业，包括阀门厂、纸箱厂、面粉厂等，为当地农民提供了就业机会，同时也创造了产值和税收，为当地农民带来了经济收益。此外还成立了"农村资金互助社"，促进了农村经济的发展。特别值得注意的是，周家庄乡是全国唯一实行乡级核算体制的乡镇，这意味着更灵活的财务管理和更精准的资源配置，有助于提高财政资金的使用效益。这一体制可以为其他地方提供一些有益启示。

（二）村级农村集体经济组织特别法人

村级农村集体经济组织一直是国家积极探索和发展的重要目标，不论是新建还是改进村级农村集体经济组织，都取得了显著的进展。国家对于农村集体经济组织的支持和推动，使得这些组织在不断发展壮大的同时，也取得了长足的进步。截至2020年年底，全国确认集体成员约9亿人。2015年全国汇总的60.4万个村中，建立村级集体经济组织的有24.4万个，

---

① 详见《关于本市开展农村乡镇级集体经济组织改革试点工作的指导意见》（沪委农办〔2012〕30号）。
② 国务院发展研究中心农村经济研究部. 集体所有制下的产权重构[M]. 北京：中国发展出版社，2015：171.
③ 方志权. 农村集体产权制度改革理论和模式选择研究[J]. 科学发展，2017（4）：87.

占 40%；村委会代行村集体经济组织职能的有 36.0 万个，占 60%。到了 2020 年，全国汇总的 56.0 万个村中，建立村级集体经济组织的有 53.2 万个，达到 95%。目前，全国乡镇、村、组三级共建立集体经济组织约 96 万个，都已在农业农村部门注册登记，领到《农村集体经济组织登记证书》。[①]从实际情况看，浙江省走在了全国各地的村级农村集体经济组织的前列。2005 年浙江省率先以行政村为核心单位，实施了村经济合作组织的股份合作制改革。在这一实践中，该省以行政村为基础进行了创新性的经济组织改革，取得了显著的成效，其改革经验为农村集体产权制度的探索提供了有益的范例。除了浙江，四川、河北、湖北、陕西等地也积极探索以村集体经济组织为主要形式的农村集体产权改革。这一趋势表明，各地方在推进农村经济改革方面都在不断寻求创新和适应当地实际的路径。从 2012 年到 2020 年，村集体经济组织的净资产从 1.3 万亿元增长到了 3.7 万亿元，村均净资产也从 222 万元增长到了 686 万元。这显示出农村集体经济的资产持续增长，为乡村振兴提供了坚实的财务基础。

在村落经济管理的实践中，村级农村集体经济组织与村委会之间的互动和合作关系备受关注，成为引发广泛讨论和争议的焦点。一些学者认为，由于村民委员会是村级集体资产的管理主体，因此集体经济产权制度改革应以村民委员会为核心。相反，另一些学者则主张将集体经济组织视为农村集体产权制度改革的主体。随着农村经济的不断壮大和村集体经济组织的日益复杂化，明确法人地位及其与村委会之间的法律关系至关重要，这将有助于更加有效地协调组织内外部事务，确保村集体经济组织的合法权益。故《农村集体经济组织法》中明确规定农村集体经济组织作为经济组织理应关注、发展、壮大新型农村集体经济，而非过多承担公共管理职能，才将《农村集体经济组织法（草案）》中表述的"为成员提供教育、文化、卫生、体育、养老等服务，或者对村委会提供服务给予资金支持"删除，旨在改善农村集体经济组织长期与村委会"政经不分"的交错局面。

（三）组级农村集体经济组织特别法人

人民公社解体后，以原生产队作为单位建立的组级农村集体经济组织主要呈现两个不同的发展趋势。一些地区选择将原来的生产队进行改组，成立了经济合作社，随后在产权制度改革中又进行了股份制改造。这种发展模式旨在通过合作社的形式促进农村经济的协同发展，同时在产权方面引入股份制的机制，以激发农民的积极性和创造力。另一种发展方向是生产队在解散后，将集体财产转交给村集体，由村集体经济组织进行集中经营。在这种情况下，集体经济组织的各项收益通常在全村范围内统一管理，形成一种集中的经济运作模式。随后的产权改革也往往不再直接与原生产队直接相关。这意味着在收益分配和经济管理方面，村级集体经济组织扮演着更为集中和综合的角色，有助于形成更高效、统一的农村经济管理体系。前者主要出现在集体经济发展较为迅速的地区，而后者的实施主要集中在经济相对欠发达的地区。

从当前的实际状况来看，组级的农村集体经济组织的发展状况虽然优于乡镇级，但其发展速度却远远不及村一级。到 2015 年年末，全国共有 495.5 万个组，其中 77.4 万个组已建立集体经济组织，占比 15.62%。广东省在组级农村集体经济组织方面发展最快。2006 年，广

[①] 此组数据根据对农业农村主管部门编写的《中国农村政策与改革统计年报》《中国农村经营管理统计年报》总结分析得出。

东省发布了《农村集体经济组织管理规定》,明确了将原生产队改组为经济合作社或股份合作经济社的方向。在广东省,集中关注组级集体经济组织的改革,旨在优化和强化集体产权的管理和运作。与此同时,在云南、江苏、福建、河南、重庆等地,也涌现出以"村民小组"为基本单位的基层经济组织形式。这种多元化的实践反映了不同地方在推动农村产权改革时,根据地方的经济、社会和文化差异,采取了灵活多样的发展策略。这也为各地农村产权制度改革提供了一定的经验和启示。

二、横向现实形态

(一)经济合作社

自改革开放以来,我国涌现了一种新型农村集体经济组织,即经济合作社。通常情况下,经济合作社以村民小组为基础,在村庄层面设立,形成基层单位。这些基层单位进一步联合组成经济合作联合社,构建了在村庄范围内的更大范围的组织网络。同时,在乡镇层面,还设立了经济合作总社,为更广泛的地区提供协调和支持。法律上的正式确立可以追溯到1988年3月31日,广东省人民政府以粤府〔1988〕180号文批准,并在1988年4月6日广东省农委颁布的《广东省农村合作经济组织财务会计工作暂行规定》中明确了其适用于农村经济合作社、经济联合社、经济联合总社等农民集体拥有的各类合作经济组织,以及各级财会(农经)服务组织。然而,就专门地方立法角度而言,对经济合作社的明确规范定义直到2007年《浙江省村经济合作社组织条例》修订时才首次提出。根据该《条例》,村经济合作社被定义为在农村双层经营体制下,由集体共有、合作经营、民主管理,以服务社员为宗旨的社区性农村集体经济组织。随后,一些地方立法也纷纷出台了类似的规定,如《扬州市村经济合作社组织暂行办法》《泰州市村经济合作社暂行管理办法》等。[①]

就经济合作社的组织机构而言,从各地对经济合作社的实践和探索来看,不同地方法规以及经济合作社章程都专门规定了其构造模式,普遍采用了"三会"的基本结构。然而,各地在具体构建上并不完全相同,存在一定的灵活性和差异。

一种是以浙江省为典型的"社员大会—管理委员会—监督委员会"模式,如图2.1所示。根据《浙江省村经济合作社示范章程(试行)》第十二条,经济合作社包括社员大会、社员代表大会、合作社管理委员会(社管会)、合作社监督委员会(社监会)等机构。在这种模式之下最高的权力机构是社员大会,而社员代表大会经过社员大会授予权力才可行使职权,根据会员代表大会的规定,代表人数一般每5~15户1人,但不得少于20人。广东省,广西壮族自治区,江苏省扬州市、泰州市等采取此种模式的区域之间也有一定的差别。在广东省,经济合作组织的内部结构主要分为4种,包括成员代表会议、成员大会、民主理财监督小组和社委会等机构。这些组织机构共同协作,以确保合作社的正常运营和民主管理。此外,根据实际情况,还可以设立其他运营管理机构,以满足特定需求和任务的要求。而在扬州市和

[①] 《扬州市村经济合作社组织暂行办法》第二条规定:"本办法所称的村经济合作社,是指在农村双层经营体制下,自愿联合、集体所有、合作经营、民主管理、服务成员的社区性农村经济组织。"《泰州市村经济合作社暂行管理办法》第二条规定:"本办法所称的村经济合作社,是指在农村双层经营体制下,集体所有、合作经营、民主管理、服务成员的具有法人资格的社区性农村集体经济组织。"

泰州市，经济合作社的内部组织则被称为成员代表大会和成员大会，且对成员代表大会的代表人数进行了具体的规定，如通常情况下不得低于成员总数的10%，但对于成员超过千人的情形，代表人数可以相应降低，并对代表人数作了最低为百人的限制规定。此外，这些合作社还设有管理委员会和监督委员会，在没有监事会的情况下，也可以推荐执行监事来履行监督职责。这些机构的设立和运作有助于确保经济合作社的有效管理和民主决策。

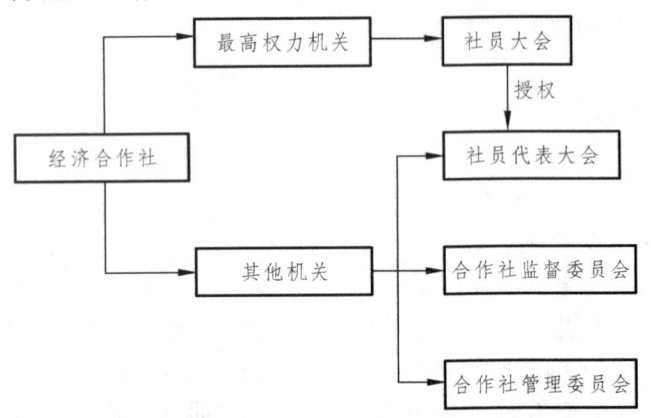

图 2-1　以浙江省为典型的"社员大会—管理委员会—监督委员会"模式

另一种模式是以上海市松江区为代表的"社员代表会议—理事会—监事会"模式。根据《松江区村集体经济合作社章程（示范）》的第十一条，这一模式设立了社员代表会议、理事会和监事会作为经营管理机构。这三个机构都是由社员代表会议选举产生的，共同构建了合作社的有效运营体系。在这个体制中，社员代表会议被认为是经济合作社的最高权力机构，由年满18周岁、具有完全民事行为能力的社员按照一定比例组成，具体比例根据每个村的实际情况而定。除此之外，理事会负责日常管理工作，监事会则担当监督的职责。社员代表会议代表社员的意愿，理事会负责具体运营，监事会则确保合作社内部的透明度和合规性。这一模式在实践中为合作社的民主管理和有效运作提供了坚实的框架。

（二）股份经济合作社

股份经济合作社是对经济合作社进行股份化改制后的产物，其形成过程包括在村民小组设立股份经济合作社，在村级建立股份经济合作联合社，而在乡镇则设立股份经济合作总社。这一模式在广东省和浙江省等地得到了广泛应用，与《广东省农村集体经济组织管理规定》中的相关规定高度契合。该规定明确定义了农村集体经济组织的概念，这些组织包括经过"三改"而形成的合作经济机构。这一定义涵盖了多种形式的组织，如经济联合总社、经济合作社，以及股份合作经济联合总社、股份合作经济社等。

就股份经济合作社的组织机构而言，由于它是在吸收了股份制要素后进行重组的，因此其构造与传统的经济合作组织基本上是相似的。在中国农村信用社的实际情况中，一般来说，股份经济合作社的组织机构构造模式通常在章程中进行规定，然而在具体的组织形式上却存在不同。这意味着不同的股份经济合作社可能在实际的组织结构上有一些差异，尽管它们都遵循了相似的基本原则。

一种较为普遍的运作方式是"股东（代表）大会—理事会—监事会"，这种模式在一些沿海地区如江苏和广东（部分地区），还有湖北和河南等地区都有很不错的应用。例如，《湖北省京山县城畈经济股份合作社章程》规定了设立股东大会、股东代表会议、理事会、监事会等机构,其中股东大会作为最高权力机构由股东代表选举产生,理事会负责常务决策和管理,监督委员会则充当内部监督机构。不同地区对这些机构的具体称谓也存在一定的差异。例如,在江苏省盐城市,股份经济合作社的股东(代表)大会也被称作社员(代表)大会,这是一种区域性的称呼习惯。而在广东省佛山市的一些地方,监管机构有时被称为财务监督小组,这也反映了地方性的命名惯例。这种差异在不同地区的法规和行政体系中可能会出现,它们通常都指代着相似的机构和职能,尽管名称有所不同。

另一种常见的组织模式是"股东代表大会—董事会—监事会",这一模式已经被许多发达地区诸如北京、广东(部分地区)、福建、山西广泛采纳并实施。例如,《厦门市社区股份经济合作社章程(示范)》规定了设立股东代表大会、董事会、监事会等机构。《章程》规定公司的最高权力机构是股东大会,每个公司的股东按照每社不少于年满18周岁的股东总数的一定比例进行设置。监事会是公司内部的监督机构,董事会被视为公司的执行机构,负责日常管理和经营事务,由股东代表大会民主选举产生。然而,不同地区对这些机构的具体安排存在一些差异,可以以广州市萝岗区九龙镇凤尾村经济联合社为例说明。在该村经济联合社中,董事长一般由村党委书记担任,副董事长由村委会主任担任,股东则是本届联合社的成员,而监事会的成员由本届村集体经济联合社的民主理财小组成员组成。这表明在部分地区,董事会和监事会成员的任命可能采取了委任制度,并不是经过选举产生,也意味着改革还未完全完成,仍存在一定的发展空间。

(三)农村社区股份合作社

江苏省和重庆市在推动农村社区股份合作社的发展方面采取了一系列政策措施。2009年,江苏省颁布了《江苏省农民专业合作社条例》,规定农村集体经济组织成员可以以量化到其名下的集体经营性净资产份额作为主要出资方式,设立相应的农村社区股份合作社。在这种组织模式下,农村集体股份合作组织有资格申请并获得"农民专业合作社"的认证。随后,江苏省工商局颁布了一份重要文件,即《关于农村社区股份合作社登记的指导意见》(苏工商注〔2010〕244号)。这一《意见》的发布进一步加强了对农村社区股份合作社注册流程的规范化管理。除此之外,还有一项重要的通知,即《重庆市工商行政管理局关于做好农村集体经济组织产权制度改革试点登记服务工作的通知》(渝工商办发〔2010〕133号),该《通知》中明确提出了开展以"公司"和"农民专业合作社"为主体的农村集体经济组织产权制度改革试点工作。在试点的推进过程中,登记机关的主要任务之一是积极协助和支持集体经济组织进行转型,使其成为公司制法人,例如有限责任公司或股份有限公司。这一转型旨在使集体经济组织更好地适应科学的现代企业体制,采用标准化的法人治理和管理模式。对于集体经济组织中股东成员众多的情况,或者对于农村集体经济组织成员自愿选择按照《农民专业合作社法》进行登记的情况,应按照法规要求进行相应的注册程序。这一系列措施的目的在于促进农村集体经济组织的现代化改革,以及推动法律规范化的发展。此外,该《通知》对注册地名称进行了规定,既可以根据《农民专业合作社登记管理条例》进行核准,也可以核定为"重庆市××区××村(或社区)股份合作社"或"××县××村(社区)股份合作社"。除此之外,一些地区如上海市、马鞍山市等,也允许合作社在相应的工商管理部门进行注册,从而取得法人资格。在这些地方,合作社可以通过遵循特定的注册程序和法规要求，正式成为具有法人资格的实体。这种做法在不同地区得到了实施，为农村社区股份合作社提供了更多的法律认可和发展机会。

农村社区股份合作社的组织机构与经济合作社和股份经济合作社在本质上是一致的，总体上依循"社员代表大会—董事会—监事会"的"三会"模式。其中，农村社区股份合作社的最高权力机关是社员代表大会。而农村社区股份合作社的董事会则由社员代表大会选举产生，是社员代表大会的常设机构，监事会则是社员代表大会选举产生的监督机构。在江苏省等部分地区，其组织名称也不尽相同，如苏州太仓市的示范章程中，社员代表大会选举产生的常设执行机构被称为社委会，而非董事会。①这表明在实践过程中，各区域之间可能会有一定的差异和弹性。

（四）村社一体的农民专业合作社

2014年，塘约村成立了"塘约村农民种植专业合作社"。全部村民以土地入股联合经营，实现了村社一体。在村党总支的引领下，合作社属于集体所有，村两委与合作社两块牌子，一套人马。到2017年，村民年人均纯收入从2014年的3 000多元增加到11 200元，村集体经济达312万元，外出务工人员只有50余人。该村不仅实现了贫困人口全部脱贫，还推动了村容村貌以及风气的质变。故而，塘约村的集体经济组织被称为是一种有别于传统意义上的"村社一体"的合作社，是一种全新的农村集体经济组织形态——村社一体的农民专业合作社。

首先，所谓的"村社一体"的合作社实际上是一种农民专业合作社，其特点在于为全体村民提供加入的机会，每个村民都有资格加入，塘约村的农民专业合作社更加注重扶助贫困群体。

其次，"村社一体"的农民工专业合作社是一种面向全体村民、自愿加入、退出自由的农民专业合作社形式。

最后，在塘约村的实际组织架构中，并没有独立的村社一体的合作社之类的机构。除村支两委外，主要存在的是塘约村金土地专业合作社及其下属的机构，如市场营销中心、劳务输出中心、农技培训中心，还有建筑队、运输队等。因此，作者认为，塘约村采用的形式应该明确清晰地界定为村社一体的农民专业的合作社，而不仅仅将其简单地定位为"村社一体"的合作社，强调在组织形式的选择上的精确性和明确性，意味着该合作社应该更具专业性，以更好地服务村社一体的农民需求，同时也突出了合作社与村社的紧密结合。这种精细区分有助于确保合作社的定位和功能更符合塘约村的实际情况和发展目标。

（五）公司法人

在实践中，有的农村集体经济组织选择以"公司法人形式"获取法人资格。由于农村集

---

① 《太仓市社区股份合作社章程（示范）》第十条规定："社委会是社员代表大会选举产生的常设执行机构。社委会由5人组成，每届任期3年，可以连选连任。社长由社员代表大会直接选举产生，合作社主办会计1人，由社长提名，社委会讨论确定，社长和主办会计报有关部门备案。社长为合作社的法定代表人。社委会在社员代表大会闭会期间行使下列职权：1.执行社员代表大会决议；2.聘任、解聘本合作社所属部门的负责人；3.负责召开社员代表大会，并报告工作；4.决定合作社发展计划、经营方针和投资方案，指定年度财务预算和决算，审查、监督所属单位的年度计划、财务预（决）算和分配方案；5.决定本合作社内部机构的设置；6.指定合作社的各项管理制度。"

体经济组织不便向公众招股筹资,因此农村集体经济组织通常选择有限责任公司作为公司法人形式。起初,公司法人形式在长三角、珠三角等经济发达地区的农村集体经济组织中迅速兴起,然而近年来也开始在一些经济相对滞后地区的农村集体经济组织中进行试点。在实际应用中,选择公司法人形式的农村集体经济组织主要分布于三类地域。一是部分直辖市地区,如北京市的若干地区、上海市嘉定区;二是部分省会城市的基层地区,如宁夏银川市、湖南省长沙市,以及四川省成都市金牛区;三是一些经济发达地区,如广东省深圳市,还有被称为"天下第一村"的江苏省华西村等。

学界主张采用公司法人形式的观点认为,公司法人形式在市场经济环境下能够有效地实现公司利益与股东利益的统一,提高投资者的积极性,保证公司的经营效率,农村集体经济组织未来应当向着公司化的方向发展。[1]对此有的学者认为在现行法律体系下,"股份合作社+有限责任公司"模式或许是解决集体经济组织法律地位问题较有效的办法,可视为目标模式予以推广。[2]有的学者主张根据撤制村、不撤制村、城中村等不同类别,采取股份有限公司的形式。[3]还有学者认为公司作为法人已经拥有一套完备的运作体系,未来农村经济组织的发展方向便是"公司化",目前我们应借用公司股东权利的理论来构建农村集体经济组织的成员权制度。

政策方面,2006 年成都市金牛区推出了《金牛区规范涉农社区集体经济组织设立和运作的试行意见》(金牛推进办发〔2006〕25 号),该《意见》对农村集体经济组织采用的公司法人形式具体类型及其设立方式进行了条件限定。如规定对于涉农社区集体经济组织而言,若其集体经营性资产在 500 万元以下,则宜选择有限责任公司组织形式进行设立;而在资产超过 500 万元的情况下,可自主选择设立两种责任形式的公司。再如针对股份有限公司组织形式的涉农社区集体经济组织,该《意见》规定应当根据社区居民的人数差异采取不同的设立方式:200 人以下的直接通过发起设立方式组建股份有限公司,200 人以上的应当采取募集设立方式,从而确保所有社区居民都成为股份有限公司的股东。湖南省长沙市政府于 2011 年发布了《长沙市人民政府办公厅关于城中村集体产权改制有关事项的通知》。该《通知》规定了城中村集体产权制度改革的方向,即将集体资产的所有权由集体经济组织成员人人共有改为按份占有,同时将资产经营方式由集体经营改为公司制经营。在有关政策的支持下,不少农村集体经济组织采用了公司法人形式。举例来说,四川省青川县下辖的陶龙村一家集体资产经营管理有限责任公司在 2017 年完成了登记注册,这家公司是青川县第一个农村集体经济组织,标志着该地区在农村经济管理方面取得了新的进展。此外,城市化的推动也催生了农村集体经济组织公司法人形式的不断演进。例如,长三角、珠三角等地区的城市化发展促使农村集体经济组织改革模式的选择多样化,涵盖公司化、农工商总公司等多种形式。

(六)乡镇集体资产管理委员会

乡村集体资产管理委员会是农村集体经济组织法人的创新形式,2008 年四川省成都江堰市相继出台了三个文件,对于明确农村集体经济组织身份地位、规范集体经济组织管理、做

---

[1] 陈亚辉. 政经分离与农村基层治理转型研究[J]. 求实,2016(5):76.
[2] 王权典. 社区集体经济组织改制目标定位与职能重构之法律研析[J]. 法学论坛,2009(4):28.
[3] 林航,李震华. 农村集体资产股份权能改革试验与对策研究——以浙江省德清县为例[J]. 浙江农业学报,2017,29(11):1950.

实农村集体经济组织具有重要意义。①其中《都江堰市农村集体经济组织管理办法》独树一帜地提出设立"乡镇集体资产管理委员会"②，并要求作为集体经济组织的主体，乡镇要成立集体资产管理委员会，村要成立农业合作联社，组要成立农业合作社，分别负责乡镇、村、组的集体资产管理。在该《办法》的要求下，各乡镇依次设立了镇、村、组集体经济组织，制定了规范的组织章程，并成立了相应的社委会、监事会。该《办法》还规定农村集体经济组织的法定代表人可通过选举产生，同时在集体同意的情况下，有权任用职业经理人进行经济组织的管理和经营。

在2009年2月，都江堰市向本市20个乡镇、200余个村和涉农社区、2 000余个村民小组颁发了"两证"——《农村集体经济组织法人证书》和《组织机构代码证》。此举让都江堰市的农村集体经济组织第一次拥有了独立法人资格，二证同为全国首例。都江堰市颁发的农村集体经济组织法人证书分为三个层次，涵盖了乡镇、村和涉农社区以及村民小组，如图2-2所示。法人证书在组织的命名上进行了详细划分，乡镇级别的农村集体经济组织被命名为农村集体资产管理委员会，村和涉农社区级别被命名为农业合作联社，而村民小组级别则被称为农业合作社。在法定代表人方面，乡镇一级农村集体经济组织的法定代表人是主任，而村和涉农社区级别以及村民小组级别的法定代表人均为社长。该证书的颁发由两个机关负责，市人民政府为发证机关，相关的登记工作则由市农业发展局（现农业农村局）协同负责。法人证书详细规定了集体经济组织的资产所有权。总的来说，法律所规定的属于集体经济组织的所有资产，自然资源例如土地资源，以及社会资源例如村组参与和涉及的企业资源，还有集体拥有的知识产权资源等都归农业合作联社和合作社所有，对这些资产的管控权利也完全归属于它们。当然，农村集体资产管理委员会负责管理经营的权限仅包括本集体经济组织范围之内的资产。都江堰市这一模式帮助农村集体经济组织出示了"身份证"，以法人证书为依托，使农村集体经济组织能够以法人经济实体的身份进入市场，并且独立地参与市场活动。

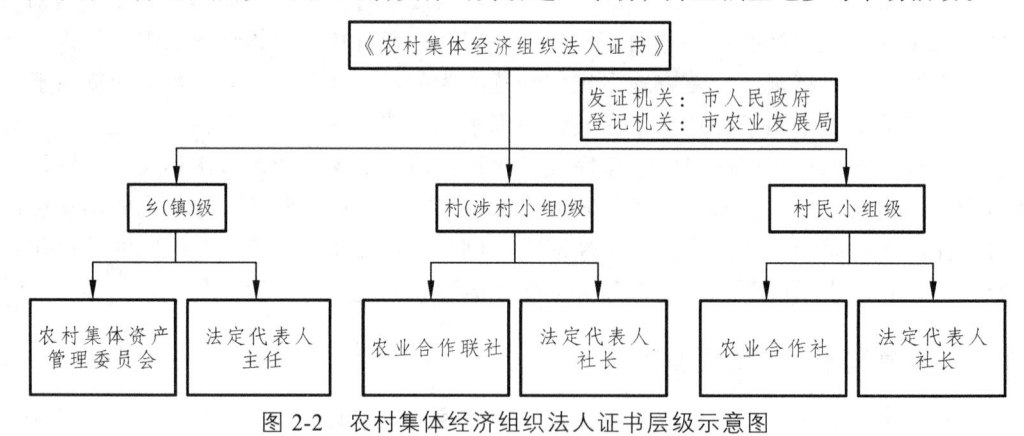

图2-2 农村集体经济组织法人证书层级示意图

---

① 分别是《都江堰市农村集体经济组织管理办法》《都江堰市农村集体经济组织章程》及《都江堰市农村集体经济组织成员确认办法》。
② 《都江堰市农村集体经济组织管理办法》第三条规定："本办法所称农村集体经济组织，是指乡（镇）、村、组全体社员以生产资料集体所有制形式设立的独立核算的组织，包括乡（镇）集体资产管理委员会、农业合作联社、农业合作社。"

(七）集体经济发展投资公司——村投公司

村投公司是一种在农村背景下运营的经济模式，其核心理念是以农村资源为基础，以市场为导向，将投资作为主要动力，通过项目来实现发展。该模式将金融和人才作为优先考虑的要素，紧随其后的是产业发展。其运作方式建立在一个综合平台上，该平台集结了对接涉农政策、承接涉农资金资本、运营农村集体资产、进行农业产业化投资以及承载农业项目等功能。这一综合平台的建设旨在解决乡村振兴过程中村集体经济组织面临的资金筹集、产业发展和利益分配等一系列复杂问题。

现实中，江西省高安市村投公司已初步摸索出一条新路径。该路径以合理利用和配置资源为基础，以产业转型和产业振兴为手段，以繁荣农村经济为目标。为全国其他地区的村投公司建设提供了经验。

首先，通过创新思路，村投公司建立了一个产业振兴联动平台。这个平台不仅整合了集体资产资源、涉农资金投融资和项目建设运营，而且通过高安村投公司之下的13家全资子公司和参股控股公司以及各乡镇设立的村集体资产运营有限公司，与网络平台合作设立了一个农村产权交易平台，在平台上集结了土地、资金、人才、技术等多种生产要素。这一举措不仅壮大了农村集体经济组织，而且在一定程度上实现了经济效应、社会效应和生态效应的有机统一。

其次，充分利用闲置的资源，化零为整。为成功增加公司的资产规模，村投公司采用"投、并、划、整"四大方式，整合了该地涉农国有资产、闲置资源，将实物作价入股，并逐步统筹涉农资金。此外，村投公司重视与银行展开合作，有序引入社会资本，通过对资源资产的增值运营，村投公司的总资产已经显著增长，从五年前设立时的80余亿元资产迅速升到如今的170亿元。例如，村投公司与农发行签署了协议，致力于协同推动农村经济发展，村投公司由此获得授信额度100亿元。

再次，灵活处理好市场和调控的关系。村投公司引入了市场机制，通过采取现代化企业管理的模式和市场化产业运营的机制，努力壮大农村集体经济。例如村投公司充分利用了市场中的"看不见的手"与"看得见的手"，协调好市场自主调节和政府介入调控的关系，摒弃了老旧的"个体作战"方式而采取"兵团作战"的模式，形成了"基地+企业+农民"的产业模式，以提升全要素生产率为目标。例如，被称为"6 000亩稻虾共养"基地的高安市，借助与龙头企业合作获得的先进种植科技和设备等优势，成功实现自身结构的转型，显著改善了经营管理的方式，大幅提升了产品的品质，使得每亩纯收入均突破2万余元，使集体创收15万元的经济收入，赢得了显著的业绩。

最后，为激发内生动力，村投公司加强并凸显了农民个体在产业振兴中的核心地位。村投公司一方面要求发展集体经济，另一方面也要求注意提升农民的个人能力。这种做法激发了村民参与共建共享乡村产业的动力，减轻了农民"等靠要"的观念，提升了农民在乡村产业发展的"主人翁"意识。以江西省高安市上湖乡为例，高安市村投公司采用土地流转的策略，先投资兴建了2 000亩辣椒种植大棚，然后以成本价格将其租赁给当地农户。从而一方面调动了农民的种植热情，另一方面还增加了农民的收入，增强了农民的获得感、满足感，具有了良好的示范作用。

（八）土地股份合作社

土地股份合作社是农民在劳动实践过程中形成的对新型合作社的一种创新形式。因区域发展不平衡，土地股份合作社在我国的发展水平存在差异。另外，由于法律制度的不完备，目前我国尚未对其概念做出一致的界定。在本书中，笔者将为土地股份合作社理解为其并非将农地进行私有化，而是一种在坚持农地的所有权按照原本归属的前提下，以农地为中间渠道而形成的一种特别的模式。这种模式将土地经营权从土地的权利中抽离出来，仅仅将经营权转化为股权，使得经营权成为一种资本注入合作社。该模式还设定了较为完善的股份分红机制，比如在合作期满时，土地股份合作社会从收益中根据相应比例向参与的农民支付分红。土地股份合作社运行流程如图2-3所示。

集体 —土地承包权量化→ 农民 —土地经营权入股 保底+浮动→ 土地股份合作社 —土地经营权出租 租金+收益→ 土地经营者

图2-3　土地股份合作社运行流程

农村土地股份合作是在农村家庭承包经营基础上以土地为纽带开拓的一种合作经济模式，是一种联合经营并分享收益的机制。农民按照法律规定，自愿有偿地以土地承包经营权入股，这种合作模式下，农民以自己的土地入股合作，仅以土地产生合作营利，并没有其他实体资产进入合作社中，也不产生资源性资产，管理仍由经济合作社来负责。土地承包者和经营者在市场中共同承担风险、分享利益，有助于推动土地承包管理的规范化和制度化，促进农业规模化发展，提高农业效益，增加农民收入，并逐步促使劳动力从农业转向非农业领域，实现劳动力资源的更合理配置。

总结来说，新型农村合作社包含三个方面的特点。首先，它具备独特的创新点。土地股份合作社在保持农用地所有权不变的前提下，将农用地的经营权作为入股的对象，在原有的模式上实现了重大突破。但需要注意的是，土地股份合作社是实现农地集体化的创新方式，而不是将其进行私有处理。其次，对各种土地资源进行了充分的利用。例如，对土地经营权实施货币化和股权化，或者对零散的土地集中进行规模化经营，同时对搁置的土地资源进行充分的利用，这进一步畅通了土地的流通，有效改善了资源配置。最后，批判性继承并且改良了原有的承包经营权的统分结合体制机制。土地股份合作社吸收了原体制中的可行之处，如继承了联合承包制之中的农村土地资本化的机制；同时土地股份合作社把视角放在原有土地承包制度的不足之处，改进在实践之中出现过的问题，彻底且清晰地将土地的所有权和经营权区别开，有效规避了从前合作社运行的弊端。

上海市奉贤区的奉贤模式是这一背景下的一种典型代表。在奉贤模式中，农民通过土地承包经营权入股，由村级经济合作社带头，以村为单位建立土地股份合作社。这些合作社可以选择外租和自营两种模式，收益按照农户土地入股份额进行分配。此外，还有一些镇级入股自营和外租等模式。关键的步骤包括合理设置股权，以实际土地面积为基础计算股权；制订规范章程，广泛征求社员意见并由社员代表大会通过；建立完善的组织机构，包括社员代表大会、理事会和监事会；在工商部门注册登记，获得法人资格；建立健全的财务制度，强调民主管理和监督。[①]在奉贤区的实践中，土地股份合作制下的农业专业合作社得以快速发

---

① 李荣. 上海试点探索农村土地股份合作制改革[N/OL].（2018-10-07）[2023-12-16]. https：//www.gov.cn/xinwen/2018-10/07/content_5328351.htm.

展。这些合作社涵盖了多个产业领域，包括花卉、蔬菜、粮食、瓜果、畜牧、水产、禽蛋、蜂业等。产业模式多元化，包括"合作社+农户""合作社+基地+农户"和"龙头企业+合作社+农户"等形式。奉贤区注重标准化生产和品牌建设，已经培育了一批名优特色的农产品品牌。

（九）乡村所有制集体企业

我国的集体经济企业是指企业本身的所有权归属于集体的一种特别的企业形式。集体经济企业按照所属地域不同，分为城市和农村两类。乡村集体所有制企业是按照《乡村集体所有制企业条例》的规定成立的，由乡村农民集体共同发起，并且企业的财产完全归属于创办该企业的乡或者村范围内的所有农民集体。但对其存在一种误解，认为乡村所有制集体企业就是乡镇企业，其实不然。[1]1984年，中央转发的农牧渔业部《关于开创社队企业新局面的报告》中，将乡镇企业定义为由社（乡）队（村）主办的、部分社员共同经营的合作企业，还包括其他形式的合作工业和个体企业。根据《乡镇企业法》第二条和第十九条，可见乡镇集体企业只是乡镇企业的一部分而非其全部。[2]乡镇企业这一概念常常被认为仅指乡镇所有制集体企业，实际上其还涵盖了由农民设立的合作企业以及一些个体企业等多种类型。本书所涉及的乡镇所有制集体企业，特别指在乡村地区以投资为主、由集体或集体经济组织主导成立的一类乡镇企业。

乡村所有制集体企业是社会主义商品生产和经营的单位，其显著的特点是自主经营、独立核算、自负盈亏。因此，乡村集体所有制企业具有较大的经营自主性，容许在不改变集体所有制性质的条件下自主地吸纳投资入股。财产归属方面，企业的财产属于在创办乡村地区范围内的所有农民；权利行使方面，农民大会或者农民代表会议代表全体农民行使所有权；在具体事务的管理方面，乡村所有制集体企业的所有者有权决定企业的具体事务，如经营的方向和形式，企业主要负责人的选拔和任免等。此外，村级集体所有制企业的所有者还具备决定企业在缴纳税费之后，所获得的利润的分配问题的权利，并有权对企业的内部事宜如分立和申请破产等重大事项做出决策。

在《民法总则》生效之前，关于乡镇集体企业这一特殊的企业形式是否能作为农村集体经济组织的类别一直未达成定论。由于《民法总则》生效前学界对于农村集体经济组织的理解具有差异，按照广义的理解，乡镇集体企业是农村集体经济组织，而狭义的理解则认为不是。司法实践中，法院对于乡镇集体企业也存在两种观点：一是将乡镇集体企业与农村集体经济组织相等同。[3]例如有的法院直接将乡镇集体企业认定为农村集体经济组织，有的法院认为乡镇集体企业享有经营管理农村集体资产的职能。[4]二是将乡镇集体企业与农村集体经济组织的差异进行比较。有的法院认为集体企业的特点之一是不能离开所在的农村集体经济组织；[5]有的法院认为原来由集体企业（乡镇级）管理的土地，应当由农村集体经济组织管理，

---

[1] 陈清泰. 重塑企业制度：30年企业制度变迁[M]. 北京：中国发展出版社，2008：303.
[2] 《乡镇企业法》第二条："乡镇企业指农村集体经济组织或者农民投资为主，在乡镇、村举办的承担支援农业义务的各类企业。"第九条提出了"集体所有制乡镇企业"。
[3] 参见重庆市高级人民法院（2017）渝民申1387号民事裁定书。
[4] 参见广东省高级人民法院（2016）粤民终1585号民事判决书。
[5] 参见最高人民法院（2011）民提字第53号民事判决书。

因农村集体经济组织尚未建立，交由镇政府代为经营管理。①

实践中的这种做法，实质上是通过村民自治组织的政治性管理，替代了应当由农民集体出资设立的集体企业，管理了严格意义上应当由集体经济组织负责的事务。这样的做法对农民参与市场活动产生了阻碍，也为乡镇集体企业与组织的发展带来了不利影响。

---

① 参见广东省高级人民法院（2016）粤行终 872 号行政判决书。

第三章　农村集体经济组织特别法人之特别性认识

作为社会主义公有制下的法人主体产物,农村集体经济组织拥有特别法人主体的地位。其既展现和承载了传统私法理论中法人的基本属性和制度价值,又因根植于社会主义公有制背景而展现出深刻的特别性法理内涵和制度价值。而围绕着特别法人的"特别性认识",学界认识众多,一是通过对比其目的、设立、成员、收益分配等方面内容,分层次看其特别性,此观点占主体。[①]例如其法人特殊性在于:成立不以成员投资为必要,且集体财产与成员的所有权属不明确;集体财产基于固态土地,市场责任承担能力相较一般法人仍较弱;集体成员为稳定的农民,内部构成具有闭塞性;依均分制配置收益。二是考察法人范畴时找寻其具特别性的同一要素,如动态的结构、特殊的成员及涉农优势权和扶助规划。[②]

诚如前文所述,囿于农村集体经济组织本身具有的相对复杂性和特别性,学界对农村集体经济组织法人特别性的解读及其在具体制度构建上的贯彻落实的认识并不统一,实践中的做法也不尽相同。要在现有基础上,让《农村集体经济组织法》有更好的适用空间,就亟须关注农村集体经济组织立法的特别性精确考量的程度,除此之外,构建农村集体经济组织特别法人的科学制度,尚有诸多难点问题亟须研究,尤其是对于农村集体经济组织法人的退出机制,本书仍持肯定态度。本章将在对有关学者的研究成果综合审视的基础上,深入剖析农村集体经济组织法人的独特属性。

第一节　农村集体经济组织法人的特别性溯源

本节从中国社会主义公有制的背景出发,深入挖掘农村集体经济组织法人的特别性根源,以此为基础来认识其特别性的制度和规范,从而形成理论框架、奠定理论基础。

[①] 学者观点梳理来源于《农村集体经济组织法人制度研究》(屈茂辉,2018);《中华人民共和国民法总则释义》(李适时,2017);《建立规范的特别法人治理结构》(刘振伟,2017);《农村集体经济组织特别法人:理论研究和实践探索(上)》(方志权,2018);《民法典有关特别法人的规定解析》(王雷,2020);《论农村集体经济组织的营利法人地位及立法路径》(郭洁,2019)。
[②] 学者观点梳理来源于《农民集体行使所有权的实践路径与主体定位》(姜红利、宋宗宇,2018);《论农村集体经济组织法人成员的特别性》(房绍坤、宋天骐,2022);《中国农村集体经济:70年发展历程与启示》(高鸣、芦千文,2019);《农村集体经济组织特别法人的特别效果》(曹相见,2023)。

一、源头：所有制的特别性

毋庸置疑，农村集体经济组织法人的"集体"二字显著突显了其特别性，这种表述不仅使其与其他法人类型有所区别，而且是将其划定为特别法人的根本原因。尽管在我国法律中对于"集体"的内涵一直未有明确阐释①，但是，"集体"二字的潜在意蕴却是其被界定为"特别法人"最显著且根本的原因。这个术语既揭示了农村集体经济组织法人作为特殊主体的所有制渊源，也揭示了农村集体所有制的根本组织形式。

（一）"集体"利益是所有制源头

"集体"揭示了农村集体经济组织法人作为特殊主体的特别所有制渊源。区别于其他大陆法系国家民法典中的法人类型，农村集体经济组织法人最根本的特征在于其承担坚守和实现农村集体所有制的基本目标。农村集体所有制是基于特定农村社区范围内的成员集体利益，由成员集体对集体土地等集体财产享有所有权，形成的公有制的表现形式。其目的在于通过成员集体享有土地等生产资料的集体所有权，确保成员在平等身份的基础上公平分享集体利益，实现既保证坚持和巩固农村集体所有制的根基稳固不变，又满足集体经济组织成员生存利益和发展保障的目标。理解农村集体所有制的本质和实现形式是理解中国特色农村集体产权制度的基础。自改革开放以来，为了适应农村生产力的发展，我国通过家庭联产承包责任制、"三权分置"等经营形式持续丰富和完善农村经营体制。然而，无论农村经营体制如何调整，坚持不变的制度底线仍然是农村集体所有制。农村集体经济组织在我国农村双层经营体制中扮演着"统"方的角色，实际上是农业经营层面的组织载体，其组织形式可以展现出更加多样的形态。但是，无论经营层面如何改革，都不能改变其本质上是农业经营主体，而非所有权主体的基本属性。农村经营体制改革，改变的是农村集体所有制本身的实现形式，而不是否定农村集体所有制本身。作为双层经营体制中的"统"方，农村集体经济组织对外代表农民集体行使集体所有权，与交易相对人以及其他市场主体形成交易关系；对内则涉及与农村集体经济组织成员产生成员权法律关系。按照当前的法权结构，农村集体经济组织在法定范围内合法代表成员集体行使集体所有权，但并非直接代表农村集体经济组织成员行使其个体的所有权，这一法权结构的设计目的在于有效维护和巩固农村集体所有制的法定底线，使其保持稳定。值得注意的是，与农民专业合作社不同，农村集体经济组织更强调对农村集体所有制的维护和推动，在法人身份的体现中强调集体性质，突显其对农村集体资源的管理和配置。这一法律特别性决定了农村集体经济组织在坚持和实现农村集体所有制方面扮演着更为重要的角色。

（二）所有权的特别性

在实现农村集体经济所有制的制度架构中，成员集体所有权和农民集体经济组织法人充当着关键的角色。但在相关立法中，成员集体和集体组织间的关系仍存有争议。基于前文分析的《农村集体经济组织法》第五条、第三十六条之规定，可以发现对成员集体所有权性质的描述存在两种表达方式，即"成员集体所有"和"农村集体经济组织成员集体所有"，这

---

① 王利明，周友军. 论我国农村土地权利制度的完善[J]. 中国法学，2012（1）：46.

与前述探讨过的《民法典》中的相应表述并非完全吻合。在此语境下，对成员集体和农村集体经济组织之间的关系，法律倾向采用"法定代表行使关系说"来解释。

在现实生活中，农村集体所有制的实践存在两个层面的复杂性，即制度和经营：制度层面的实践展现了其法律规范的稳定性；而经营层面的实践更加注重市场经济规律，具有灵活性。在制度设计上，农民集体所有权作为农村集体所有制的法权表达形式，其本质是成员集体所有权，即成员共同行使的所有权。集体所有制的经典表现形式顾名思义为成员集体所有，而"集体成员集体所有"这一叙述则体现出在集体所有前提下明确定义其主体的重要性。农民集体概念的存在从法权主体的角度反映了农村集体所有制。在经营实现上，农村集体所有制的经营实现形式呈现多样化。基于生产资料和成员劳动的不同组合方式，农村集体所有制的经营实现形式可以呈现出多种模式。但是，在农村集体所有制的制度设计下，无论在经营形式方面如何选择和组合，法人形式都被视为理想的经营主体形式，以满足经济效率、公平正义、治理有序等价值目标的要求。也正因为如此，农村集体经济组织特别法人的设立旨在实现农村集体所有制的政治经济目标，在经营层面实现集体所有制的法人组织形式。

总之，农民集体所有权是农村集体所有制在制度层面的表达，农村集体经济组织法人是农村集体所有制在经营层面的表达，在《民法典》第二百六十二条中两个概念的关系是清晰的，两者不具有"同一性"。有学者认为，农民集体起到衔接公有制和具体民法制度的功能。[①] 立法创设农民集体概念的核心目的在于体现和落实农村集体所有制，而农村集体经济组织本质上是农村集体所有制下代表农民集体行使集体财产权的独立市场主体。农民集体和农村集体经济组织共同作为反映和实现农村集体所有制的制度工具，在农民集体所有权法权关系中担负着不同职责，通过制度层面和经营层面的有机融合，实现既能巩固农村集体所有制，又能丰富其实现形式的双重目标。

在两者关系上，《农村集体经济组织法》依旧坚持"法定代表行使关系说"，即其法人是具法定代表权的法人，其享有的是集体财产的经营管理权，而非所有权。该说符合我国立法和改革实践，契合我国农村集体产权制度的变迁历史和发展趋势，有助于巩固和实现农村集体所有制。[②]

二、功效：社会性的特别性

（一）社会作用的特别性

法人的实质性可概括为：法人具备担当社会作用并具有社会价值的能力，因此具有赋予其法律人格的必要性。[③]在农村集体经济组织法人的特别资格授予上，法律要求其承担起代表本集体的成员行使所有权的责任。在人民公社体制下，包括公社、生产大队和生产队在内的各级集体经济组织都充当本集体土地和生产资料的所有权主体并主动行使相关的所有权权利。这种法人资格的授予旨在确保其能更实际地作为法定代表，行使其财产所有权，从而推动其更好地履行社会责任和创造社会价值。农民作为劳动群众集体所有制的主体，以集体劳动者的身份成为集体经济组织的一员。在受集体经济组织管理的范围内，他们将个体成员的

---

① 李国强. 权利主体规范逻辑中的农民集体、农村集体经济组织[J]. 求索，2022（3）：156.
② 房绍坤. 促进新型农村集体经济发展的法治进路[J]. 法学家，2023（3）：6.
③ 郑玉波. 民法总则[M]. 北京：中国政法大学出版社，2003：173.

劳动力与集体所有的生产资料有机结合，共同参与集体劳动，以实现农业生产、副业生产以及社队企业生产等多层次的经济活动；通过进行集体统一的经济核算，对经营成果进行按劳分配，集体成员根据其参加集体劳动的劳动量而获得集体分配收入。因此，只有相关的政策和规范帮助集体经济组织以合法的手段和方式来占有和取得相应财产的所有权，使得集体成员可以更好地享受权利和履行义务，再加上因地制宜地制定相关经济核算制度和收益分配规则，集体所有制的优势和效用才可实现。问题是，随着集体成员家庭承包经营体制的确立和人民公社体制及其下属的集体经济组织的解体，即使随后建立了村民自治组织即村民委员会和村民小组，负责行使对集体土地和生产资料的经营和管理的权利，但这并未涵盖组织集体成员进行集体劳动和生产经营的经济活动，此外，农村集体经济组织不再进行集体的经济核算和对集体成员的按劳分配。

集体成员不再承担集体经济组织的劳动者角色，而转变为家庭劳动者或社会中的雇佣工作者。与此同时，集体成员在经济活动中的身份和角色发生了根本性的变化，他们与集体经济组织的紧密联系逐渐减弱，不再通过按劳分配从集体经济核算中实现集体所有制的目标。这样的村民自治组织或者集体经济组织已经不适合作为集体生产资料的所有权主体。由此，集体所有的土地和生产资料的所有权就事实性地落在了成员集体上，就有必要从土地和生产资料所有权关系而不是劳动关系上建立成员与集体所有制目的实现的权利途径。[①]

为此，1986年的《民法通则》中既划定了原始来源，即集体土地属于村农民集体所有，且经营和管理工作由农业集体经济组织或村委会来领导，又划定了例外条例，即对已属乡镇农民集体经济组织所有的则可属于乡（镇）农民集体所有。[②]之后的相关法律条文除上述外，也单独规定了如果土地已经分属两个以上的农民集体经济组织所有则保持原状。[③]法律规范中所提到的村农业生产合作社、村内农业生产合作社当时在事实上已经不存在，只是从历史沿革和未来重建上考虑作了保留，当时存在的集体组织就是作为村民自治组织的村民委员会、村民小组，以其集体经济的自治职责，理所当然地负责对本集体所有的土地进行经营、管理。法条所规定的村农民集体、村内农民集体、乡镇农民集体指各自范围的劳动群众集体，但实际上随着家庭承包经营制度的实行，已经没有了集体劳动的劳动群众，因而实际指的就是成员集体。直到之后的《物权法》规定其财产中的不动产和动产的权属都明确为其集体成员共同所有，才明确了本集体的成员集体替代之前的农民集体。[④]本集体的成员集体是社区公有制范围的成员的全体，除决定应当由其成员决定的事项外，并不便于行使日常经营和管理的所

[①] 韩松.论农民集体所有权的成员集体所有与集体经济组织行使[J].法商研究，2021（5）：154.
[②] 《民法通则》第七十四条规定："集体所有的土地依照法律属于村农民集体所有，由村农业生产合作社等农业集体经济组织或者村民委员会经营、管理。已经属于乡（镇）农民集体经济组织所有的，可以属于乡（镇）农民集体所有。"
[③] 《土地管理法》第十条规定："农民集体所有的土地依法属于村农民集体所有的，由村集体经济组织或者村民委员会经营、管理；已经分别属于村内两个以上农村集体经济组织的农民集体所有的，由村内各该农村集体经济组织或者村民小组经营、管理；已经属于乡（镇）农民集体所有的，由乡（镇）农村集体经济组织经营、管理。"
[④] 《物权法》第五十九条第二款列举规定了应当由本集体成员依照法定程序决定的事项，以及第六十条明确规定了对于集体所有的土地和森林、山岭、草原、荒地、滩涂等，属于村农民集体所有的，由村集体经济组织或者村民委员会代表集体行使所有权；分别属于村内两个以上农民集体所有的，由村内各该集体经济组织或者村民小组代表集体行使所有权；属于乡镇农民集体所有的，由乡镇集体经济组织代表集体行使所有权。

有权事项。2016年《意见》指出既要明确农村集体经济组织的财产数目，也要将其确权到各层级，以及明确权力行使主体为农村集体经济组织。2020年颁布的《民法典》第二百六十一条和第二百六十二条作了与《物权法》第五十九条和第六十条完全相同的规定。显而易见，随着人民公社、生产大队、生产队等形式的农村集体经济组织的解体，为确保农村集体经济组织的法人地位，从而有效维护和管理集体土地和财产，促进农村经济的稳定和可持续发展，原先由其所有的集体土地和相关财产已被归属于各自范围的成员集体所有，并由重建的农村集体经济组织或者村民自治组织代表各自的成员集体行使所有权。这正是现今法律规范所关注的农村集体经济组织特别法人的社会价值，也是促进新型农村集体经济高质量发展的现实根基。

（二）功能作用的复杂性

农村集体经济组织法人的社会作用是代表农民集体行使所有权。农民集体所有权是农村各个社区成员集体对本集体范围的土地和资源共同享有的公有制下的所有权，其目的是在成员集体共同占有社区土地和生产资料的基础上实现成员的个人所有制，这是对集体成员生存和发展的基本社会保障。农村资产包含三大板块的集体资产，这三大板块集体资产构成清楚地表明了农民集体所有权的经济、社会、文化多方面的功能作用。因此，农村集体经济组织代表集体行使所有权不仅要实现集体所有权的经济功能，而且更重要的是通过集体所有权的经济功能的发挥，实现集体所有权对集体成员的社会保障作用。农村集体经济组织法人的功能如图3-1所示。

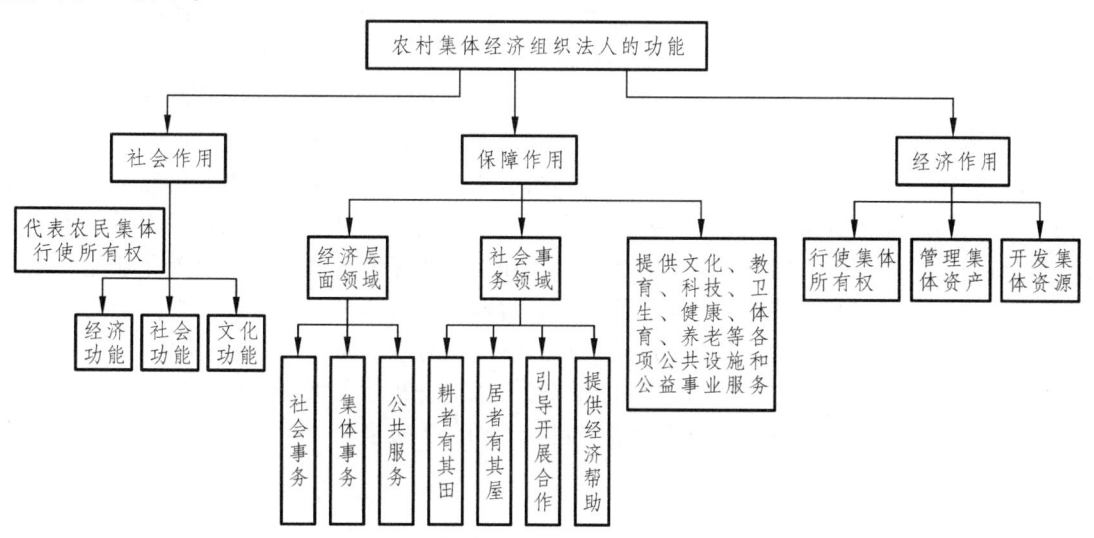

图 3-1　农村集体经济组织法人的功能

以长期实践为基，可发现农村集体经济组织是其所有权行使的法定代表人，其职能不仅限于经济层面，还包括集体社会事务领域，不仅仅具备集体经济组织的属性，更肩负着众多集体社会事务管理的集体社会组织责任。集体所有权对集体成员的社会保障作用是多方面的。例如，保障集体成员家庭能够利用集体土地，实现耕者有其田；保障集体成员家庭利用集体土地建造住宅，实现居者有其屋；为集体成员的生产、生活提供公共物品服务和困难救济及帮助；引导和组织集体成员开展生产生活的合作；利用集体的资源资产发展集体经济，并向集体成员分配经营收益、增加集体成员的财产收入；为集体成员的全面发展提供文化、教育、科技、卫生、健康、体育、养老等各项公共设施和公益事业服务等。农村集体经济组织法人身份具备多重职能，其主要职能为促进经济发展和履行组织管理。[①]为了更好地服务和适应于农村集体经济组织在经济发展和组织管理上的复杂实际情况，当务之急就是要详细核算、总结其经济收益和组织管理的财务收支状况，因此必须形成公开透明的村务和科学民主的管理。正如学者指出的："我国农村集体经济组织不仅在本组织内对经济发展和公益建设承担服务职责，同时还对组织成员承担福利保障和文化教育功能，展现出经济性、社会性、文化性等多种性功能于一体的综合性组织特征。"对于"有需要且条件许可的地方，可以考虑实行村民委员会事务和集体经济事务的分离"。[②]对于有集体统一经营资产的村（组），尤其是城中村、城郊村、经济发达村等，有必要建立健全农村集体经济组织。在村党组织的领导和村民委员会的支持下，应依法行使集体资产所有权。由此可见，集体产权制度改革后，其建立的集体经济组织的功能也是多元的，不仅仅是经济组织，因为其使命包括统一行使集体所有权、管理集体资产、开发集体资源、促进集体经济发展，并为村民社会事务自治提供支持，集体所有权的行使和集体经济构成了村民社会事务自治的物质基础和利益基础。

三、目标：经济体制的特别性

农村集体经济组织法人的特别性也有其经济根源。虽然农村集体经济组织法人肩负着一定的社会职能，但其本质上仍属于"经济"组织，这一本质属性决定了其不同于农村基层党组织和村民自治组织。因此，《农村集体经济组织法》对于农村集体经济组织的特别性进行了重点关注，除了关注反映集体所有制特征的"集体"性质，更回归其"经济"组织属性。我国深化农村改革的过程本质上是农业农村市场化的过程，其目的在于通过制度安排和创新实现农村要素资源的市场化配置。全面深化农村改革更应该因应市场经济发展需求适时地进行集成式制度创新，其基础环节之一就是打造符合市场经济发展需求的涉农市场主体。《民法典》《农村集体经济组织法》正是根植于这一特定经济社会背景，明确赋予农村集体经济组织以特别法人地位。不同时期的农村集体经济组织展现了其各自阶段的多元化功能。在构建高水平社会主义市场经济的背景下，农村集体经济组织更本质、更本源的功能导向仍然是其经济目标，农村集体经济组织更应该回归其经济组织的本源属性。《农村集体经济组织法》的制定展现了农村集体经济组织的经济组织属性，以充分展现其激活主体、激活要素、激活市场的经济目标。农村集体经济组织的经济目标如图3-2所示。

[①] 《村集体经济组织会计制度》（财会〔2004〕12号）规定："为适应农村集体经济组织以从事经济发展为主，同时兼有一定社区管理职能的实际情况，全面核算、反映村集体经济组织经营活动和社区管理的财务收支，做好财务公开和民主管理加强村集体经济组织的会计工作，规范村集体经济组织的会计核算，根据《中华人民共和国会计法》及国家有关法律法规，结合村集体经济组织的实际情况，制定本制度。"

[②] 于学强，魏宪朝. 农村集体经济组织的法律解读[J]. 中国集体经济，2009（9）：9.

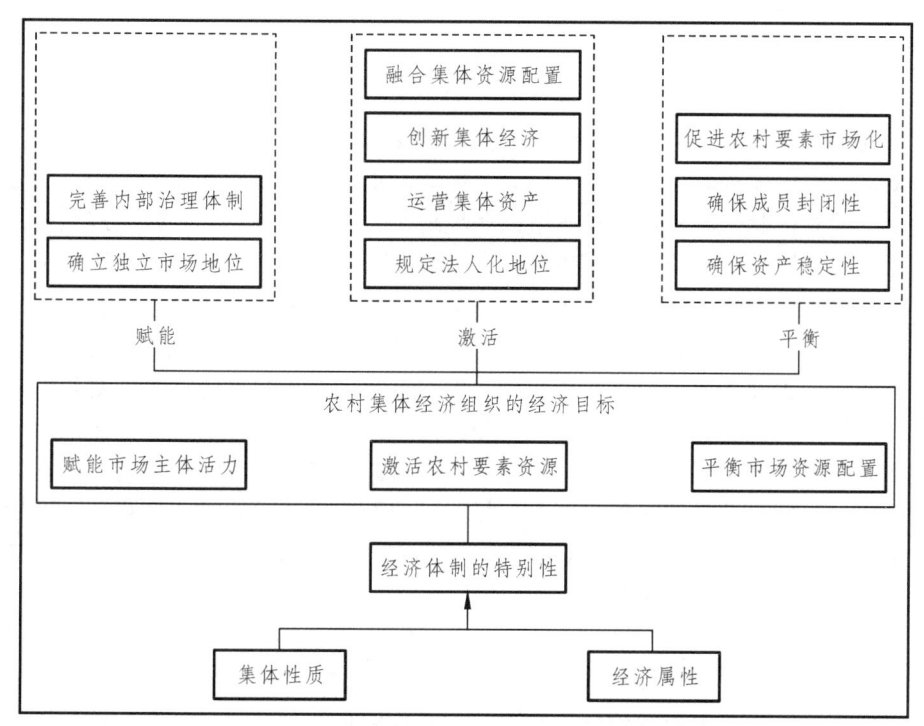

图 3-2 农村集体经济组织的经济目标

（一）赋能市场主体活力

在社会主义市场经济背景下，激活市场主体的关键环节之一在于创新农村集体所有制的组织实现形式。确立农村集体经济组织法人独立且特别的市场主体地位是激活市场主体的基础环节。[1]一方面，确立其独立的市场主体地位，能够清晰勾画农村集体经济组织和其他村级组织的关系，实现各个组织各负其责、互相配合，充分释放各涉农组织的生机和活力。更为重要的是，作为一个独立的市场主体，集体组织还可以通过投资来设立新市场主体。《农村集体经济组织法》规定农村集体经济组织可以像一般法人一般自主设立或他主设立其他市场主体并以其出资为限对其债务担责。[2]这种制度设计将有助于在保障集体财产安全的基础上激活涉农市场主体的活力，实现安全和效率的双重目标。另一方面，明确其特别的市场主体地位也对完善其内外部治理体制有重要助推作用。农民集体受到其承担的维护集体所有制之特殊功能、法律地位模糊等历史和现实因素的制约，在其内部实质上难以建构起完善的组织治理机制，结果导致农村集体所有制运行效率不高、代理机制不畅、农村集体经济活力不足等多种弊端。按照现代市场组织法要求构建的农村集体经济组织法人可以一定程度上弥补上述弊端。首先，通过农民集体和农村集体经济组织之间的"法定代表行使关系"确立流畅的代理机制。其次，通过完善农村集体经济组织法人治理机制实现各方利益主体的竞争与平衡，实现激活市场主体之目的。

---

[1] 管洪彦. 新型农村集体经济组织的法律地位：法理争辩与规范表达[J]. 理论学刊，2023（3）：144.
[2] 《农村集体经济组织法》第六条规定："农村集体经济组织可以依法出资设立或者参与设立公司、农民专业合作社等市场主体，以其出资为限对其设立或者参与设立的市场主体的债务承担责任。"

（二）激活农村要素资源

党的十八大后，我国在统筹城乡发展方面加快了农村生产要素向城市流动，推动了城市化和工业化进程，但要素在城乡之间流动不顺畅问题依然明显。[①]农村集体经济组织法人在激活农村要素资源方面发挥着重要功能，同时也在与其他村级组织共同探索利用乡村资源等方面保驾护航。首先，赋予农村集体经济组织法人地位，有利于确立其经营管理地位。其次，农村集体经济组织法人对不同类型的集体资产进行运营进而激发农村要素资源活力。《农村集体经济组织法》第五章"财产管理与收益分配"，对集体财产的范围、各类集体财产的管理原则、其他农村土地的经营、集体经营性建设用地的经营等进行了规定，对于激活农村要素资源活力发挥了积极作用。最后，作为探寻农村资源、助力集体经济的重要组织形式，农村集体经济组织本身就有着创新、激活集体经济的特有优势。农村集体经济组织对内可以为成员提供多元化的社会化服务和公益性服务；对外可以与其他法人主体进行市场往来，这正补齐了个体法人的能力薄弱的短板；农村集体经济组织还是连接小农户和现代农业发展系统的组织纽带，一定程度上减缓现代市场经济对弱小农户的冲击。可见，农村集体经济组织法人对激活农村要素资源具有积极促进作用。

（三）平衡市场资源配置

传统的农村社会呈现出较强的社区性，长期存在的城乡二元结构更是抑制了农村市场活力和资源配置效率。在农村集体产权制度改革之前，多数农村社区并未设置独立的农村集体经济组织，农村社区和农村市场呈现出较强的封闭性，各种要素资源的流动受到制度壁垒的束缚。设置农村集体经济组织法人并配套完善的法人治理机制，不仅能够确保农民集体之成员、财产等具备一定的稳定性、封闭性，还能够促进农村要素资源的市场化流动。一方面，在农村集体经济组织中，农村集体经济组织成员可以通过民主决议的方式接纳和排除成员，实现其成员的适度流动，进而畅通涉农要素资源配置的主体范围。《农村集体经济组织法》完善了成员身份认定的基础规则，特别是确认了成员加入和退出的规则，促进了农村集体经济组织的人员流动。具体细化规则则可由地方因地制宜。[②]另一方面，作为双层经营体制中的"统"方，农村集体经济组织可以充分发挥其组织规模优势和运转效率优势，扩大交易规模，提升市场配置效率，进而实现激活农村市场和提升市场资源配置效率的经济目标。《农村集体经济组织法》明确了农村集体经济组织的职能职责，赋予了农村集体经济组织更强的经营能力并配置以扶持措施，对于提升市场资源配置效率颇有助益。

[①] 陈小君. 深化农村土地制度联动改革的法治目标[J]. 法学家，2023（3）：24.
[②]《农村集体经济组织法》第十二条规定："省、自治区、直辖市人民代表大会及其常务委员会可以根据本法，结合本行政区域实际情况，对农村集体经济组织的成员确认作出具体规定。"

第二节　农村集体经济组织特别法人设立的特别性

一、设立目的具有双重性

从设立目的这一层面来看，农村集体经济组织法人与营利法人、非营利法人二者不同。营利法人顾名思义为的就是追求经济利润，那么非营利法人的目的则以公益性、无偿性为主。[①] 因而在设立目的上，与两类一般法人主体的单一性不同，农村集体经济组织法人的独特之处正是其内外双重性。就内部来看，其设立目的主要体现了互助公益性，具体体现在两个方面。而就外部来看，其设立目的则包含营利性受限，这正是由于改革具有阶段性和政策指向的时代性。

（一）具有互助公益性

在内部层面，农村集体经济组织法人的设立目的主要体现为互助性和公益性两个方面。这不仅是我国农村集体产权制度改革的基本要求，也是农村集体经济组织特别法人的固有属性。如《意见》第十二条指出，农村集体经济组织具有经济和集体功能，同时《农村集体经济组织法》也说明其公共服务的功能[②]，正是集体经济组织对成员的互助性与公益性的体现。互助性旨在促进成员之间的相互支持与合作，强调集体利益的最大化，公益性旨在为整个集体成员提供广泛的利益，凸显其在社会和经济方面的责任与贡献。这种双重性质为农村集体经济组织法人的设立赋予了特殊的内在价值。

首先，就互助层面而言，农村集体经济组织法人为服务对象（集体成员或其内部各类主体）提供具有农业生产性质的服务。《意见》第十四条规定："支持农村集体经济组织为农户和各类农业经营主体提供产前产中产后农业生产性服务。"在协同性上，农村集体经济组织法人的关注点在于为农村集体经济组织中相互独立的"村"提供协同性的互助服务。换言之，独立的农村集体经济组织有一定脆弱性，可能存在财产有限、抗险性不足、有效劳动力短缺等问题。只有将互助性和公益性结合起来，才能实现乡镇一体优势互补。[③]《农村集体经济组织法》第五条的规定，为成员的生产经营提供技术、信息等服务，同样体现了互助性。

就公益层面而言，《农村集体经济组织法》第二十条规定，可以通过章程完成股权量化，且农村集体经济组织法人在保证成员之间公平地对集体资产按照股份形式进行占有和收益的

[①] 有必要指出的是，非营利法人包括公益法人与互益法人，互益法人并非等同于公益法人，如《民法典》第九十二条规定的宗教、捐助法人，这类非营利法人只具有特定的互益性而有别于公益法人。相比之下，农村集体经济组织特别法人则兼具互益性与公益性。
[②] 《农村集体经济组织法》第三十七条规定："集体所有的教育、科技、文化、卫生、体育、交通等设施和农村人居环境基础设施,依照法律法规、国家有关规定和农村集体经济组织章程使用、管理。"
[③] 如湖南省株洲市天元区三门镇响水村为引进工商资本，由三门镇统一调配数个村的集体建设用地指标，满足工商资本所需的建设用地规模要求，这种"乡镇一盘棋"的思想为响水村创造了巨大的经济效益，每年约增加村集体经济收入 60 万元。

同时提供公共服务。①因而，《意见》强调其法人特别性就在于其具有的公共服务职能且保证成员公平持有股份。长期实践中，判定股权配置是否公平的标准是看其成员是否一人一股，如湖南省娄底市娄星区、韶山市规定一人一股。而利润均分性则通常表现为每户拥有相同的分配额度。当股权数较多时自然会得到更多收益，但总体上因为每户成员数量基本相当，收益额度也差不多。②

（二）受限制的营利性

在外部层面，农村集体经济组织法人以受限营利性为设立目的。有一些观点认为，考虑到目前农村集体经济组织承担了大量公共职能和社会保障功能，不宜完全开放其参与高风险投资项目，而应对其市场化过程进行一定限制。③这种观点与《农村集体经济组织法》第六条规定不谋而合。这种受限营利性便指其行为既具有营利目的，也存在明确的限制。

在法律及政策层面，已明确指示农村集体经济组织应充分发挥管理、开发、发展的作用。这表明其法人本身已被赋予独特经济职能，在适当进行自主性市场行为获利外，需控制其财产的受限性。一方面，"开发资源、发展经济"是一个长期的经济行为，应注重风险控制。特别自然资源是集体经济组织得以发展的关键资产，也是集体成员的生存基础。所谓"看天吃饭"，农业活动因受自然因素影响，本身便具备一定风险性，若集体组织再贸然进行高风险的营利活动，将不利于农村发展的稳定性。另一方面，农民对经济利益有及时回馈的需求。资金雄厚的公司企业发展往往都会因资金回馈问题影响巨大，更别说经济弱势的农村集体经济组织。所以，这种实际需求决定了其投资的保守性，即应避免接触收益周期长、营利风险高的经营活动，以短期收益的经济活动为主，快速得到资金回馈，亦可探索资源发包、物业出租、居间服务等稳健性经营活动。

同时，在政策执行的实践中，我们观察到改革呈现出明显的阶段性和局限性，而且在具体实践中呈现出两个方面的表现。一方面，在对外进行营利活动时会受到集体经济保障目的和功能的限制而极少直接从事高危贸易，其收益主要仍源于项目合作的按比分红或固定收益。④另一方面，不同层次的农村集体经济组织法人所能承受的风险等级不同，发展路径相差较大。详言之，基础坚实且发展数年，具备进行一定抗险能力的，会选择营利性与风险性并存的发展路径。农村集体经济组织在不同发展阶段和地区会采的差异化战略选择，有的注重与科技城融合发展，有的则在保守稳健的基础上寻求经济效益。以北京市海淀区的农村集体经济组织法人为例，其积极融入中关村科学城，参与构建新型城市，致力于打造以科技为特色、融合产业功能的小镇。相反，那些基础相对不足、刚刚完成改革的农村集体经济组织更多地从

---

① 《农村集体经济组织法》第二十条规定："农村集体经济组织章程应当载明下列事项：（一）农村集体经济组织的名称、法定代表人、住所和财产范围；（二）农村集体经济组织成员确认规则和程序；（三）农村集体经济组织的机构；（四）集体财产经营和财务管理；（五）集体经营性财产收益权的量化与分配。"
② 宋天骐. 论农村集体经济组织法人设立的特别性[J]. 求索，2020（5）：156.
③ 农业农村部政策与改革司集体资产处. 农村集体经济组织立法应关注的四个重要问题——农村集体经济组织立法研讨会综述[J]. 农村经营管理，2019（2）：36.
④ 湖北省诸县（市、区）下辖的农村集体经济组织法人的经营活动以经营资产出租为主，对资源性资产的统一经营也以发包为主。如陕西省榆林市榆阳区，作为农业农村部推荐的第一批全国农村集体产权制度改革经验交流典型单位，其对外开展经营活动也以项目合作为主，从而避免特别法人的经营风险，保障成员的收益。

事一些相对稳定的经济活动，如传统的土地出租、资源发包等。[1]

二、设立条件包括社区性和成熟性

（一）以社区性为地域条件

在相同地域范围内的社区性特征是农村集体经济组织设立的前提,经历了漫长历史演变,呈现出明显的地域性,且以区域中资源性资产为所有制基础。换言之,农村集体经济组织通常在农村范围内建立且以社区为单位,具有浓厚的历史性与地域关联度。[2]基于其独特特征,一些学者提出其为典型的"籍合组织",即因户籍、房籍、地籍等要素汇聚的成员所构成的社会组织。[3]农村集体经济组织正是以集体土地为基础的社区关联型特殊经济组织,社区性构成是其基本特性和差异之一。作为社区性的合作经济组织,其成员和资产呈现出地域性、相对封闭性,并以特定地域为中心展开。因此,《农村集体经济组织法》在规定农村集体经济组织法人的设立条件时已然考虑社区性这一特别性。

与此同时,《农村集体经济组织法》规定农村集体经济组织的设立需坚持分层体系。揆诸历史,其源于人民公社、生产队和生产大队,形成了以队为基础,共分三级的分化机构。当前,各地在实践中普遍采用乡镇、村、村民小组农村集体经济组织这一分级范式（如《北京市农村集体资产管理条例》等）。当然,由于历史、经济、文化、地域和人员等不同,各地名称的表述方式呈现出差异性,未来在《农村集体经济组织法》的指引下仍需充分贯彻以特定社区为单位,分三级的设立模式。[4]

（二）以成熟性为资格条件

《民法典》第九十九条通过"依法取得"的表述规定农村集体经济组织法人地位的取得方式,对此存在两种理解方式：首先,"依法取得"为农村集体经济组织法人身份的完整表征。其次,对于法人设立,包含两个独立但密切相关的要件,即"依法"和"取得"。一方面,"依法"突显法人设立所需条件的合规性,确保符合法定规定；另一方面,"取得"则突显了程序的合法性,更有利于澄清其地方公共活动的法律身份和法律性质,确保其设立和运作的合法性、合规性。结合《民法总则草案（二次审议稿）》第七十六条关于"农村集体经济组织具备法人条件"的表述进行判断,立法者其实并不认为农村集体经济组织本身便具备法人地位,而是在符合条件的情况下依程序取得的。同样,根据2018年《农业农村部、中国人民银行、国家市场监督管理总局关于开展农村集体经济组织登记赋码工作的通知》,应对符合登记赋码条件的农村集体经济组织及时办理手续。[5]

可以说,鉴于农村集体经济组织所具有的历史复杂性和地区多样性,单一地将所有农村集体经济组织划定为特别法人,可能在制度实施上遭遇困难。值得指出的是虽然《民法典总

---

[1] 如湖北省荆州市荆州区新风社区成立的农村集体经济组织法人即采取这种经营模式,而与新风社区情况相似的其他农村集体经济组织法人也开展类似经营活动。
[2] 房召坤,袁晓燕.农村集体经济组织特别法人制度建构[J].上海政法学院学报,2021(3)：2.
[3] 陈甦.籍合组织的特性与法律规制的策略[J].清华法学,2018(3)：27.
[4] 管洪彦.农村集体经济组织设立"特别性"的基本法理与立法表达[J].江西社会科学,2022(10)：165.
[5] 刘振伟.建立规范的特别法人治理结构[J].中国人大,2017(10)：26.

则》草案（第三届议会）和最终通过的《民法典》简化了有关规定，但立法目标没有改变。无论是在立法、修改条款还是在实践中，地方当局都没有自动获得特殊的法人地位。特别法人资格的取得需要满足相应条件，并须经过合法程序提出申请，方可完成登记赋码，获得特别法人证书。对此，《农村集体经济组织法》第六条也明确规定"农村集体经济组织依照本法登记，取得特别法人资格"，即在符合条件的情况下，经依法登记才得以设立农村集体经济组织。因此，如果所有农村经济组织都被认定为特殊法人，新成立的特殊法人可能面临组织效率低下等运营不便。更为严重的是，这种做法可能对特别法人本身的法律地位造成冲击，进而影响合格特别法人的正常运营和可持续发展。因而，有必要在设立特别法人的过程中充分考虑各农村集体经济组织的具体情况，其成熟性应作为主要考虑条件以避免潜在的运行问题，并保障特别法人在法律框架下的合法地位，维护其运作和发展的适格性。①

因此，为实现对农村集体经济组织特别法人的良好管理，应以成熟性作为设立条件，对申请的集体经济组织进行审查，为满足要求的组织登记赋码，完成程序要件。

三、设立财产存在复杂性

（一）财产种类具有复杂性

《意见》第二条规定，集体资产分为资源性资产、经营性资产和非经营性资产，并具体列出了不同类型的资产。对此，《农村集体经济组织法》第三十六条和第四十条也作出了相应列举和分类。②在这三类集体资产中，农村集体经济组织的法人主要由经营性资产组成。首先，集体经营性资产比资源性资产和非经营性资产更具市场灵活性，是激发农村集体经济组织市场活力的主要手段。其次，农村集体产权制度改革采用分类推进的方式，对不同集体资产的构建各具机制。从政策和法律层面，开展了土地等资源性资产的确认、登记、发证，以及土地"三权分立"改革。通过强化非经营性公共利益资产的统一经营管理和保护机制，不仅成功建立了相关机制，而且不断完善其运作。除此之外，在经营性资产改革方面，主导方向聚焦于合伙制的推进，从而促使公共利益资产更有序地进行经营管理，同时加强其保护力度。股份合作制度改革后，农村集体经济组织法人设立的财产显著改善了地方公共机构的经营性资产状况，改革成为地方公共机构的主要要求之一。这一变革不仅在法律层面上呈现出对不同类型资产的差异化处理，更为农村集体经济组织的发展路径带来了新的法律框架和财产结构。根据《意见》的第二条，经营性资产的范畴涵盖了广泛的资产形式，包括但不限于

---

① 陈甦. 籍合组织的特性与法律规制的策略[J]. 清华法学，2018（3）：28.
② 《农村集体经济组织法》第三十六条规定："集体财产主要包括：（一）集体所有的土地和森林、山岭、草原、荒地、滩涂；（二）集体所有的建筑物、生产设施、农田水利设施；（三）集体所有的教育、科技、文化、卫生、体育、交通等设施和农村人居环境基础设施；（四）集体所有的资金；（五）集体投资兴办的企业和集体持有的其他经济组织的股权及其他投资性权利；（六）集体所有的无形资产；（七）集体所有的接受国家扶持、社会捐赠、减免税费等形成的财产；（八）集体所有的其他财产。集体财产依法由农村集体经济组织成员集体所有，由农村集体经济组织依法代表成员集体行使所有权，不得分割到成员个人。"第四十条规定："农村集体经济组织可以将集体所有的经营性财产的收益权以份额形式量化到本农村集体经济组织成员，作为其参与集体收益分配的基本依据。集体所有的经营性财产包括本法第三十六条第一款第一项中可以依法入市、流转的财产用益物权和第二项、第四项至第七项的财产。国务院农业农村主管部门可以根据本法制定集体经营性财产收益权量化的具体办法。"

机器设备、工具器具等属于动产的实物财产，以及房屋、建筑物、农业基础设施等属于不动产的实物财产。此外，还涵盖了农村集体经济机构兴办的集体投资企业及其他经济机构所拥有的有形资产、无形资产及其他资产中的份额。但是需要强调的是，虽然农场资产的种类很多，但并不是所有的农村集体经济组织都有这样多样而完整的农场资产组合。因此，在考虑农村集体经济组织的法人设立财产时，需要充分认识到其经营性资产的差异性，以便更准确地反映实际情况。而且从目前的实践效果上看，因地区发展水平的不同，每个农村集体经济组织拥有不同的主要资产，它们并不都包括管理资产，管理资产带来的利益也不一定构成集体经济组织总收入的主要部分。就经营性资产在整体资产中的比重而言，相较动产如机器设备、工具器具等，不动产如房屋和建筑物往往占据更为重要的地位，其创造的经济效益也往往更为显著。[1]

需要注意的是，随着农村集体经济组织的市场化进程，社会资本的介入可能使得农村集体经济组织法人设立财产的情境变得更为复杂。依据试点地区的反馈，社会资本一般不以农村集体经济组织法人自身经营渠道参与项目合作，而是直接设立资本投资合作项目。通过资本投资合作，更容易被农村集体经济组织法人及其成员所承认。同时，这一合作模式还有助于避免社会资本对农村集体经济的过度干预。在项目合作中，法人及其成员的地位和权益得到更好的保障，进而增强了其在农村经济中的稳固地位。这不仅有助于规范农村集体经济的运作，更能有效应对社会资本进入农村集体经济组织后可能带来的不适当影响。[2]

（二）财产权属具有复杂性

农村集体经济组织作为特别法人，首先应当遵行法人制度的一般规定。法人作为完全民事主体，依法享有民事权利能力和民事责任能力，拥有独立财产并且应当承担相应的法律责任。基于我国集体所有制和农民集体与农村集体经济组织法人的关系，农村集体资产的所有权主体不是农村集体经济组织。综合考虑我国学术界关于"代表行使关系说"理论以及当前法律逻辑，成员集体被确认为集体财产的所有者，农村集体经济组织是代表成员集体行使所有权的主体，合法地代表成员集体行使集体财产权。[3]对此，《农村集体经济组织法》第五条也明确指出由农村集体经济组织依法代表成员集体行使所有权。[4]

这一法律关系的定位对农村集体经济组织的特殊法人的创建产生了很大的影响。如果将农村集体经济组织定位为所有权主体，相应的特殊法人将具有不可破产的法人性质。这源于宪法的禁止，即集体土地所有权不得转让，法人破产制度规定不得将集体土地所有权作为资产用于清偿债务，强调了农村集体经济组织的法律地位，以确保其在法律体系中的合规性和稳健性。事实上，本书认为适用破产制度的农村集体经济组织的法人所拥有的可能不是集体土地所有权，而是土地开发和土地所有权。土地所有权的目的，无论是物权还是债权，都没

---

[1] 韩松. 论农村集体经济内涵的法律界定[J]. 暨南学报（哲学社会科学版），2011（5）：61.
[2] 例如，陕西榆林市榆阳区赵家峁村便是这种项目合作的受益方，该村通过改革在2017年实现分红100万元。
[3] 管洪彦. 农民集体和农村集体经济组织关系的理论证成和实益展开[J]. 山东大学学报（哲学社会科学版），2022（6）：45.
[4] 《农村集体经济组织法（草案）》第五条规定："农村集体经济组织依法代表成员集体行使所有权，应当充分发挥在管理集体财产、开发集体资源、发展集体经济、服务集体成员等方面的作用。"

有改变。换言之，土地使用权和土地权利的分享，可以作为设立农村集体经济组织的法人财产，成员只可单独投资于这些土地权和财产权而非所有权，同时也不会影响破产制度的适用而导致的所有权丧失。因此，如果集体成员不投资于土地和土地权利，农村集体成员就不应强迫或伪装强迫"投资"，而应尊重《意见》所规定的"农民群众意志"原则。[①]

值得注意的是，在农村集体产权制度改革中，清产核资工作将农村集体经济组织作为经营性资产的确权主体，这一实践做法得到了一定的认可。但也有保留观点认为当农村集体经济组织与农民集体的成员范围完全重合时，农村集体经济组织被确权为经营性资产的所有权主体的合法性应当被认可，而其他情形下的集体资产所有权的主体关系还应当慎重考虑。[②]

第三节　农村集体经济组织特别法人成员的特别性

一、成员身份的特别性

（一）成员认定标准特别

总体而言，农村集体经济组织法人成员身份认定标准具有原则性和灵活性、身份依附性和土地依附性相结合的特点，而且其成员身份认定标准难以确立统一规则，只能规定基本原则和参考条件，赋予各地方以自主权。正如《农村集体经济组织法》第十二条的规定："省、自治区、直辖市人大常委会可以依据本法规定，结合本行政区域实际情况，对农村集体经济组织成员确认作出具体规定。"具体来说，成员认定的灵活性主要考虑到我国地方经济发展的差异性和现实民情的复杂性，单一的成员认定标准显然无法满足多样的农村集体经济组织的需要。成员认定的身份依附性强调户籍关系的重要性，虽然户籍制度改革有淡化城乡二元的趋势，但现阶段城乡二元的保障机制仍然存在，且农村户籍的生存保障性仍有重要意义。[③]详言之，成员认定标准的特别性主要体现在五个方面，如图3-3所示。

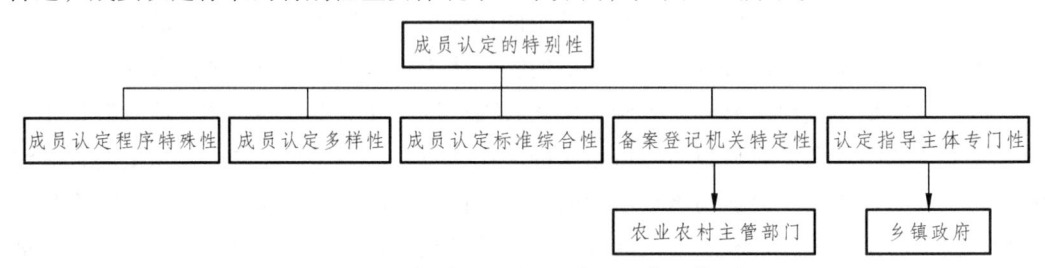

图3-3　农村集体经济组织成员认定的特别性

第一，成员身份认定程序包括成员身份认定标准的民主认定程序。一部分地方集体产权制度改革，以目前已证实的成员标准组建法人的地方自治，这意味着，在程序上的标准是由

---

① 于飞.	"农民集体"与"集体经济组织"：谁为集体所有权人？——风险界定视角下两者关系的再辨析[J].财经法学，2016（1）：46.
② 宋天骐.论农村集体经济组织法人设立的特别性[J].求索，2020（5）：158.
③ 房绍坤，宋天骐.论农村集体经济组织法人成员的特别性[J].山东社会科学，2022（2）：48.

民选自治议会经过民主讨论和解决的。[1]第二,成员身份认定的多样性。在试点实践中,鉴于成员身份认定的复杂性和困难性,很多试点地区对成员身份作出了细致的划分,以最大程度保障成员利益。如大连市甘井子区细致划分了138种村民身份,福建闽侯县也细致划分了50种村民身份。[2]从划分依据来看,家庭关系、实际生产生活关系、对集体经济组织的贡献以及土地合同关系等因素仍然是认定成员资格的重要因素。第三,成员身份认定标准的综合性。在成员身份认定标准方面,学界尚未形成共识,但普遍认可成员身份认定标准的综合性。《农村集体经济组织法》则结合户籍、土地、生产情况、生活来源、集体贡献、结婚升学等多个方面对成员身份的综合性认定作出了规定。第四,成员名单的备案机关为乡镇人民政府、街道办事处和县级人民政府农业农村主管部门。农村集体经济组织法人虽然从事一定的经营活动,但不是营利法人,其成员备案登记不受市场监管部门管理。第五,乡镇政府对成员身份认定的适当指导。农村集体经济组织法人的成员身份认定与成员权的取得密切相关,仅通过村规民约或集体民主决议而产生的认定标准容易发生损害部分成员权益的情况,如外嫁女、入赘婿等群体的成员身份易被否定。[3]因此,可以允许乡镇政府对成员身份认定进行指导和审核,以体现公权力对集体所有权的监管。

(二)成员身份的变更与终止特别

农村集体经济组织法人的成员身份变更与终止是指同一成员主体因出现变更或终止事由而发生身份变更或终止,其特别性在于三个方面:第一,成员身份变更或终止以同一主体为参照系,而非以同一股份为参照系。农村集体经济组织成员权利获取的前提是具有成员身份,两者存在依附性。相比而言,公司法人的成员身份变更和终止通常是指同一股份的持有人发生变更或股份灭失、转让。第二,身份变更与终止的事由具有特定性,如成员身份关系变化(婚姻、继承)或依据国家有关规定(法律、政策文件)等。相较而言,公司法人成员身份的变化更多基于意思自治,履行完程序要件便具备权利外观。第三,农村集体经济组织法人的成员身份与股东身份不具有同一性,股东身份变更或终止并不一定影响成员身份,即使股东退出其仍属于集体成员,甚至退出后可以在一定期限内保留享有的相关权益,而公司股东退出则不再与公司具有联系。

二、成员权利的特别性

(一)成员权利源于集体成员身份

成员权利的享有和行使,当以成员身份的取得为前提和依据。[4]农村集体经济组织的成员权利表现为以成员权为基础的权利体系,表征着集体成员依身份而享有的诸多权利。农村集体经济组织法人的成员权利是以成员权为基础而形成的转化性权利体系,与公司法人的股权

---

[1] 实践中,《四川省农村集体经济组织条例》第九条和《黑龙江省农村集体经济组织条例》第九条均规定农村集体经济组织的成员确认需要民主认定程序。
[2] 房绍坤,宋天骐.农村集体经济组织成员身份和成员权利问题研究[J].山东社会科学,2022(2):48.
[3] 高飞.农村集体经济组织成员资格认定的立法抉择[J].苏州大学学报(哲学社会科学版),2019(2):39.
[4] 李爱荣.集体经济组织改革中的成员权问题研究[M].北京:经济管理出版社,2019:129.

内涵和范围具有相似性。但这种相似性不能掩盖农村集体经济组织成员权利的特殊性。

成员权利的内容多表现出对本集体经济组织的生存依附、居住依附、收益依附的依附性特点，同时对集体经济活动的民主管理权利也内蕴身份性的要求。从权利内容来看，其成员的权利涵盖土地承包权、宅基地使用权、收益分配权以及民主管理权。这些权利可进一步分解为知情权、参与权、表达权和监督权。应当说，上述权利内容既包括成员权，也包括非成员权。成员权主要表现为物权，如土地合同、土地权利、集体收入分配权，也包括民主管理集体经济活动的权利。[①] 其中，土地承包经营权表现为对成员基本生存的保障，宅基地使用权表现为对成员基本居住的保障，收益分配权表现为对成员生活改善的保障，而参与集体经济活动的民主管理则表征成员与集体之间的关联关系，同时也是成员实现上述三项权利保障的必要方式。

（二）成员权利的处分存在限制

成员权利的处分权能多样，包括抵押担保、有偿退出、继承等权能。但成员权利处分权能的实现受到改革阶段性和权利本身的限制，即现阶段抵押担保、有偿退出和继承等权能无法完全市场化。

第一，就集体资产股份权利抵押担保权能的实现而言，各试点地区的限制方式有所不同。如上海市闵行区限制授信额度，河南省济源市针对不同主体规定不同的担保融资模式，安徽省天长市、陕西省榆林市榆阳区则限制担保融资标的等。第二，就有偿退出权能的实现而言，《意见》明确规定："现阶段，以退出农场换取报酬的股份，不得超出集体经济组织的范围。可以集体出售，也可以集体购买。"根据地方政府的相关政策，试点地区限制集体经济组织内部的有偿退出集体活动。第三，就继承权能的实现而言，集体资产股份限制在家庭内部继承，或限制非本集体经济组织成员继承股权的表决权。这些处分权能在实现上的限制，一方面体现了改革的阶段性特征，如集体资产股份的有偿退出强调"现阶段"，另一方面也体现了集体资产股份公有性和保障性的特点。

三、成员关系的特别性

农村集体经济组织法人与法人成员之间的内部关系存在特别性，即二者呈现自治性与强制性相结合的双重维度，这是因为法人成员的构成内外有别，即本集体成员股东与非本集体成员股东内外有别。

（一）农村集体经济组织法人与本集体成员股东

两者间的自治性主要指本集体成员股东对集体经济事务进行民主表决，每一个具有完全民事行为能力的成员股东都享有平等的管理权和参与权，以"人头多数决"的方式民主决议集体经济事务。强制性主要是指农村集体经济组织法人对本集体成员股东的经济保障责任，这种经济保障责任具体表现在：第一，身份固化和股权固化。在改革节点确定后，本集体成员股东的成员身份和股东身份就相对固化，迄今为止集体经济组织范围规定着集体资产股份

---

① 宋天骐. 论农村集体经济组织成员的权利体系[J]. 人民法治，2019（9）：32.

的转让和退出范围。第二，农村集体经济组织法人的经营行为限于稳定性的营利活动，从而避免集体资产偿债对成员收入的消极影响。自治性与强制性相互牵连，自治性的前提是股东的成员身份性和法人实行民主管理的治理机制，而强制性则是通过经济保障功能消除成员股东的后顾之忧，并维护成员股东的自治权利。

（二）农村集体经济组织法人与非本集体成员股东

两者间的自治性主要指非本集体成员股东可以依据法人章程行使特定经营、管理权利。强制性主要指非本集体成员股东的股权权能受到严格限制。这种权能的限制性源于其股权取得的非身份性，非身份性的特点具体表现在：第一，股权取得以法人章程设置相关股份为前提。特别法人若缺少贡献股或人才股的设定，非本集体经济组织成员就难以取得股权。第二，股权数量以法人章程或成员大会决议的股权数量为限。贡献股或人才股的类型设置和数量限制，都取决于法人章程或成员大会。第三，股权权能中缺少表决权。为了坚持成员集体所有的特别性，避免外来人员和外来资本的不当控制，非本集体成员股东在成员大会中只享有旁听权和建议权而不享有表决权。第四，处分权能与股东身份相关联。当非本集体成员股东失去股东身份时，其股权由特别法人无偿收回。

第四节　农村集体经济组织特别法人治理的特别性

一、治理结构的特别性

《农村集体经济组织示范章程（试行）》是农业农村部在 2020 年发行的规范性文件。该文件详细规定了农村集体经济组织成员（代表）大会、监事会、理事会等管理机构的设立和领导干部的组成，以及对日常会议召开的程序、商讨规则等关键事项进行了详细规范和指导。与一般市场法人主体公司和特殊法人主体的农业专业合作社相比，农村集体经济组织法人的领导和决策结构呈现特殊性。这一法规体系的建立旨在确保农村集体经济组织在组织管理方面具有明确的法律基础，从而为其合法运营提供坚实的制度支持。在这一特殊性的框架下，权力机关组织成员的封闭性被视为一种组织管理的特定特征，其核心在于强调对基层党组织的有效统领和监督机关的积极介入。这种独特的组织结构有助于确保权力机关内部的高效运作，并保障其在党组织体系中的合规性。此外，执行机关对基层党组织统领作用的强调表明了在法人治理结构中，基层党组织在权力执行方面具有重要地位。这涉及基层党组织如何协调组织内部事务、对成员行使权利的引导和促进。对此方面的深入研究将有助于理解基层党组织在法人治理中的实际作用和职能。最后，监督机关对外部机构介入的关注凸显了农村集体经济组织法人治理结构的多元化。这种多元化要求对外部机构参与监督、对组织内部运行提出建议的机制进行详细研究，以便更好地理解农村集体经济组织法人治理结构的整体运作机制。

农村集体经济组织治理结构的特别性框架如图 3-4 所示。

```
                    ┌─────────────────────────────┐
                    │ 农村集体经济组织治理结构的特别性 │
                    └─────────────┬───────────────┘
                                  │
                            ┌─────┴─────┐
                            │  组成模式  │
                            └─────┬─────┘
            ┌─────────────────────┼─────────────────────┐
         权力机关              执行机关              监督机关
```

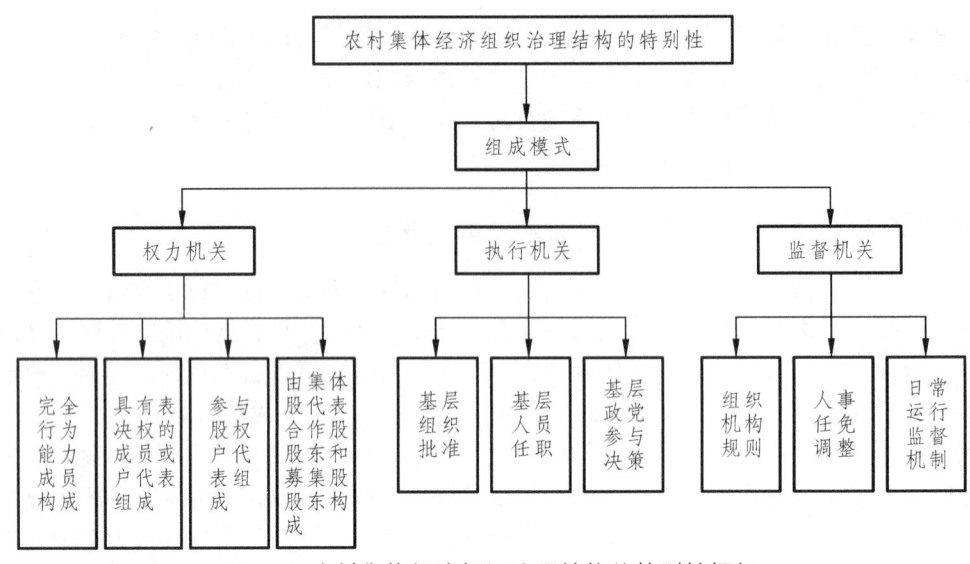

图 3-4　农村集体经济组织治理结构的特别性框架

（一）权力机关

权力机关通常由本集体内部成员或股东（代表）大会的人员组成，呈现地域上的封闭性。其组成模式主要包括以下四种：第一，由具有完全民事行为能力的集体成员构成；第二，由具有表决权的成员或户的代表组成；第三，由股权户代表组成；第四，由集体股代表、合作股股东和募集股股东构成。首种模式强调成员的完全民事行为能力，凸显了组成人员的法律资格和责任。第二种模式成员或户的代表具备表决权，彰显了一种以代表性为核心的决策机制。第三种模式则突出了股权户代表在权力机关中的地位，强调其对机构治理的贡献。第四种模式涉及集体股代表、合作股股东和募集股股东，强调了多元化的组成结构，体现了在法人治理中的广泛参与。对这一权力机关的构成模式的详细分析有助于深入理解农村集体经济组织的法人治理结构，并为进一步研究该领域提供了理论基础。[①]

上述四种模式的权力体制人员构成表现出以下特殊性。第一，根据本集团成员的身份是否被持有来区分，形成是否为本集体成员的股东的区别。这种差异化的分类方法在农业经济组织和公司治理结构中显现出独特性，既与农业合作社中农民和非农人员的明显区分不同，也与公司中普通股东和优先股东的分类方式截然不同。此外，作为公司股东的家族成员和非家族成员的身份，通常限定为自然人。在这种区分下，为股东身份的法律认定提供了具体而独特的规定。第二，这一区分在股权结构中呈现出独特性，与其他类型股东的法律定义方式存在明显区别。在这种情况下，集体股代表和农民专业公司（或公司集资股）的股东身份划

---

① 如 2020 年《农村集体经济组织示范章程（试行）》第十四条规定："成员大会是本社最高权力机构。成员大会由本社具有完全民事行为能力的全体成员组成。"又如 2013 年《广东省农村集体经济组织管理规定》第十条规定："农村集体经济组织成员大会，应当有本组织具有选举权的成员的半数以上参加，或者有本组织 2/3 以上的户的代表参加，所作决定应当经到会人员的半数以上通过。农村集体经济组织召开成员代表会议，应当有本组织 2/3 以上的成员代表参加，所作决定应当经到会代表 2/3 以上通过。"再如《漳州市龙文区村股份经济合作社示范章程》第十八条规定："成员大会是本社的最高权力机构。成员大会由全体股权户代表组成。"另如 2019 年《深圳经济特区股份合作公司条例》第四十八条规定："股东大会由集体股代表、合作股股东和募集股股东组成。"

分具有法律明确性，为股权关系的法律认定提供了明确的法规依据。但是，其代表不能是这个地方的社区，否则就会引起其与自持股份间的矛盾。第三，农村成员的身份仅限于本集体内的自然人，即便存在集体主体，其实际权益仍由本集体内的自然人共同享有，仅仅是全体成员的集合体现。与之不同的是，其成员和公司股东的资格通常是对外一视同仁开放的，因此出资人也可能包括非自然人。[1]

（二）执行机关

在执行机构中，基层组织全面、深入地参与公司治理，发挥监督作用，体现出特别性。第一，基层组织有权批准选择。[2]第二，基层成员直接担任管理人员。[3]第三，基层政党组织参与重大问题的政治决策。参与政策制定主要反映在对主要问题的研究、审查和制定方向上。只有国有企业和国有控股公司强调党的组织在企业中的控制作用。根据《农村集体经济组织法》的规定，党组织负责人可以作为农村集体经济组织的理事长，同样可以推荐理事会成员候选人。

（三）监督机关

在监督机关方面，对外部机关介入企业支配结构倾注了特别的关心。所谓外部机关对企业管理的介入，是指市、县、镇等各级外部规制机构对农村集体经济组织进行指导和监督。从当地惯例的角度理解外部机构对企业支配结构的介入，主要体现在外部机关的职能和权限：一是组织机构的形成规则、财务计划管理的规范、资产登记与流通的制度、法人章程的范本模式以及股权量化计划的审批程序。二是任免和调整董事会、如何委派代表、是否出席股东会等问题。三是日常运行和管理监督机制。然而，在实际操作中的差异使得农民专业合作社和一般公司相比在治理结构上呈现出较为显著的特征，其中自治原则的强调为公司治理注入了一定的独特性。[4]

二、治理机制的特别性

企业章程作为法人管理机制的主要载体具有重要意义。和一般企业章程相比，农村集体经济组织的章程在规范内容和制定程序方面明显受到更多强制性规则的制约，其自治空间相对有限。从章程规范的内容看，农村集体经济组织的章程对成员资格和出资方面的管理、商议事项的规则等重要内容进行了规范，并在一定程度上体现了成员的议事的自治性。但是，相较于其他，农村集体经济的规章制度必须在有较强强制性的干涉下才能实现自治，如成员资质的认定、股份和出资的管理以及议事表决制度均处于法律或政策文件的管理范围，体现了强制与自治相结合的特点。

在法人治理领域中不同类型组织的法律地位和制定程序有别。在公司章程制定的程序中，

---

[1] 高海. 农村集体经济组织法人治理的特别性与法构造[J]. 江西社会科学，2022（10）：36.
[2] 参见2019年《深圳经济特区股份合作公司条例》第十二条。
[3] 参见2018年《江苏省农村集体资产管理条例》第十四条、第十五条。
[4] 参见2019年《深圳经济特区股份合作公司条例》第五条、第五十三条，2019年《香洲区进一步加强社区股份合作公司监管若干办法（试行）》第六条、第二十四条、第五十六条，以及2018年《上海市农村集体资产监督管理条例》第三十一条等规定。

通常情况下，公司和农民专业合作社的章程并不需要经过政府部门的审查或提出。例如，2019年《香洲区进一步加强社区股份合作公司监管若干办法（试行）》第二十二条规定需经政府合规性审查，2018年《上海市农村集体资产监督管理条例》第十四条要求农业主管部门备案。

第五节　农村集体经济组织特别法人终止的特别性

《农村集体经济组织法》中，农村集体经济组织特别法人的终止制度是农村集体经济组织制度的主要组成部分，推动了农村集体经济组织制度的完善。目前，关于农村集体经济组织特别法人终止制度的构建，尚未全面考虑和规范农村集体经济组织特别法人的终止程序和条件，相关法律法规尚未形成系统化和规范化的体系。[①] 这一状况的主要原因之一在于，与一般法人的终止相比，农村集体经济组织特别法人终止制度的构建相对滞后。这种滞后主要源于农村集体经济组织特别法人终止制度所具有的独特性和复杂性。[②] 探究农村集体经济组织特别法人终止制度的构建，需要从其终止的特别性即终止方式的局限性以及财产处分的限制性双重视角出发。

一、终止方式的局限性

《民法典》第六十八条、六十九条和《公司法》第一百八十二条规定法人可以通过解散及破产终止。[③]《农民专业合作社法》规定农民专业合作社可以通过解散和破产终止。[④] 但立法明确规定农村集体经济组织不可像公司或农民专业合作社一样适用解散和破产。因为在我国的实践中，农村集体经济组织特别法人的终止方式呈现明显的局限性。

[①] 目前除《农村集体经济组织法》第三章"登记、合并与分立"中设置与合并、分立相关的三个条款以及个别地方规范性文件设置专章规范终止事宜外，大部分规范性文件仅在章程或成员会议决议事项中列举"合并、分立、解散"事宜，或者再通过一个条款笼统规定合并、分立、解散的审批程序。

[②] 管洪彦. 农村集体经济组织法人终止的法理证成与立法展开[J]. 南京农业大学学报（社会科学版），2023（1）：25.

[③] 《民法典》第六十八条规定："有下列原因之一并依法完成清算、注销登记的，法人终止：（一）法人解散；（二）法人被宣告破产；（三）法律规定的其他原因。法人终止，法律、行政法规规定须经有关机关批准的，依照其规定。"第六十九条规定："有下列情形之一的，法人解散：（一）法人章程规定的存续期间届满或者法人章程规定的其他解散事由出现；（二）法人的权力机构决议解散；（三）因法人合并或者分立需要解散；（四）法人依法被吊销营业执照、登记证书，被责令关闭或者被撤销；（五）法律规定的其他情形。"《公司法》第一百八十二条规定："董事、监事、高级管理人员，直接或者间接与本公司订立合同或者进行交易，应当就与订立合同或者进行交易有关的事项向董事会或者股东会报告，并按照公司章程的规定经董事会或者股东会决议通过。董事、监事、高级管理人员的近亲属，董事、监事、高级管理人员或者其近亲属直接或者间接控制的企业，以及与董事、监事、高级管理人员有其他关联关系的关联人，与公司订立合同或者进行交易，适用前款规定。"

[④] 《农民专业合作社法》第五十五条规定："农民专业合作社破产适用企业破产法的有关规定。但是，破产财产在清偿破产费用和共益债务后，应当优先清偿破产前与农民成员已发生交易但尚未结清的款项。"

（一）解散方式的局限性

就自愿解散形式而言，有学者认为，基于农村集体经济组织自身的公益性和承担的社会责任，农村集体经济组织法人不得自行决定解散。不同于其他法人组织，农村集体经济组织具有特殊的公益属性，承担着提供公共服务、管理运营集体资产之职责，农村集体经济组织如果自行决定解散可能阻碍部分农村公共活动的持续发展。相对全面的关于制度终止方式的规范性文件，在实践中，并没有明确规定除合并分立以外的其他资源的解散。就违法而被责令强制解散形式而言，在实践和《农村集体经济组织法》及其他规范性文件中，农村集体经济的特别法人因违法而被命令强制解散的情形基本上没有。

（二）破产方式的局限性

针对农村集体经济组织在设立上的特殊性，其在设立目的、设立条件、设立财产方面的"特别性"均阻却其通过破产实现法人终止。《农村集体经济组织法》第六条也规定"农村集体经济组织不适用有关破产法律的规定"。有学者所指，农村集体经济组织通常不适用破产程序，一旦发生破产，该组织即告消亡，这与设立农村集体经济组织的初衷相悖，在农村集体经济组织的情境下，破产机制的缺失导致了其在法人治理中的独特困境。[①]由于国家政策主张扩大破产体系的覆盖范围，部分地方已然开始探索破产路径，[②]与广泛的法人终止程序相比，农村少数集体经济组织在实现终止目标方面面临一系列局限。[③]

二、财产处分的限制性

农村集体经济组织特别法人基于自身的历史性以及所有制特性，设立财产具有一定的复杂性。与废除农民企业和专业合作社不同，废除农村集体对交易和财产处置的限制更为多样化。换句话说，对废除财产处置的限制已经加强。农村集体经济组织对财产处置的限制主要表现在限制应纳税财产的范围和限制剩余财产的分配。

（一）责任财产范围存在限制

农村集体经济组织的责任财产由农村集体设立的集体贡献、集体资源、经营性资产和非经营性资产等共同构成。[④]由此可见，农村集体经济组织的资产所有权并不能简单直接认定为归集体经济组织所有，责任财产的范围也随所有权归属而改变。相对于公司法人以其全部财产对公司的债务承担责任，农村集体经济组织承担责任的范围大大限缩。实践中，部分做法允许集体资源化及集体非使用资产在责任资产范围内排除或明示排除，但不能排除具体资产种类。

---

① 黄薇. 中华人民共和国民法典总则编解读[M]. 北京：中国法制出版社，2020：311.
② 2019年《深圳经济特区股份合作公司条例》第九十条和第九十四条、《珠海市股份合作办法》第五十四条明确规定股份合作公司可以破产终止，2020年《乐平市农村集体股份经济合作社示范章程》第三十五条规定农村集体经济组织可以破产终止。
③ 参见2019年国家发展改革委、最高人民法院等13部门联合印发的《加快完善市场主体退出制度改革方案》（发改财金〔2019〕1104号）。
④ 刘欢. 论农村集体经济组织法人的终止[J]. 西南政法大学学报，2023（6）：94.

（二）对剩余财产的分割存在限制

《公司法》和《农民协同组合法》允许在股东和成员之间分配偿还债务人后的法人剩余财产。不同于传统的营利法人，在农村集体经济组织终止清算时，其剩余财产往往会移交给继续承担公益职能的主体，但是不能通过股东或成员来分配财产。[①]之所以这样是因为财产私有属性以及公司财产、农民专业合作社的设立财产由股东和成员出资组成。即使农村集体经济组织不享有集体财产的所有权，但农村集体经济组织的财产仍然是公有财产，依旧会被用于偿还农村集体经济组织存续期间所产生的债务。因此目前为止，绝大多数规范性文件未明确规定剩余财产可以在农村集体经济组织成员间分配。

---

① 高海. 农村集体经济组织终止制度的特别性及立法建议[J]. 南京农业大学学报（社会科学版），2023（11）：111.

第四章 农村集体经济组织特别法人制度之构建理念

第一节 农村集体经济组织特别法人制度的构建原则

摸诸当下,《农村集体经济组织法》所展现的立法之构建理念应时代而来,又向时代而生。作为全面生效的《民法典》中的重要的法人私主体类型之一,其立法立足于社会实际、关注战略地位,又在法律范畴中明确划分其特殊法人地位的一般性方面与本质性方面;与此同时,随着乡村振兴战略与乡村治理体系的改革深化,作为其中发挥重要经济引擎作用的农村集体经济组织,其立法明确划分强制与自治规范的界限,在确保实现经济效益价值最大化的同时,确保农村民主政治管理具备有效性及特色性。结合立法,本书将对农村集体经济组织特别法人制度构建理念的体系化确立路径进行研究,以期为相关实践提供理论参考。

一、坚持本质与一般相交融的原则

农村集体经济组织的特别性之于其他类型的法人是显而易见的。因而,农村集体经济组织法人制度的构建需关联一般法人构建逻辑的同时,要融会贯通其专属的法律规制内涵。诚如前文论证,"特别性"不仅来自其独特的构成要素逻辑形成的组织形式和独特的构造层次逻辑形成的运作方式,更在于其与一般法人理论之间的内在逻辑搭建机制的联系和区别。作为法人范畴中的一类,其规范构成自然也需要符合法人理论的基本逻辑要求。同时也需关注到,农村集体经济组织的特别性在很大程度上也受限于其内嵌体系。因此,在其行使权利和履行义务等法人活动的制度构建层面,应遵循法人理论的基本原则和理念规范。

同时,由于农村集体经济组织法人在特定目的导引下才呈现出其特别制度目的与功能,在实际操作中需要根据具体情况具体分析,从农村集体经济组织法人的特别制度目的与功能出发,揭示其特别性,从而灵活解释和应用这些原则和理念。[①]农村集体经济组织法人呈现出的是一个具有逻辑层次的构造系统,即层次性。从某种层面上来说,农村集体经济组织法人自然而然地具有适用于自身逻辑构造的本质特性。例如,其组织形式、成员构成、运作方式等方面因其具备特殊性而需在法律上进行更加特别的规定和保障。但从立法理念出发,农村集体经济组织法人理应具有适用于所有特别法人的一般特别性。这些一般特别性包括:特别

[①] 需要特别指出的是,为了能够更好地理解农村集体经济组织法人的特别性,本书也特别选择了较多的实践试点进行对比分析,详细分析请见本书第五章。

法人的设立、变更和终止程序需要遵循法律规定；特别法人需承担特定的法律责任和义务；特别法人需接受特定的法律监管和管理等。因此，农村集体经济组织的特别性受限于法人理论的内嵌体系，但其特别性逻辑体系表达也呈现层次性。《农村集体经济组织法》通过分别规定和保障农村集体经济组织的本质特别性和一般特别性来进一步确保其合法性和规范性。

（一）本质特别性

《农村集体经济组织法》若在制度构建时未考量农村集体经济组织的本质特别性，就无法达到法律及政策对其的预期设定目标，同时也会影响乡村治理能力的提升和乡村治理体系建设的推进。诚如前文所述，农村集体经济组织的"本质特别性"，即其"社会功能的特别性"，一方面，体现的是农村集体经济组织法人在创建和发展过程中所持续凸显的历史延续性；另一方面，集体财产的所有制及均分理念体现的是我国独有的公有性体制。换言之，历史延续性与所有制特性体现的是社会功能的特别性，也是其构建应坚持的本质特别性。

若对前文论证进一步细化，农村集体经济组织特别法人的本质特别性应包含所有制、社会性、经济体制三个方面，同理，构建理念也应从三个方面突出本质特别性。

首先，对于所有制特别性而言，以集体所有制为基础的组织形式强调了集体资产的公有性。这种所有制特性使得农村集体经济组织在法人制度构建中具备独特的地位和作用，同时对其特别法人地位的认定产生了影响，因此农村集体经济组织法人的所有制特性是其本质特别性的基石。其次，对于社会性的特别性而言，其为特别性的核心，农村集体经济组织特别法人是集体组织，承担着对接成员并服务集体成员的功能。从这个角度来看，农村集体经济组织法人肩负的复合社会功能恰恰体现出此组织的"社会功能的特别性"，也是区别农村集体经济组织法人与其他经济组织"本质"的重要标准。最后，对于经济体制特别性的理解，认为农村集体经济组织法人是经济组织，承担着与市场对接、管理集体资产、开发集体资源和发展集体经济的功能，但因其又具有为国家管理社会公共事务的职能，是兼具经济职能和社会管理职能的组织体。故农村集体经济组织既承担经济职能，也承担一定村集体公益性的社会职能，此为本质特别性的体现。

随着乡村振兴战略的实施和乡村治理机制的逐步优化，农村集体经济组织法人和村级组织体系中的其他组织的功能边界将越来越清晰。这种特别性主要体现在设立方面的行政考量、经济体制和所有制特性考量等方面。本书在制度构建中只有深刻认识并突显这些特别性，方能以《农村集体经济组织法》为基础，寻找更适合农村集体经济组织的发展和乡村社会进步的路径。但是，这并不意味着完全否认其他功能。因此，在构建农村集体经济组织特别法人制度时，首先应充分展现其"本质特别性"，同时交融一般性的构建理念，以实现法律目标并促进乡村治理体系的建设。

（二）一般特别性

农村集体经济组织法人的双重地位属性值得我们深入研究。首先，作为特别法人中的一种，它拥有独立的市场地位，能够自主决策、承担责任，并受到法律保护。同时，作为一般法人中的一种，它也需要遵守普通法人的基本规则，包括但不限于有关成立、分立、解散等方面的法律规范。在突显农村集体经济组织法人在不同角度所展现出来的本质特别性时，我们必然不可忽视其身为法人的根本属性。因此，在《民法典》中明确农村集体经济组织的法人体系定位显得至关重要。具体而言，农村集体经济组织的主体资格应当体现在拥有独立的市场地位和适用法人的一般规则。然而，农村集体经济组织法人的特别性也需要得到充分的考虑。这种特别性主要体现在其治理机制，如集体决策、民主管理、成员参与等方面。这些特别性规定直接影响着农村集体经济组织的治理模式，从而赋予其独特的性质和实践基础。

因此，在适用一般法人制度规则的同时，农村集体经济组织法人也需要适用特别规则，以确保其符合农村集体经济的实际需求和公共利益。也如前文所述，根据其独特的性质和实践的基础，应同时具备专属的特别规范。农村集体经济组织的制度构建本就坚持"一般特别"，遵循着一般的制度目标、制度功能和制度设计之逻辑结构，循序渐进地从抽象到具体而依次展开。农村集体经济组织的社会功能的特别性正是其本质特殊性，其他特别性属于一般特别性。"一般特别性"的制度设计和规范应以其本质特别性为基础，并为其提供具体的规制和方法支撑。

综上所述，《民法典》对于农村集体经济组织法人的法人体系定位体现了其作为法人的基本属性，《农村集体经济组织法》凸显了其具体的特别性。此种法律定位既有助于保证农村集体经济组织拥有独立的市场地位和自主决策权，又能充分展现其治理模式的特别性，从而更好地助力于农村集体经济的发展和维护公共利益，也确立了坚持本质与一般相交融的构建理念。

二、坚持强制与自治相结合的原则

私法自治作为《民法典》最基本的理念之一，具有深远而广泛的影响，而农村集体经济组织法人在《民法典》中作为有重要地位的特殊私法主体，也必须体现这一理念。私法自治的核心原则体现在强调尊重个体自主选择和独立决策的价值，包括支持个体权利的行使与相应责任的承担。行为自主和效果自主，是农村集体经济组织法人现作为我国《民法典》的私法主体所应当和必须拥有的权利和责任。其中行为自由具体指的是其在运营和管理农村集体经济组织时可以自行做决定，包括选择管理的方式、制定管理经营的策略以及瞄定发展的方向。这一自主权利可以解释为其可以根据自己的所需所求以及在是否愿意在市场策略、产品或服务类型、投资方向、企业的内部结构和人员组织管理等方面做出自由化的不受干扰的选择。在法律体系中这种自由选择在法人设立、变更和终止等各个阶段都有所体现，不仅仅体现在农村集体经济组织的管理和运营中。而另外一项权利和责任即效果自主则可以解释为农村集体经济组织法人对其自身和组织内部成员都有相应的法律任务。其不仅要行使自身相关法定权利，还需规定内部成员的权利义务，即对法人经营管理行为而产生的法律和社会效果享有自主决定的权利。这种自主决定权的要求是十分广泛的，法人在决定自身行为的同时也需承担相应的法律和社会效果。

但是，农村集体经济组织法人的设立和运行是强制规范和自治规范相统一的。这主要是因为其拥有公有性的集体资产，并且有众多比如社会公共利益或集体经济方面的需要都需要其组织职能去满足。因此一定的法律约束和管制在法人的设立和运营中是必需的。总的来说，在私法自治的基础上，农村集体经济组织法人不仅得到了行为自主和效果自主的法律权利和责任的保障，还接受来自国家法律的强制规范和约束。在这样的情况下，集体资产安全和社会公共利益才得以受到保护。自治与强制相结合是这种方式的最大特色，也因此造就了农村集体经济组织法人在法律领域的特殊复杂性。

（一）强制规范性

农村集体经济组织法人的首要强制规范性应体现在经营管理方面，但制约应当是适度的，这种制约的正当性体现在多方面：第一，受到集体所有制制约。[①]集体所有制内在蕴含的政治要素限制自治行使权，即农村集体经济组织法人代表着集体所有权的行使，是集体所有制实现的方式，不论是在治理还是在经营的过程中，不可避免地将受到限制。[②]第二，受集体资产公有性制约。为保证成员权益不受损，无疑要对农村集体经济组织的集体资产进行严格的监管，而监管包括内部和外部两个层面，这种监督体系在维护公共利益的前提下，能够确保集体资产的安全性，在推动农村产权制度改革的同时将成员权益最大化，同样此种制约也符合社会主义核心价值观。第三，受到内部治理的制约。农村集体经济组织法人治理因为本身的双重属性，又受制于社区性、成员封闭性以及基层干部的兼职身份等因素的影响，极易出现因内部管理人员控制致使成员意志表达形式化问题。[③]因此，成员的权利往往难以有效行使，导致内部治理机构出现诸如全体意志实现的空泛化、治理机构构建的形式化、法人章程形同虚设化等问题。第四，受到职能的制约。农村集体经济组织的职能不仅包含经济性，还承担社区的公共管理责任，尤其承担包含教育、医疗等大量社会公共服务支出。此种职能虽体现了公共职能的有效性，但也更易将其与村党组织、村委会的"政经"职能相互混同。[④]此外，对于管理层面因为缺乏专业管理人才所导致的问题，也有学者提出可以通过主管机关预选拔管理人员的方式来解决。[⑤]放眼实践，已有部分地方政府开始探索培养乡村振兴人才的多元化途径，借用行政途径为农村提供经济管理方面的专业人才。[⑥]

（二）自治调整性

除了上文所述的强制规范所体现的制约性，构建农村集体经济组织特别法人的制度更应关注自治性，即保障农村集体经济组织法人的行为自由的同时，限制其在一定的范围内进行，确保在自由与监督之间形成一种双层互动，以平衡行为自由与内外约束。

首先，从实践角度出发，农村集体经济组织法人本身确应建立完备的内部治理结构，典型的为成员大会或成员代表大会、理事会和监事会的"三位一体"组织形式。成员大会或成员代表大会负责决策，理事会负责执行，监事会负责监督，确保治理效率和内部权利平衡。

[①] 部分学者认为集体所有制体现着与生俱来的政治功能，并存在社会功能，即便具备法人性也因为其独特的集体所有制属性而不可适用破产制度。观点来源于《农村集体经济组织法人制度研究》（屈茂辉，2018），《乡村治理视阈下的农村集体经济组织建设》（张晖，2020）。

[②] 如《农村集体经济组织法》第四条便提出了"坚持社会主义集体所有制，维护集体及成员的合法权益"的组织原则。

[③] 管洪彦．农村集体经济组织法人治理机制立法建构的基本思路[J]．苏州大学学报（哲学社会科学版），2019（1）：55．

[④] 张晖．乡村治理视阈下的农村集体经济组织建设[J]．广西社会科学，2020（11）：52．

[⑤] 陆剑，易高翔．论我国农村集体经济组织法人的制度构造——基于五部地方性法规和规章的实证研究[J]．农村经济，2018（2）：20．

[⑥] 在黑龙江省某县，党委组织部通过选拔大学生干部的方式，确保每个行政村都有一名大学生担任村党支部书记或者村委会主任的助理，确保每个农村集体经济组织都能够拥有一名"下乡人才"，此举让该县治理及发展均展现出较好的实践效果。

其次，以理事会为例，可以明显观察到其自主权受到法人章程规定的限制，从而在自由与监督的二维互动过程中形成约束关系。作为农村集体经济组织法人的经营决策机构的理事会，承担着制定和执行对外投资方案以及选择经营项目的重要职责。为了确保其在决策过程中拥有足够的自由度，法律通常赋予其较大的自主权。然而值得注意的是，这种自由并非无限制的，而是在一系列内部和外部的约束机制的监督和制约之下运行和构成的。一方面，在农村集体经济组织法人的治理体系中，法人章程被视为其"宪法"，旨在通过规则的明确定义，限制理事会的经营行为。这种规定性设计例如章程不仅包括理事会对外投资的范围和额度等方面的明文规定，以确保经营活动的稳健性和合法性，同时还涵盖了对经理的聘任程序、职权范围等的规范，以防止滥用职权或越权行为。另一方面，成员大会或成员代表大会作为农村集体经济组织的最高权力机构，承载着对理事会经营行为进行监督和制约的责任，这一监督机制主要通过决议方式实现。以具体例证而言，当理事会的对外投资方案或经营项目违反法人章程规定或损害集体经济组织利益时，成员大会或成员代表大会具备否定或提出修改意见的权利。同时，监事会作为另一监督机构，亦有资格列席理事会会议，从而能够对其决策提出建议或意见，进一步强化对理事会的监督力度。除了内部治理结构和内部约束外，农村集体经济组织法人还受到来自外部监管主体的管理和监督。[①]通过行政手段，这些部门对法人进行管理和监督，以确保其行为符合法律法规和社会公共利益的要求。

所以，农村集体经济组织法人在平衡自由与监督的关系的过程中，不仅需要建立一套完备的内部治理结构以维护决策效率和自主权，同时还必须接受内外部约束机制对其进行的监督和管理。这种自由与监督的双层互动机制有助于确保农村集体经济组织法人的行为在法律、合理、公正、透明的轨道上运行，从而更好地服务于集体经济组织和广大农民的利益。

三、坚持平等与效率相协调的原则

平等民主的特质也应彰显在农村集体经济组织特别法人的经营管理中，坚定实施"一人一票制"。无论是理事会还是监事会，其表决规则都采取与企业法人和农民专业合作社相同的"一人一票"机制。这种制度的执行充分彰显了其经营管理中的民主理念。但在成员大会或成员代表大会的表决规则上，农村集体经济组织同样贯以"一人一票制"，与农民专业合作社、企业法人不同。这无疑进一步强调了其民主管理的特色，确保了每位成员在决策过程中都能充分发表个人意见，真正实现了平等参与。这样的经营管理方式不仅巩固了每个成员的权益，同时还使得决策更加公正、合理。它颠覆了传统的、以领导意志为主导的决策方式，让每一个成员都能参与到集体的事务中来，使得决策更加民主、透明。且这样的经营管理方式，从未摒弃对于决策的效率追求，反而提高了决策执行效率。

（一）民主公平性

农村集体经济组织特别法人的治理表决规则坚持一人一票制是实践必然的要求。首先，表决权对应的并非集体资产股份，而是成员身份，其设立的成员权利以及对应的表决规则，从根本上凸显平等性。其次，集体资产股份的量化标准是对集体经营性资产折股量化而来的，

---

① 这些主体包括村党组织、村委会、乡镇人民政府以及县级农业农村主管部门等。

并非来源于成员个体投资[①]，折股量化又凸显了平均主义底色。再者，加之前述的法人内部治理的困境，赋予了成员数量相等的表决权，并通过适当的制度措施激励其参与管理和行使权利，从运行上确保民主性，避免内部治理的空泛形式化。[②]最后，随着产权制度改革的推行，必然面对外部资本的加入，而资本天生的逐利性则会要求控制法人的经营管理权，以便高效实施既定的经营管理计划，达到抢占市场热点的最终目的。与此同时，外部资本的注入则会带来干涉的可能性，可能从根本上影响民主平等性，故而要对外部资本进行必要的限制。因此，资本预想从表决权上形成有效控制，但农村集体经济组织法人的设立目的具有双重性，对外的营利必然会受到一定限制，对内的互助公益也限制资本的干涉，所以成员表决的一人一票制规则，成为民主平等性选择的必然结果。[③]对此，《农村集体经济组织法》和《四川省农村集体经济组织条例》均对一人一票制的表决规则进行了确认。

（二）效率价值性

农村集体经济组织特别法人的一人一票制在体现民主管理特色的同时，其本身存在固有的弊端不可忽视。在坚持民主公平的基础上，规定适当的表决程序和允许表决方式的多元化体现了效率性。然而，外部资本的引入无法避免内部成员与外部人员之间产生的利益冲突，为了激励相关主体投资农村集体经济组织特别法人，同样也要注重协调利益冲突。

在表决规则方面，长期以来存在着人头多数决与资本多数决的博弈。尽管资本多数决适用于公司等营利法人，但绝对的资本多数决极可能导致小股东利益受损、控制股东滥用权力、资本侵蚀经营权等治理问题。为解决这些问题，公司通常规定差异化的表决权，以维持公司控制权的稳定，并对控制股东或大股东的滥权行为进行限制，以保持股东利益的平衡。显然，资本多数决的逻辑基础以资本和利益的平衡为核心。然而，农村集体经济组织的成员大会并非以资本为主要元素，成员股东身份来源于既定规则的分配而非主动投资，具有身份获取的被动性和原生性，因此不适用资本多数决的逻辑基础和适用进路。表决规则对比如图 4-1 所示。

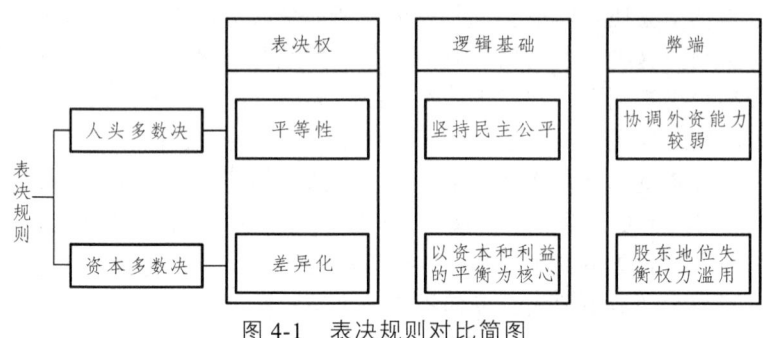

图 4-1　表决规则对比简图

[①] 有观点认为，在资产范围内经营性资产与资源性资产具有一定重合，其原因主要包括：第一，从来源来看，经营性资产通常源于集体统一利用资源性资产而产生的收益；第二，从经营管理方式来看，经营性资产的经营管理以合作经营、投资经营等方式为主，资源性资产的经营管理以发包、租赁等方式为主，而集体统一资源性资产的经营管理方式则可以与经营性资产相同；第三，从实践情况来看，为了创造经营收益，基层管理人员并不严格区分经营性资产和资源性资产，并将股份合作制改革的目标资产扩展为集体统一经营的资源性资产。（《农村集体经济组织立法论纲》，宋天骐，2021）。
[②] 管洪彦，傅晨辰. 农村集体经济组织法人民主决策的异化与匡正[J]. 求是学刊，2020（3）：5-6.
[③] 宋天骐. 论农村集体经济组织法人设立的特别性[J]. 求索，2020（5）：155-157.

但外部资本的引入对于农村集体经济组织特别法人发展确有好处，为了平衡利益冲突，有学者提出一个独特的观点，即成员大会可设定一定比例的附加表决权。这种附加表决权体现在两个方面：其一，通过双层股权结构的方式，间接赋予一切外部资本表决的权利；[①]其二，可以明确规定外部人员可按出资来获得相应比例的表决权，并规定整体比例限制。[②]对此应注意的是，附加表决权虽然解决了外部资本的入股合理化，但从实质上增加了农村集体经济组织法人控制风险，更容易被外部资本"暗度陈仓"式侵蚀和控制。事实上，该表决机制参照"完全的"市场主体进行农村集体经济组织法人制度的构建，虽考虑了法人运行表决机制的融合性，却难以保证农村集体经济组织法人社会职能的有效实现。据此，对于表决模式的构建，理应在坚持民主平等的前提下，探索兼顾效率价值的表决模式。

第二节 农村集体经济组织特别法人制度的构建思路

一、明确农村集体经济组织特别法人的市场定位

（一）有利于农村基本经营制度的完善

虽然自农村经营体制改革开始，我国长期实行"家庭承包经营为基础、统分结合的双层经营体制"，但相比农村集体经济组织的统一经营模式，理论与实践更多地关注分包到户这种家庭经营模式。对此，有论者旗帜鲜明地指出："我国农村统分结合的双层经营体制，在实践中面临着只'分'不'统'、重村民个人轻集体的困境，'统'层的功能弱化甚至缺失。"[③]因此，尽管国家的立法和中央政策一直强调实行"统分结合的双层经营模式"，但实践中"有分无统""分多统少"的现象较为普遍。[④]农村集体经济组织制度的长期法律空白，一方面使得广大农村的集体经营性资产长期处于无人管理的状态，另一方面亦为村委会等少数人支配集体资产提供了可乘之机。这无疑会造成集体经营性资产处于流失和被侵占的状态。实际上，集体经营性资产作为集体成员的一项重要财产，同样是集体成员实现增加财产性收入的重要途径。尤其是在市场经济迅速发展的当下，我们更应关注利用《农村集体经济组织法》对农村集体经济组织特别法人制度进行完整化构建，以体现其独特的市场地位，并实现与市场经济的有效接轨。[⑤]因此，从进一步加快农村集体经济的发展以及实现乡村振兴战略目标等角度而言，在深化农村集体产权改革的背景下，完成农村集体经济组织特别法人制度构建，有利于农村的基本经营制度的完善。循此背景，强化农村集体经济组织的市场定位，无疑是强化集体统一经营模式和完善农村基本经营制度的内在诉求。

---

① 吴昊. 农村集体经济组织法人治理机制建构[J]. 河南社会科学，2021（2）：33-34.
② 杨仕兵，方颖. 论农村集体经济组织特别法人成员的撤销权[J]. 东北林业大学学报（社会科学版），2019（1）：45.
③ 陈小君，陆剑. 论我国农村集体经济有效实现中的法律权利实现[J]. 中州学刊，2013（2）：54.
④ 张先贵. 社区性市场主体：农村集体经济组织的角色定性[J]. 安徽师范大学学报（社会科学版），2024，52（1）：84.
⑤ 张先贵. 集体经济组织享有集体财产所有权的谬误与补正[J]. 安徽师范大学学报（人文社会科学版），2021（3）：114.

（二）有利于集体经营性资产市场化运行

深化集体产权制度改革的重要目标之一是充分发挥市场的资源优化配置功能，体现农村集体经济组织特别法人明确的市场地位，但目标的实现必然需要将农村集体经营性资产按照市场化机制运行，以实现其保值增值的功能。随之而来亟待解决的问题是：在所有制的背景下选择集体经济组织还是村委会做代表权主体更为妥当？对此，答案无疑是前者。一方面，即便集体经营性资产已市场化，但仍属于集体经营性资产经营管理范畴，确定由集体经济组织作为其代表权行使主体，无疑与集体产权制度改革提出的"明晰农村集体经济组织与村民委员会的职能关系"的要求相契合；另一方面，从实践来看，充分发挥集体经济组织的经营管理职能，使法人在市场经济运行中保持较好的活力，从而实现集体资产在市场经济背景下的保值增值目标，已成为成熟且可行的途径。实际上，中央致力于维系农村集体经济组织的目的，除了是对"社会主义公有制"这一"共享观念"的彰显外，国家也的确希望借此助推农民在经济上的互助合作和增加收入等。因此，在集体经营性资产市场化运行的背景下，完成农村集体经济组织特别法人制度构建，强化农村集体经济组织的市场定位，既符合法理逻辑，亦契合实践逻辑。

需指出的是，在要素市场化配置、促进共享发展以及强化发展职能的背景下，为顺势而为、乘势而上，农村集体经济组织作为一项市场主体参与市场竞争以实现集体资产的保值增值目标，无疑是乡村振兴战略目标实现的现实需要。由此，其具有市场性特质的同时需要考量社区性特质。循此逻辑，宜将农村集体经济组织特别法人角色定性为"非独立"的市场主体。

二、顺应集体产权改革制度需要的组织形式内核

（一）纵向选择：三级制

农村集体经济组织特别法人制度构建中，组织形式的厘定无疑为其余所有制度的基石，而本书选择分为纵向和横向进行阐释。《意见》分别就村集体经济组织、村内集体经济组织、乡镇集体经济组织在何种情形下可以代表集体行使所有权作了相应的安排。前文在厘定农村集体经济组织这一组织体的内涵和外延之边界时，主张坚持我国现行实定法的体系化秩序，坚持"三级制"，即乡镇级、村级、组级，此为纵向选择。①

（二）横向选择：社区性

首先，对于横向选择，我们理应先排除一些组织形式的适用。前文梳理的各种现实样态，多数均已有专门性立法予以调整，在横向选择时不宜再将其作为农村集体经济组织的具体形式进行规范。比如农民专业合作社这一经济组织，《农民专业合作社法》已对其作了专门性调整，无须农村集体经济组织特别法人制度调整适用。又如供销社、信用社等经济组织在《民法典》中与农村集体经济组织法人并列，本质上应归属于不同的经济组织范畴。以此为例，

---

① 具体来讲，我国现行的《农村土地承包法》《土地管理法》以及《民法典》等法律法规对农村集体经济组织所作的规定，指向的均是"三级制"的"社区型农村集体经济组织"，本书也依旧保持了此种纵向设置选择。

农村集体经济组织特别法不宜将此类不具有社区性特质的合作经济组织纳入其调整对象,应将组织形式仅限于凸显"社区性"。[①]

其次,对于具体的组织形式内核应以社区性为核心。《意见》明确指出,农村集体经济组织既可称为经济合作社,亦可称为股份经济合作社,其作为农村集体资产的管理主体是一种特殊的经济组织。由此,在集体产权改革背景下,经济合作社和股份经济合作社均是集体经济组织的组织形式。前者是典型的传统、非改制状态的农村集体经济组织形式,而后者是典型的新型、改制状态下的农村集体经济组织形式。这两种农村集体经济组织形式均具有社区性、地域性等典型特征。[②]实际上,《意见》从各地农村的实际情况出发,明确指出一些有集体统一经营资产的村(组)应该建立健全农村集体经济组织,以适应集体产权改革的需要。这里所述的"建立农村集体经济组织"主要是针对原来没有农村集体经济组织这一情形而言的;而"健全农村集体经济组织"则主要是适应集体产权制度改革的实践需要,对该村原有的传统、非改革状态的农村集体经济组织按照股份制要求予以改造而言的。就此不难看出,即使在深化集体产权改革的背景下,我国的农村集体经济组织并没有因为股份制改造而失去其地域性、在该地区内的唯一性和排他性等社区性特征。在此需要注意的是,在深化集体产权改革背景下,"坐实"农村集体经济组织特别法人的地位和功能,并不是将传统的或非改制状态下的农村集体经济组织予以废除,而应在其基础之上按照股份合作制方式进行内部结构上调整、创新或升级。

因而,从实践试点的现实样态结合特别法人制度的构建层面来看,农村集体经济组织特别法人从本质上论仍为"社区型集体经济组织",只不过通过完整的制度构建使其产权结构、内部治理等更加健全,如图4-2所示。

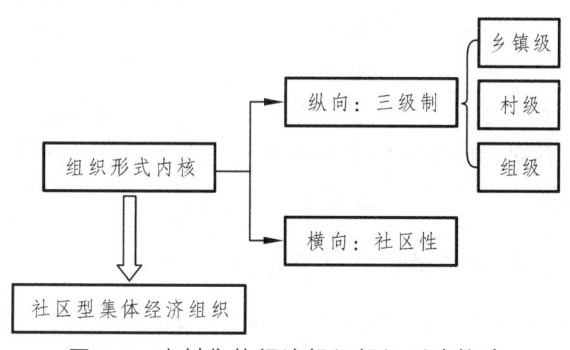

图 4-2 农村集体经济组织组织形式构建

三、明晰市场化要素非经营性资产的可终止性

在农村集体经济组织特别法人制度构建中,着实应考量特别法人的终止制度,并且依据现有制度基础其终止性也具有正当性。有观点指出,农村集体经济组织是肩负着特别职能的特别法人,立法上确立法人终止制度,特别是解散制度、破产制度将会侵蚀农村集体所有制

[①] 需要特别说明的是,因为本书第五章将详细分析农村集体经济组织特别法人组织形式的具体选择路径及理由,故在这里不再一一列举。

[②] 另外,从集体产权改革实践看,黑龙江省、四川省、上海市、江苏省、浙江省、宁夏回族自治区、广东省等地区的立法在涉及农村集体经济组织概念界定时,主要针对的也是"社区型的农村集体经济组织"。

的制度根基，背离社会主义的公有制基础。[1]《农村集体经济组织法》同样规定不可适用破产法律规定，对此本书持不同意见。

（一）可行性：退出制度仍维护所有制

农村集体经济组织是农村集体所有制的主体实现形式和农民集体所有权的代表行使主体，其终止不会当然损害农村集体所有制。农村集体所有制、农民集体所有权及其制度实现工具之间的关系层次清晰、分工明确，分别承担着坚持和巩固农村集体所有制、实现农村集体所有制的职能。

一方面，农村集体所有制属于经济基础范畴，农民集体所有权属于上层建筑范畴。农民集体所有权是实现农村集体所有制的法权制度。另一方面，农民集体和农村集体经济组织分别从不同视角反映和实现农村集体所有制。农民集体是为落实农村集体所有制而创设的中国特色法律概念，农民集体所有属于农村集体所有制的制度层面，从法权主体角度反映农村集体所有制。农村集体经济组织是具有市场主体地位的特别法人，其设立目的在于依法代表农民集体行使集体所有权。农村集体经济组织是农村集体所有制在经营层面所借助的组织载体。我国建立和健全农村集体经济组织，旨在通过深化农村集体所有制的经营层次改革，完善和优化传统农村集体所有制的实现形式。农村集体经济组织是农民集体的法定代表行使主体，而非农民集体所有权主体，农村集体所有制根本上要以农民集体所有权的制度基础进行保障。建立、健全农村集体经济组织终止制度仅仅会导致农村集体经济组织法人资格的消灭或者受限，而不会动摇农村集体所有制的基础。农村集体经济组织特别法人的终止并不影响集体所有权的法律地位。[2]

总之，在农村集体所有制的制度实现层次中，农村集体经济组织只是实现农村集体所有制的主体实现形式，农村集体经济组织终止不会损害集体所有制的根基。而且，农村集体经济组织作为实现农村集体所有制的现代组织形式，有助于革除传统集体所有制中和现代市场经济存在冲突的部分，有助于促进农村集体所有制与市场经济的融合，进而在新的时代背景下巩固和优化集体所有制。

（二）适当性：退出制度仍维护主体资格性

通常情况下，农村集体经济组织终止不会导致主体资格的绝对消灭。在理论和实践中，存在着对农村集体经济组织破产的误解和恐惧，而笔者所持观点是在终止上采取制度构建的"适当性"，退出途径可以选择解散和破产。事实上，现代破产制度是综合法人拯救程序和破产清算还债程序的制度体系，更加注重法人的再生和拯救。农村集体经济组织合并、分立后，会有合并或者分立后存续的法人作为利益承接者，继续履行被终止法人的功能。对农村集体经济组织启动破产和解与重整程序多是通过上述程序对其进行拯救，以恢复其生机和活力，多数情况不会导致其真正意义上的破产清算和人格消灭。在法定解散的情形下，农村集体经济组织所在的社区实际上已经实现了完全城市化，不再是真正的农村，集体经济组织成员也不再需要集体经济组织为其提供生存保障，社会事务管理也完全城市化。从这个意义上

---

[1] 屈茂辉. 农村集体经济组织法人制度研究[J]. 政法论坛，2018（2）：39.
[2] 张先贵. 究竟如何理解农村集体经济组织特别法人[J]. 暨南学报（哲学社会科学版），2021，43（10）：20.

讲，农村集体经济组织存在的社会基础和价值功能已不存在。因此，在多数情况下，农村集体经济组织法人终止不仅不会侵蚀农村集体所有制的根基，相反，还会激励农村集体经济组织经营的积极性，让其更具生机和活力。即便是在农村集体经济组织面临资不抵债等严重经营压力的情况下，还会有重整和和解制度为其提供再生机会。总之，农村集体经济组织法人终止制度在一定程度上有助于巩固和优化农村集体所有制。

四、构建适应集体市场资产化的特殊治理模式

农村集体经济组织特别法人制度的构建还需要适应集体市场资产化的特殊治理模式。由此，如何在坚持集体公有制的前提下，更大限度地发挥股份制的优势，健全股份经济合作的治理机制，成为构建考量的关键。

（一）经营机制：民主管理

诚如前文论述，农村集体经济组织特别法人的经营管理应坚持民主平等原则。民主平等原则是其核心原则和基础，也是治理机制的核心。通过量化集体资产、实行股份制分配使村民再次联结成以利益为纽带的共同体，并且股份制在体现个人产权的同时，更突出团体的排他性与集体认同感。[①]究其原因，乃是集体资产的公有制属性决定了农村集体经济组织的权利分配制度。贯彻民主平等原则，要求在治理中体现以下两个方面：首先，农村集体经济组织特别法人实际控制权应属本集体成员，而非外部资本、村委会或行政部门。集体成员不仅是决策的制定者，更应是最直接的监督者，有权知晓农村集体经济组织特别法人的日常经营状况和人事财务情况。其次，成员行使表决权的投票规则是平等的"一人一票"。成员对于法人的治理事项享有平等的表决权，可最大限度地保障成员平等参与权利，并防止利用个人影响力或权力控制管理权限的情形。

（二）资本机制：适度开放

当前农村集体产权改革意在通过清产核资明晰现有集体资产权属关系和利益分配关系，壮大集体经济，保障社员对集体财产的分配权益。在改革初期，农村集体经济组织资本保持封闭性，不吸收包括外来资本和社员资本在内的私人资本是合理的，这有利于农村集体产权改革的顺利和高效推进。但是，不可忽视的问题是，缺少外来资本的参与，很难盘活现有存量资产，很难实现发展和壮大集体经济的政策目标。[②]虽然中央政策对农村集体产权改革支持力度较大，完成集体产权改革的集体经济组织也有较大增长，但集体经济可持续发展能力仍然较为脆弱。据统计，截至 2020 年年底，所统计的全部 54 万个村中，没有经营收益或经营收益在 5 万元以下的"空壳村"仍有 24.6 万个，占总村数的 45.6%。[③]在未来集体经济组织特别法人的发展中，针对盘活现有集体资产、发展壮大集体经济组织，吸收外来资本和社员

[①] 郎晓波. 论城市化进程中农村集体经济改制的社区整合意义——基于对浙江省 F 村股份经济合作社的实证调查[J]. 农业经济问题，2009（5）：73.
[②] 张保红. 论农村集体经济组织内部治理的模式选择[J]. 中国社会科学院研究生院学报，2021（3）：49-59.
[③] 数据来源于农业农村部政策与改革司 2020 年所做统计，见《中国农村政策与改革统计年报（2020 年）》.

资本成为重要途径。从农村集体经济组织特别法人表现形式——合作社的现代发展来看,为维持和壮大集体经济的经营规模,更好地服务成员,对外来资本保持适当的开放性,这是现代合作社的发展趋势。①同样,我国有些试点农村集体经济组织法人,为筹集合作社经营资金,将集体土地等自然资源作股后量化到个人,发动本村集体经济组织成员现金入股,甚至引入外来资本入股,成立资源+资本型股份合作社企业或合作社,取得了良好效果。②同样如前文所述,针对外部资本,可以在坚持民主平等的前提下,兼顾效率价值,设置特殊表决机制,但需要限制其表决权,不可从根本上伤害成员权益。

(三)治理结构:三权组织

《农村集体经济组织法》为农村集体经济组织设置了成员(代表)大会、理事会、监事会三方治理机构。③

权力机关是农村集体经济组织特别法人治理机制构建的重点。对于通过"折股量化"改革而获得股权的成员来说,其股权的获得并不是自己所投入资金的对价,且成员之间只是基于身份而非信任结合成立的组合体,人数众多的成员与一人一票的制度,将会给法人带来巨大的运行成本,使公平与效率发生冲突。由于组织成员身份取得的被动性与固有性,降低运行成本,只能在外部进行发力,将表决权交给其他机构行使。于是成员代表大会可以替代成员大会行使表决权,相较于成员大会,成员代表大会人数较少,能够有效降低组织成本和运行成本,并且代表系由成员大会选举产生,在选举中也可以体现出成员大会的意志,代表的产生也意味着被代表成员内部的利益达成一定的统一,避免了利益冲突。代表成员的个人也与集体经济组织具有利益的一致性,从其自身利益出发,也会尽力把集体经济组织经营好。只要成员代表选任按照市场逻辑进行,因成员代表与被代表的成员之间形成了"委托—代理"关系,其亦需负担为被代表者利益服务的义务,即应做到"勤勉"与"忠诚",审慎行使表决权。④否则,应当对自己未尽信义义务所造成的损失承担损害赔偿责任,并被免去代表职务。

执行机构的构建是农村集体经济组织特别法人有效运行的保障。目前大部分农村地区集体所有权在事实上处于虚设状态,在农村集体经济组织未取得法人地位时,都是由村民委员会代为管理集体资产,但这种类似行政管理的职能向下渗透时,不仅会造成集体财产权利分离的事实,还会产生巨大的代理成本。村民委员会行使社会公权力的本质,使得农村集体经济组织改革面临与当初国企改革相同的困境。另外村民委员会的领导班子并不擅长经营集体资产,这也可能造成其怠于进行集体资产管理、经营。村委会的运作方式也难以实现经济效

---

① 西班牙蒙德拉贡合作社是当今世界规模最大的员工合作社,它的注册资本是由社员出资的股本构成的,股本可以多缴但是单个社员的股本不超过全社股本总额的20%,并且合作社内部为每名社员设立个人资本账户,股本计息但不分红。蒙德拉贡合作社个人资本账户的设置可以说是社员资本和劳动的联合,已经具有股份合作社的性质。不过,值得关注的是,虽然蒙德拉贡合作社吸收社员的资本,但是并没有改变合作社的表决机制,而是不论社员的资历、工作岗位、专业类别和资本数量,仍然坚持"一人一票"的民主管理方式。
② 黄中廷.新型农村集体经济组织设立与经营管理[M].北京:中国发展出版社,2012:46-47.
③ 这种政策规定虽然为治理结构的构建提供了指引,但在构建时仍应结合各地区的实践差异,考量农村集体经济组织法人的具体"特殊性"。
④ 许德风.道德与合同之间的信义义务——基于法教义学与社科法学的观察[J].中国法律评论,2021(5):14.

率最大化。①在农村集体经济组织具有特别法人资格后，就应当独立承担与经济相关的职能。通过选举产生的理事会成员对集体经济组织法人负责，且此时理事会有基层党组织的协作参与，理事会成员在做决定时会更加注重以善良理性人的标准尽到应尽的注意义务。

合理的监督机制构建，是为了防止内部管理人的专权控制，将实际权力和财产利益放入集体成员手中，同时这种监督机制应比营利法人的监督机制更为严格和规范，形同虚设的监督没有实际意义。保障成员的知情权是构建完善的监督机制的前提，只有根据对各项信息的了解，才能做出自己的思考和判断，才有可能达到监督的目的。知情权的实现既需要成员主动去了解，更需要集体经济组织法人主动对信息尤其是涉及资金使用的信息进行披露，接受监督，同时可引入财会、律师、审计师进行专业的监督，以此弥补监事会监督不力的局限。②

（四）股权管理：动静结合

虽然《意见》提倡股权的静态管理，而且试点过程中多数地区亦实行不随人口增减变动而调整股权的静态管理方式，但基于《农村集体经济组织法》，从维护农民集体所有制的角度考量，笔者认为坚持动静结合的股权管理模式则更能体现立法的应有之义。③

首先，在农村集体经济特别法人制度的股权管理构建上，若采取"纯静态管理"，极易使农村集体成员与农村集体经济组织特别法人成员身份分离，利益主体不一致，影响农民集体所有制的实现。无论选择何种组织形式，其本质都是农民集体成员利益的实现载体。但是股权静态管理之后，虽然能够切实维护现有农民集体成员的财产权益，明晰农民集体成员和农民集体之间的利益关系，但是随着时间推移，在允许股权继承和转让的情况下，会出现越来越多的农民集体成员并非农村集体经济组织特别法人成员的情况。股权的适时动态调整会尽可能保持农村集体成员和农村集体经济组织特别法人成员身份的一致性，不会导致集体财产的收益外溢。

其次，在农村集体经济特别法人制度的股权管理构建上，若采取"静态管理+可继承专向性"，极易与股份公司的股份实质等效，会导致变相分割集体土地所有权。④股权静态管理提倡股权分配不随人口增减变动而调整，导致的结果是新增人员和外来人员无法以初始条件获取股份，最终导致越来越多的农民集体成员无法成为农村集体经济组织特别法人成员，无法平等分享集体收益。加之股权的继承和转让更会导致越来越多非集体成员成为农村集体经济组织特别法人的成员，参与集体经济的收益分配，导致合作社股份的实质化，从而损害农民集体的利益。可见，在股权静态管理的过程中，如果坚持股权的封闭性则会导致越来越多集

---

① 徐增阳，杨翠萍. 合并抑或分离：村委会和村集体经济组织的关系[J]. 当代世界与社会主义，2010（3）：3.
② 李国强，朱晓慧. 农村集体经济组织法人的治理机制研究[J]. 财经法学，2022（1）：62-75.
③ 如河北承德双滦区制定出台《村集体经济组织股权管理暂行办法》，由村股份合作组织按照"人为基数、户为单位"核发股权证书，作为对集体资产占有权和收益权的凭证，明确3种人取得资格、8种人保留资格和9种人丧失资格的详细情形，按照组织成员人人有股、依据贡献体现差异的原则，对股权合理配置。各村均以人为单位设置了基本股或人口股，并根据村情实际和现实差异，设置了劳龄股、资产股、土地股等作用各异的股种，全区共发放股权证13 130本，此种"静动结合"的股权管理模式兼顾了资本稳定与村民权益。
④ 陈晓枫，翁斯柳. 股权的设置与管理：农村集体经营性资产股份权能改革的关键[J]. 经济研究参考，2018（32）：65.

体成员无法平等分享集体收益，违背《意见》提出的"增加农民财产性收入，让广大农民分享改革发展成果"的集体产权改革政策目标；如果倡导股份的继承和自由转让，则违背该意见提出的"坚持农民集体所有不动摇，不能把集体经济改弱小，防止集体资产流失"的法律政策底线。

最后，在农村集体经济特别法人制度的股权管理构建上，采取"动+静结合管理"才能坚守农民集体所有制，保障农民集体利益不受损。集体所有权是农村集体经济组织特别法人集体财产所有制在法律上的表现。推行的集体产权的股份制改革，既不是将集体所有权在集体成员之间分割，更不是将集体所有变更为按份额共同所有。集体所有权不仅要保障现有成员的生存利益不受损，而且要为新增人口和新加入成员提供基本的生活保障，实现全体成员的共同富裕。基于集体所有制和集体所有权的政策目标，在构建农村集体经济组织特别法人制度时，不但要保障全体成员都能够平等共享集体财产的收益，而且要防止集体利益的外溢侵害本集体成员的利益，造成集体所有制的变异。

第五章　农村集体经济组织法人制度之构建路径

第一节　农村集体经济组织特别法人制度的改革典型

一、股份经济合作社改革模式

（一）东升镇八家股份经济合作社模式

1. 概况

八家村是中关村国家自主创新示范区核心区的组成部分。该村2004年启动股份制改革，2008年成立八家股份经济合作社，2009年启动土地一级开发，2015年完成整建制农转居，2019年撤销八家村村民委员会，八家股份社以京海公司名义存留并继续参与市场经营。八家股份社以现代服务业为主导产业，服务于商圈企事业单位和原村所在社区居民，推动区域发展和基层治理。在党组织领导下，八家股份社结合自身经验，探索出适应城市化地区农村集体经济组织的创新治理模式。

2. 改革困境

八家股份社在集体经济发展中面临深层次矛盾和挑战，无法单靠自身解决。八家股份社和京海公司实行"两块牌子、一套人马"的管理模式，既是集体经济组织又是公司法人。八家股份社并未实际经营，京海公司则广泛开展生产经营活动。如何理顺两者关系，是集体经济组织建设和发展的重要问题。

一是集体经济组织股权管理方式亟待突破。八家股份社面临股东老龄化、专业化不足和居住分散等问题，影响其参与股份社事务的能力和决策质量。二是集体经济组织仍承担较重的社区管理负担。八家股份社负责原村委会管辖区域及所在片区的社会管理和公共服务职能，负担较重。三是集体经济组织税费负担不尽合理。京海公司在纳税义务上与一般企业无异，分红税费征收方式不尽合理，影响收益分配。四是存在历史遗留问题。八家地区整体改造项目存在待拆未拆区域、土地包干资金未到账、回迁项目税费问题等，需尽快解决。

3. 改革举措

首先，八家股份社构建了"党—社—企"和"股东代表大会—董事会—监事会"三位一体的管理框架和治理结构。前者彰显了集体经济组织坚持党的领导，后者则为多机构分工协作，共同保障股东权益。

其次，八家股份社突破了传统农村集体经济组织在人力资源方面的封闭性，综合多种招聘渠道，逐步实现了开放化、社会化录用工作人员。

最后，八家股份社建立健全了规范有序、公开透明的内部管理制度。三会、经理层，以及多个科室的设立均有所改进和完善。同时，将村务公开扩展为社务公开，及时公开经营管理信息，确保成员股东的知情权、参与权、表达权、监督权等权益得到保障。

（二）高青县联合股份制模式

1. 概况

高青县是淄博北部的一个县，该区域涵盖309个行政村，总面积达831平方千米，人口数量约为37万，在黄河三角洲高效生态经济区内，系省财政直管单位。高青是一个正在转型的传统农业县，拥有78万亩耕地和超过3000亩的闲置土地指标。通过村庄整合搬迁和增减挂钩等措施，可腾空736.8亩土地，发展空间巨大。高青与中化农业合作建立了全程社会化服务体系，推动适度规模经营和新的六大产业发展。

2017年，高青县将合村并居作为乡村振兴战略的突破口，将多个行政村合并，使行政村的数量减少，规模壮大。到2019年，全县约五分之一的经济薄弱村年经营性收入超过10万元。合村并居模式有助于高青走出具有特色的乡村振兴之路。

2. 改革困境

第一，改革主体缺乏主动性。首先，原有村集体经济组织随着改革的推进逐渐暴露了各种问题，基层干部因缺乏改革经验而产生畏难情绪，对改革产生抵触。其次，改革触及利益问题，部分干部群众对改革缺乏积极性。村领导对集体经济收入的支配权较大，改革后预期支配权会有所限制，导致部分干部积极性受挫。部分群众对改革认识不足，参与度不高。

第二，管理方面规范不足。首先，在政策支持上，虽然《意见》已经明确指出，农村集体经济组织的登记证书由县级以上政府负责，但缺乏细化措施，使得实施过程困难重重。其次，合作社的账目管理等环节存在混乱。例如，高青县作为农业大县，许多村集体经济薄弱，合作社的资源、财务和资产没有相互分离，也没有出台相应的管理办法。此外，理事会和监事会成员与村两委成员的交叉任职，导致资产经营与村务管理出现混乱。

第三，合作社发展缓慢。在探索阶段，农村股份合作社面临着许多挑战和困难。首先，农村股份合作社的农民由于教育水平相对较低，对经营思路和管理意识的理解还有待提高。其次，农村股份合作社的收益来源主要是固定资产租赁和资本投资，但由于投资能力较弱，很难进行市场化投资，导致资金堆积而无法有效运用。此外，股权分红也存在一定的问题，由于缺乏市场竞争，合作社的产品运营和管理存在一些缺陷，导致效益微乎其微。为了改善农村股份合作社的发展状况，需要采取一系列措施。

3. 改革举措

为贯彻党中央、国务院以及国家发展改革委关于农村改革深化的战略部署，高青县积极响应市委、市政府的"一个定位、三个着力"总体战略，以构建完善农村集体产权体系、优化产权保障机制、保障农民权益为目标，大力引导联合股份制及多元化产权结构发展，着力加快集体资产改革步伐，为实现新发展模式、机制与方法进行了适应性探索。高青县以打造科学性强、实用性高的改革机制为目的,深入研究新型农村集体产权改革路径,积极践行协调发展理念并确保农民权益得到充分保障。

第一,进行集体资产清产核资工作。该工作以公开透明的方式清理问题清单,确保真实准确。在村两委、村务监督委员会、党员代表和村民代表的共同参与下,从事实出发,做到过程公开透明,保护群众利益。高青县农业农村局与当地农友公司合作开发农村集体"三资"管理系统,建立信息平台并对接产权制度改革信息,实现管理的数据化、信息化。县农业农村局与县纪委监委联合研发了"银农直联"系统,以推动"阳光财务"体系的建设,便于其接受公众及纪检部门的监督。借助企业资产卡片化记录功能,确保村集体资产账目明了,实现透明化管理。进行集体资产产权归属认证,准确核算资金、资产和资源。清产核资旨在厘清集体资产产权归属,核实模糊性资产产权、债权和债务等,明确归属关系。

第二,开展集体成员身份认定工作。高青县在学习淄川区经验的基础上,出台了相关指导意见,用以明确集体成员身份。高青县遵循"禁止多方占有,避免双重空白"的原则,在民主协商的基础上确立了基本准则,统一核实时间节点,规范工作流程,并在群众确认无误后进行公示。各村完善了成员基本信息名册,并报送乡镇农经站备查。通过核实成员身份,高青县成功确认了数十万人的成员身份,保障了成员们的民主权利和财产权益。

第三,进行股份制改革。高青县是一个重要的农业县,近年来通过发展集体经济和农民股份合作,实现了农村经济的快速发展。在高青县,农民通过购买股份,成为集体经济的股东,共同分享经济利益。集体经济的股权设置和管理是股份制改革的关键。高青县采取了静态管理方式,即集体股权不增加也不减少,确保集体资产的稳定性。成员股和集体股权相结合,既保障了个人利益,又保护了集体利益。同时,高青县注重发展和培育集体经济的新动能,推动农业产业结构优化升级,实现农民增收。高青县的集体经济发展经验值得借鉴,通过农民股份合作,实现了个人与集体利益的有机结合,推动了农村经济的发展。在今后的发展中,高青县将进一步完善制度,保障集体经济的持续健康发展。

第四,进行登记赋码。高青县的集体经济组织已经全部在县农经站完成注册登记,并进行了统一规范的社会信用代码的赋码登记。改革落实后,集体经济组织同村民委员会之间的职能关系从模糊走向清晰,责任主体的划分更加科学。同时,集体资产财务管理制度化、规范化,群众纠纷化解更加顺利,社会秩序愈加稳定,乡村的治理机制得以进一步创新。

第五,确保农民财产权。为保障农民财产权益,高青县通过赋予农民集体资产股份权能,让农民成为"股东"。根据我国法律,农村集体经济组织的资产属于村集体成员,村委会仅有代理管理权和经营权。现实中,村党支部书记往往独揽这两项权利。村委会财务公开和民主理财制度监管不足,民主监督流于形式。国家未出台集体资产经营决策权的追责机制,导致集体资产管理失控和贪腐,集体资产流失。因此,赋予农民集体资产股份权能,使他们在农村集体经济组织中拥有实权,是保护其财产权益的关键。

(三)浙江省农村社区股份合作社

1. 概况

自20世纪90年代起,浙江省顺应城市化发展需求及撤村建居政策要求,积极推动以行政村为单位的农村集体产权股份合作制改革。2005年,浙江省发布《关于全省农村经济合作社股份合作制改革的意见》，对村经济合作社股份合作制改革的指导思想、基本原则、规章制度、改革程序及组织领导等方面进行全面部署。为响应改革号召，浙江省于 2014 年发布《关于全面开展村经济合作社股份合作制改革的意见》。全省农村合作社纷纷转型，至年底前，完成改革任务的比例高达 74.48%，在 29 305 家中，有 21 826 家村社完成股份制改革。改革成效逐步显现，农民收入显著提高，农村经济发展势头良好。然而，改革并非一蹴而就，如何完善改革后股份合作经济组织的治理，成为农村集体产权制度改革中的关键任务，这不仅关乎改革成败，更影响着农村经济的可持续发展及农民福祉。[①]

2. 改革困境

第一，政经混合、权责不清。一是在农村集体产权股份合作制改革过程中，新设立的股份经济合作社与村委会、党支部之间的公私权益边界尚未明确。尽管已实现机构分设，但与"机构分设、人员分开、选举分离、财务和职能分开"的改革目标仍有一定差距，尤其体现在选举环节未能实现分离。浙江省各地规定股份经济合作社的"三会"选举与村级组织选举是同步进行的。这种做法虽然能够提高选举的效率，但也使得两者之间的界限变得模糊。长期下来，这种模式可能导致政府主导的固有模式和股份经济合作社的独立运作难以得到真正改变。二是管理人员任职重叠。乡村两委成员与股份经济合作社董事会、监事会成员存在兼任现象，此现象使得权力更加集中，但同时也加大了管理层面的复杂性。尤其是股份经济合作社的董事长均由村党支部书记兼任，这无疑加大了权力集中的程度。三是多数地区账目不分。虽然部分地区已实现了股份经济合作社与村委会的账目分离，但整体上仍未实现两者的分账管理和使用。这可能导致财务不透明，不利于村民对村务进行有效监督。四是职能不分。农村集体产权股份合作制改革中，股份经济合作社与村委会权责界限不清。尽管近年来浙江省在改革中已不再设立集体股，但在分配过程中，仍会提取一定比例的公积公益金和福利费。这些资金主要用于村委会或社区公共事务管理、公共福利事业支出，以及干部工资支出。这导致了两者之间职能不清，增加了发展成本。

第二，内部治理结构的社区封闭性及不完善。股份经济合作社治理结构具有社区封闭性，限制外来人入股，股权流动困难。经营管理人员主要来自内部成员，缺乏对现代新兴产业的了解，错失投资机会。内部治理结构不完善，章程约束力弱，股东对运营情况了解不足，股东代表大会功能有限。董事会与村两委交叉任职，民主决策未落实。监事会受地缘和熟人环境限制，监督权发挥有限。

第三，激励和约束机制不健全。一是平均持股和激励不足。在多数村社的改革进程中，股权设置主要局限于"农龄股"和"人口股"，这种模式在灵活性和针对性方面存在缺陷，未能充分满足不同群体的需求和贡献。更为关键的是，此类股权设置模式未能引入"职务股"等相应股种，从而缺乏对经营管理人员行之有效的激励措施。此体制下，经营管理人员与普通社员股东的股份持有并无差异，他们的报酬亦仅限于上级政府核定的范围。在这种股份持有平均性与报酬固定的环境下，经营管理者的动力主要源自奉献精神、责任感与使命感，缺乏实质性的物质激励。经营管理者在日常工作中过于关注稳定性和保守性，忽视了拓展创新和投资的重要性。在面对关键项目时，他们可能会因为缺乏进取的动力和决心，导致错失发

---

① 徐秀英，赵兴泉，沈月琴. 农村社区股份合作经济组织的治理——以浙江省为例[J]. 现代经济探讨：2015（10）：69.

展机遇。二是监督约束机制不健全。首先，监事会的监督能力不足，无法对领导者的行为进行有效约束。其次，财务公开程度不够，使得财务状况不够透明，为领导者滥用职权提供了可能。此外，内部审计制度不完善，无法及时发现和防范潜在的风险。同时，民主理财制度也不健全，导致财务决策过程缺乏有效的监督和制衡。这些监督约束机制的缺失或不完备，可能导致领导者倾向于机会主义，从而诱发道德风险。

3. 改革措施

首先，实现以机构分设为核心的"政经分离"。村社分离是农村集体产权股份合作制改革的重要目标之一。1992年《浙江省村经济合作社组织条例》规定了取得法人资格的程序，但在早期的实际运行过程中，大多数农村地区为节省机构运行成本，仍然维持了"政经合一"的管理体制，"三驾马车"的组织构架在基层被演化成了"村两委"。2007年当地修改了该条例，规定股份经济合作社须凭证明书办理组织机构代码证。近年来，我国浙江省各地积极推行村经济合作社的股份合作制改革，以满足农村经济发展新需求。在此过程中，各村均成立了村股份经济合作社并获得了相应的证明书。此外，部分城中村和城郊村在改革中不断探索，将股份经济合作社进行公司化改造。这些村庄将原有的股份经济合作社转型升级为股份有限公司，并在工商部门完成了法人登记。这一举措标志着我国农村经济体制改革取得了重要突破，实现了以机构分设为核心的"政经分离"，为农村经济发展注入新的活力。为推进农村经济体制改革，部分村社还实施了村社分账管理、分账使用的账目分开制度。有助于明确各村经济责任，提升财务管理水平，确保资金使用的规范性和效益。[①]

其次，构建以"三会"为基础的内部治理结构。在农村集体产权股份合作制改革过程中，浙江各地成立的村股份经济合作社、股份有限公司等均已制定章程，设立了股东代表大会、董事会和监事会等内部治理机构，实现了所有权与经营权的分离。股东代表大会作为最高权力机构代表全体股东的利益，对重大事项进行民主讨论，董事会和监事会均由股东代表大会选举产生。董事会及管理人员持有的股份与普通社员股东相同，报酬一般只能拿到由上级核定的工资薪金。监事会负责管理服务、资产经营和人员监督等日常管理工作，防止侵害集体经济利益行为的发生，维护全体股东的合法权益。同时，部分地区还引入了"独立董事"制度，聘请专业人员担任独立董事，以其专业的知识更好地服务于集体经济的管理和发展。

最后，探索以激发经营者积极性为目的的激励机制。建立健全以集体资产保值增值为主要内容的经济责任制，是新时代农村集体经济发展的重要任务。在此背景下，实施经营管理绩效与经营者收入挂钩的制度应运而生，成为推动集体经济持续发展、高效运行的关键手段。引导有条件的股份经济合作社探索股权激励机制，通过赋予经营者一定比例的股权，使他们的个人利益同合作社的长期发展紧密联系，让经营者更加关注合作社的运营状况，从而致力于提高集体资产的增值速度。此外，可以借鉴杭州市拱墅区的经验，探索实施"职务股"制度。在该制度下，班子成员享有分红权，且离任后持有的职务股留给继任者，这将使班子成员的利益与合作社的经营业绩紧密联系，有利于激发和调动他们的积极性。同时，部分地方还大胆尝试经营班子年薪制，以经营班子为核心，将他们的收入与合作社的业绩挂钩，这使

---

① 张英洪. 农村集体经济和集体经济组织调查研究[M]. 北京：中国言实出版社，2023：32.

得经营管理者在追求个人收入的同时，还能提高农村集体经济组织的运行效率和社会效益。①

二、农村社区股份合作社改革模式

（一）海淀区农村社区股份合作社

1. 概况

位于我国首都北京城区西北部的海淀区，总面积为 430.77 平方千米，下辖 7 个镇及 63 个行政村。至 2019 年年末，海淀区镇及村两级集体产权制度改革基本完成，是北京市城市化进程最快的地区之一。

近年来，海淀区积极响应国家政策，大力推进农民市民化进程。在此过程中，四季青、东升和温泉三个镇已成功实现整建制农转非，为全区农民转型发展奠定了坚实基础。海淀区围绕集体经济组织建设与发展这个核心，深入实施集体产权制度改革，明确农村集体产权，完善内部治理结构和运行机制。同时明确了村级集体经济组织与村民委员会的职能关系，确保两者在发展过程中各司其职、协同推进。此外，海淀区还积极探索了一条适应现代经济发展的有效路径，构建了一套关于建设、发展和管理的政策体系，用以促进交易规范化、加大监管力度、激发新型集体经济组织的活力。在这一体系的支持下，各类政策举措得以有效落实，为集体经济组织的发展提供了有力保障。2014 年至 2019 年，海淀区先后被评为全国农村集体"三资"管理示范区和农村集体产权制度改革试点示范单位，成为全国农村集体经济组织"身份证"的首批获得者。海淀区在推动农民市民化、发展集体经济方面取得了丰硕的成果。这一成功经验为全国其他地区提供了借鉴，有助于我国农村集体产权制度改革不断深入，为实现乡村振兴战略目标奠定坚实基础。②

2. 改革困境

第一，城市化对农村集体经济组织的领导提出了新的要求。随着城市化进程加速，许多乡村行政建制被撤销，但农村集体经济仍在持续发展。在村委会缺位的情况下，这些单位面临如何有效管理集体经济组织的难题。因此，强化和优化党对农村集体经济的领导变得尤为重要。然而，加强和完善党对集体经济的领导也需要解决许多具体问题，例如基层党组织地位和职责的确定问题、如何保障基层党组织领导决策等。

第二，新型集体经济组织发展仍然面临法律上的障碍。集体经济组织是实现和发展集体经济的载体，也是引导分散小农户进入市场的重要途径。然而，我国在立法方面对集体经济组织的关注不足，实施过程中缺乏法律指导。在国家层面，尽管我国《宪法》和《民法典》对集体经济组织有所规定，如将"集体经济组织法人"定义为特别法人，但并未明确其市场法人地位。在地方层面上也面临着诸多困境。北京市《农村集体经济组织条例》的修订滞后，缺乏农村集体经济组织建设与发展的顶层设计制度规范。首先，在治理体系方面，由于缺乏明确的法律规定，集体经济组织的法人治理结构尚不完善。这使得集体经济组织在决策、执

---

① 徐秀英，赵兴泉，沈月琴. 农村社区股份合作经济组织的治理——以浙江省为例[J]. 现代经济探讨，2015（10）：69，70.
② 王丽红，侯晓博，夏宇. 北京市海淀区农村集体经济组织规范发展的实践与探索[J]. 北京农业职业学院学报，2021（5）：26-30.

行和监督等方面存在一定缺陷，影响组织运行的效率与公平性。其次，在管理机制方面，由于法律规范的缺失，集体经济组织的管理人员在履行职责过程中，可能面临法律风险。这不仅对集体经济组织的正常运营造成影响，还可能损害成员的合法权益。最后，在规范经营方面，由于法律依据的不足，集体经济组织在开展经营活动时，难以确保合规性。这可能导致集体经济组织的经营风险增加，影响其可持续发展。

第三，集体经济组织承担了过重的乡村治理责任。在城市化进程中，集体经济组织不仅需要负担治理的最终成本，还需要介入乡村治理全过程。如北京市 2004 年实施的《北京市建设征地补偿安置办法》，本意是让农民充分享受城市化带来的城镇社会保障。然而，在城乡二元社保体系下，农业人口转换的成本高昂，使集体经济组织承受巨大经济压力。此外，在目前暂未完成"政经分离"的制度背景下，集体经济组织仍与乡村治理密不可分，承担了乡村治理的"无限责任"。即使在已完成城市化的地区，如海淀区，其在社区治理中的地位仍不可替代。这使得集体经济组织在村庄建设、管理和运营等方面承担过重责任，经济压力巨大。

3. 改革举措

一方面，通过改革创新，优化农村集体经济组织的组织架构与运行机制，使其更好地适应市场经济发展的需求；另一方面，积极促进农村集体资产的合理配置，提升农村集体经济的效益，为农民增收创造有利条件。海淀区的改革创新性地解决了北京市城市化进程中农村集体经济组织面临的产权不明、利益分配不均等重大矛盾与难题，使农村集体经济组织能够更好地发挥其在经济社会发展中的作用。

第一，坚持党的领导。首先，坚持党对集体产权制度改革全过程的领导，在试点工作中要求乡村集体经济合作社在区、乡镇两级领导小组指导下负责改革工作，相关文件需审查。其次，扩大试点范围，强调党的组织领导，要求发挥乡镇党委对改革工作的领导作用，明确区、乡镇两级农村经济主管部门指导监督职责。再次，坚持党对农村集体资产管理的领导，颁发意见解决重大问题，创新机构设立、管理机制及监管体制，构建完善的农村集体资产管理制度体系。最后，强化党对农村集体经济组织的领导，规定党组织与合作社内部机构关系，选拔负责人，村党支部书记任董事长，将党组织领导核心作用与"三会"职能相结合。

第二，集体产权制度改革。2007 年，海淀区逐步扩大了试点范围。南部地区创新集体经济组织形式，借鉴成功案例的经验启动改革。北部地区在提高改革速度的同时，也兼顾改革质量。2011 年全面启动制度改革，六年内基本完成。2018 年，海淀区颁布相关意见，探索健全股份经济合作社的内部治理和运行机制。2019 年，海淀区部署了新一轮换届选举，促进了股份合作社的规范运行。

第三，监督管理体制机制改革。海淀区农村集体资产规模扩大，给监管带来挑战。由于各乡镇差异和历史问题，管理问题复杂。为了解决这些问题，海淀区在国有资产管理模式基础上成立了农村集体资产监督管理委员会，采取明确责任、规范运行、更新制度、加强监管等措施，让农村集体经济透明公开、系统规范地运行。在区、乡镇两级上，海淀区成立了监督管理委员会，规定镇党委书记担任农资委主任，共同对海淀区农村集体资产进行监管。通过改革，强化了区、镇两级农经站对资产管理的指导、考核和监督职责，并为树立区农经站对农村集体资产监管的权威性提供了制度保障。

第四，创新内部治理结构、完善体系运行机制。一是明确产权主体为经济合作社，深化农村改革。二是推进新型法人治理结构和内部管理制度建设，提升运营效率。海淀区积极推行股东代表大会制度，积极建立现代企业制度，扩大用工范围，实施薪酬激励制度，吸引人才加入，壮大人才队伍。三是加强合作社股权管理，保护成员权益。四是规范农村集体经济组织的产权流转交易，为农村经济发展注入新的活力。

第五，建立和完善外部监管制度。一是严格落实审计监督制度。针对股份经济合作社的资产变动及经营状况，开展年度审计。同时，对股份经济合作社主要负责人实施任期经济责任审计，并对集体征地补偿费管理使用、债权债务管理等重大事项展开专项审计。二是建立备案制度。三是建立审核制度。四是建立实地检查制度。监管部门每年至少对各股份经济合作社进行一次实地检查，并形成检查报告存档。五是坚持产权登记制度和年检制度。六是设立集体资产管理考核评价制度。①

第六，有序推动政社分离。科学划分村级党组织、村委会、村股份社职责，分设会计账套和银行账户，明确资产产权归属，保障运行经费，建立内外部监管体系。改革后实行政经分离，明确经费来源和标准，实现城乡基层组织运行经费标准的统一，有利于村务监督和集体经济规范运行。②

（二）湖北襄州农村社区股份合作社

1. 概况

随着农村改革的不断深化，股份合作社已成为再造农村新集体经济的有效组织形式。2012至2016年，在襄阳市襄州区，已有12个村建立了社区股份合作社，总共有39 641个股东。截至2020年，全区383个村（社）已全部完成试点工作任务。共核实集体资产总额24.2亿元，清查登记农村集体土地总面积269.7万亩，确认集体经济组织成员19.4万户、67.8万人；全区建立集体经济组织383个，其中经济合作社55个，股份经济合作社328个，全部领取了《农村集体经济组织登记证》；股份经济合作社量化资产7.64亿元，股东59.2万人，向16.9万股东户全部发放了《股权证》。③

2. 改革困境

第一，未构建一个权威的清产核资组织。该组织未由乡镇、村级领导以及具备经营管理和专业技能的人员组成，未确保清产核资工作的严谨性和专业性。在实施资产评估时，未运用科学方法和民主程序，不能确保评估结果的公正性和准确性。

第二，未设立村集体经济组织内部分配机制，合理设定分配比例。为实现股份合作制工作的制度化和法制化，需遵守国家法律法规，依法经营并纳税。利润分配可遵循税前提息、税后分红原则，每年至少分配一次。股息红利分配需明确比例，确保公平透明。针对经营不善导致的亏损，应制定合理应对措施。村集体经济组织亏损时，应暂停分配，亏损部分按股

---

① 王丽红，侯晓博，夏宇.北京市海淀区农村集体经济组织规范发展的实践与探索[J].北京农业职业学院学报，2021（5）：28，29.

② 同上。

③ 王保军.紧盯目标"双线"并进——襄阳市襄州区农村集体产权制度改革典型经验[EB/OL].（2020-11-09）[2024-10-10].http://nyncj.xiangyang.gov.cn/nygl/njgl_1633/202011/t20201109_2311055.shtml.

份风险比例抵偿。合作经济组织破产时,债务按股东股金、银行贷款、外欠债务顺序偿还,保障股东权益,体现集体经济组织共担风险精神。

3. 改革举措

第一,针对存量资产进行股份量化。首先,清产核资、明确产权、评估资产、界定集体成员身份、核实人口及劳动工龄等环节至关重要。随后,通过一次性现金兑现,将剩余资产进行股份量化,划分为个人股与集体股两部分。个人股包括依据人口数量量化计算的基本股份和根据工龄数量量化计算的劳动贡献股份。最后,通过民主选举产生股东代表,召开股东代表会议以成立新型集体经济组织。

第二,资源加资本型。襄州区是一个拥有丰富自然资源的地方。为了促进集体经济的发展,政府决定进行资产股份量化,将这些存量资产转化为可量化的股份。首先,政府确定了旅游开发的步骤。伙牌镇和下冯村成立了股份合作社,作为集体经济组织,农户可以通过购买股份参与经营。为了保证公平,政府决定以现金作为投资方式,并确保农户能够分享经营利润。接下来,政府将自然资源分配给企业和自然人。这些股东可以通过参与经营获得分红。政府制定了一套价值量化的标准,确保股份的分配公正合理。经过一段时间的努力,集体经济组织取得了显著的成果。林场和荒滩也得到了有效保护和利用,旅游业的发展带动了当地经济的繁荣。通过这种资产股份量化的方式,襄州区的集体经济得到了有效推进。政府的引导和支持使得农户和企业可以共同分享经济发展的成果。这种模式不仅促进了经济增长,也提升了农村居民的生活水平。经过几年的运营,全体股东的现金投入已全部收回。[①]

(三)江宁区农村社区股份合作社

1. 概况

江宁区地处南京市,总面积约为1 573平方千米,地理位置优越,自然景观丰富。截至2020年年底,江宁区常住人口达到134.73万,流动人口为30.21万,城镇人口占比约为74.32%,呈现出城乡一体化的发展态势。

为加快区域经济增长,江宁区政府紧密结合国家战略,将乡村旅游业视为新的经济增长点,并在紧扣中央有关文件精神的基础上实施了农村集体产权股份合作制改革,以推动集体经济发展。该改革以实现确权、赋能、搞活为目标,通过完善集体成员界定、股份确权、退出机制等方式,为农村集体经济发展注入新活力。

改革过程分为试点、推动发展和转型升级三个阶段。在试点阶段,江宁区选取了193个改革试点,为后续改革提供了实践基础。在推动发展阶段,江宁区积极推广改革经验,逐步扩大改革范围,实现集体经营性净资产89.46亿元。在转型升级阶段,江宁区着力优化改革措施,确保改革成果惠及更多农民。截至2018年,江宁区已完成农村集体产权制度股权固化试点改革,成功确认股民66.33万人。这一成果彰显了江宁区农村集体产权股份合作制改革的成效,为我国其他地区提供了可借鉴的经验。

2. 改革困境

改革初期,部分领导干部对改革工作的认识尚不充分,重视程度有待提高。在一些地区,

---

① 康润华. 湖北襄州农村社区股份合作社改革探微[J]. 农村经营管理,2016(8):36.

关于领导干部农村集体产权改革的培训课程不足，在治理、产权及收益分配机制等方面对改革产生了一定影响。不可避免的是，许多集体成员对改革存在误解，过分关注股份分红而忽视长远发展，对股权固化改革进程产生影响。而且合作社成员身份及股权继承转让政策不统一，使得农民无法自由处置股份以获取收益，内部矛盾逐渐显现。江宁区社区初期设立集体股，导致资产产权模糊及成员身份不明，可能引发利益脱节、资产流失，降低资源利用效率，乃至造成资源浪费。除此以外，集体资产管理者多为村干部，使得农民权益呈现虚化，难以在经营管理中切实发挥作用。

3. 改革举措

第一，明确改革方向。首先，对各级资产进行精确核查和登记处理，同时核实外来投资及内部资产转移情况。为确保公平公正，特邀律师事务所进行全程监督。其次，实施股权固化和静态管理，将集体资产股份化至每个成员，实现农民产权归属。静态管理模式确保股权不因人口变动而改变，稳定集体资产分配。在此基础上，各村（社区）广泛征询成员意见，完善相关制度，确立统一股份标准，有效防范纠纷。最后，搭建集体产权交易平台，设定交易标准和规范，发布线上交易信息，实行线上竞标，推动产权健康流转和资源合理配置。

第二，注重实践探索。在乡村振兴战略的实施中，村社分离模式被广泛采用。这种模式将村委会的政府职能与农村股份合作社的经济职能进行了"四分开"，旨在实现职能调配的最优化。在村社分离模式中，村委会专注于基础设施建设、公积金管理等公共事务，而农村股份合作社则负责集体股权的管理和收益分配机制的运营。集体股的成员享有相应的收益分红权益，同时也能够参与集体资产的利用效率提升。为了保护个人股东的权益，村社分离模式还设立了个人股退出机制，使得股东可以在需要时自由退出。此外，户内继承和社内转让也为成员权益提供了保障，确保了集体股权的稳定性和可持续性。通过村社分离模式，乡村振兴战略得以有序推进，促进了农村经济的发展和农民收入的增加。这一模式的成功实施，不仅提升了农村居民的获得感和幸福感，也为中国农村的可持续发展奠定了坚实基础。江宁区改革为集体产权改革提供了有益借鉴和示范。[①]

三、村社一体的农民专业合作社改革模式

（一）葫芦岛市农民专业合作社

1. 概况

葫芦岛市位于辽宁省的西部沿海地带，该市地势多样，包括山区、丘陵区和平原区。葫芦岛市地域辽阔，拥有丰富的自然资源和独特的地理环境。这一地理分布结构为研究本地区法律与农业的关系提供了重要的空间背景。

区域基础设施建设用地面积 91.04 平方千米；其他建设用地面积 77.05 平方千米；陆地水域面积 331.85 平方千米；其他土地面积 137.53 平方千米。截至 2022 年年底，全市农民专业合作社达到 4 902 家，较 2021 年的 4 000 家增长 22.6%，入社社员 71 667 户，带动农户超

---

① 姜文. 集体产权改革：农村社区股份合作社的运行机制和路径选择[J]. 安徽农业科学，2022，50(3)：254，255.

20万户。据统计，按类别划分：种植业 2 170 家（其中粮食产业 420 家、蔬菜产业 517 家）、林业 185 家，畜牧业 1 700 家，渔业 75 家，服务业 386 家。

全市农民专业合作社在农产品销售方面取得了显著的成绩，实现了 2.68 亿元的销售额和 2.3 亿元的经营收入。与此同时，葫芦岛市委、市政府对合作社的健康发展极为重视，市农业农村局也积极推动市级示范社的建设工作。当前，全市范围内有 144 家合作社成功取得注册商标，其中包括建昌县绿源兔业养殖专业合作社的"成洁"牌兔肉以及葫芦岛市南票区虹螺岘文君甘薯专业合作社的"文君甘薯"等广受认可的知名品牌。截至 2022 年年底，全市荣获各类示范合作社称号的数量达到 123 家，其中有 44 家获得了省级以上示范社的荣誉。这一系列的成就不仅体现了合作社的经济实力，也反映了市级政府对示范社建设的重要支持。

2. 改革困境

第一，社会化服务较差。农民专业合作社的服务对象主要集中在社员群体，然而，在为农户提供社会化服务的过程中，大多数合作社普遍面临着组织管理效率低下、专业服务水平不高、在农业生产各环节中分配不均、服务基础设施不健全等问题。这些弊端共同构成了农民专业合作社创新发展的新短板。

第二，发展规模不健全。市场经营规范化能有效降低生产成本，打造自家品牌，有助于在占据市场份额方面获取更大优势。而农民合作社其成员通常是本地村民，经济实力相对有限，面对竞争激烈的市场，相较于大型公司企业，农民专业合作社受制于现有的人力、物力、财力，缺少应对市场形势调整经营策略的机动性。

第三，法人财产权偏弱。其一，缺乏稳定性。农民专业合作社社员有权利自由退社，社员退社不需要经过相关部门的批准同意，这使得合作社法人财产波动性强、稳定性差，最终导致与外部市场交易的信用不高。其二，缺失独立性。在农村集体中，成员拥有土地承包经营权，这一权利属于集体成员，不得被他人剥夺。然而，这导致了承包经营权出资所构成的合作社法人财产无法独立处置的问题。这一现象影响了合作社在财产管理和运作中的独立性，需要我们深入思考并寻求解决之道。其三，资金量缺乏。小农户成员的投资相对有限，甚至存在一些"零投资"的情况。同时，对于大额投资所形成的附加表决权，其比例不得超过 20%。这表明了在合作社内部，资金来源和运作存在一定的局限性，这对于合作社的可持续发展构成了潜在的挑战。

第四，人才储备匮乏。在农民专业合作社不断升级的发展趋势下，对于合作社的成功运营和持续发展而言，充分发挥技术和管理方面的专业优势显得尤为迫切。葫芦岛市的农村地区青壮年劳动力流失严重，农村本身难以提供更多高效益的工作岗位吸引当地人回乡就业，再加上当地政府的人才补贴优惠力度的吸引力欠佳，高校毕业生不愿返乡创业，使得合作社缺少"领头雁"，同时，社员综合素质较差，缺乏拥有科学管理经验的人才，难以及时补充生产经营过程的新动能，造成经营水平差，限制后续发展。

第五，相关财政扶持力度小。组建强有力的农民专业合作社需要足够的生产要素投入，然而金融贷款限制多、各级政府的引导性财政投入少、负责相关业务的农业行政人员的指导经验与服务不足等问题限制了农民专业合作社的健康可持续发展。[1]

---

[1] 张英洪. 农村集体经济和集体经济组织调查研究[M]. 北京：中国言实出版社，2023：40.

3. 改革措施

农民专业合作社的改革涵盖了三个关键方面。

第一，因地制宜推动本地特色农业农产品发展。全市合作社大多数集中在主优势产业产区内，如全市特色水果种植面积近667公顷，在众多农民专业合作社的共同努力下，产品远销海内外。

第二，有效整合生产要素资源。全市超过40%的合作社选择实施"公司+合作社（协会）+农户"模式，这种模式将农民专业合作社作为中介，通过将龙头企业、合作社和农户进行结合，形成了一个有机的经济体系，推动了农业产业链的协同发展，有助于农业关键要素有效结合，优化规模产业经营。

第三，提升农民进入市场的组织化水平。农民专业合作社的蓬勃发展使原本在激烈市场竞争中自主进行产销的农民不再陷入单打独斗的困境。相反，他们由农民专业合作社引领，共同奋斗，逐步实现专业化产业结构。这一模式有效降低了农产品的生产、运输和销售成本，逐渐塑造了以农林牧副渔等为主导产业的各类农民专业合作社联合体。这种组织形式不仅提升了农民在市场中的话语权，更加强了他们抵御外部风险的能力。

（二）高州市根子柏桥龙眼荔枝专业合作社

1. 概况

中国荔枝看广东，广东荔枝看茂名。2022年，茂名市荔枝种植面积139万亩，荔枝产量超过50万吨，荔枝产量约占据广东的1/3、全国的1/4以及全球的1/5。这一地区因其得天独厚的地理条件和气候环境，使得荔枝生产规模大、品质优越，引领着当地农业产业的繁荣发展。习近平总书记考察的合作社为根子柏桥龙眼荔枝专业合作社，地处柏桥村。该合作社以当地龙眼、荔枝产地的优势资源为基础，发挥桥梁纽带作用，实现对荔枝产业上下游产业链的全面打通。其发展方向包括鲜果产业、电商销售和乡村旅游等多个领域，为柏桥村民创造了可观的年人均收入，推动柏桥村成功跻身省级"一村一品"荔枝生产专业村的行列，同时使"高州荔枝"成为优势特色产业，具备优化和强化的发展基础。柏桥村始建于隋唐年间，总面积约5.2平方千米，地处我国荔枝主要分布地北纬18°~29°的黄金种植地带。该村荔枝种植历史达2 000余年，现有种植面积约6 800亩，是我国荔枝最优产区之一。在柏桥村有一片80亩的古荔枝树种植园，园中有39棵500年以上树龄的荔枝树，其中9棵树龄超1 300年。根据了解，这片荔枝林是目前全国面积最大、历史最为悠久、保存状态最为完好、品种最为齐全的荔园之一，承载着丰富的文化和历史底蕴。

2. 改革困境

第一，由于公司与合作社间的利润分配不平衡，使得成员的合作动力逐渐减弱，成员动力和积极性都有所削弱。这一问题的根源在于公司作为重要参与带头者，基于本身"经济人"这一视角建立而来的管理手段和运营理念在一定程度上削弱了合作社成员的主体地位，使得农民未能享受到较为平等的回报。以惠州地区的大部分农业专业合作社为例，它们通常以大公司为主导，一些个体工商户、农业生产大户以及其他实体共同参与协调。在这种组织结构下，农民团体本身作为重要的合作社成员，在合作社中的控制权却是相对较低的，现实中拥有实际控制权的主体还是这些大公司。因而二者相互合作而产生的利润大多由拥有实际控制权的一方来决定如何摊薄，实际上并未能有效促进其集体经济收入的真正提升，同时也导致了合作社成员之间缺乏显著的协同潜力。

第二，专业合作社的日常运行工作的机制不够健全，公司日常管理制度不健全，公司与农户的和谐合作效果不佳。一方面，有一些地区的合作社产业虽得到了当地农业投资公司的资金方面的支持，但是由于还没有设立健全、合规的管理制度与运行机制，最终使得合作社无法享受政府的优惠政策。另一方面，广东沿海地区的农村合作社面临着优质公司支持不足和人才匮乏等问题，从而导致公司管理的能力和水平相对较低。这些状况都成为影响农村合作社可持续发展的重要因素，也是限制其在市场竞争中的地位和竞争力的重要因素。

第三，生产日常管理章程与公司总体规划的指示章程间有较大矛盾，公司的运营制度与实际情况不符。以我国韶关地带为例，在创立初期，许多合作社都会面临多方面的困境，包括但不限于收益偏低、规模较小、日常运营机械不足等问题和挑战。这一现象说明了在统一形成性和规范制度性两方面当今的合作社仍存在缺陷，总体统筹协调运营能力相对不足。在这种情况下，创立初期的合作社由于内部自身基础实力薄弱和外部其他先进合作社带来的竞争压力而延缓了可持续性发展进程。同时，有无政府部门扶持也是重要因素，政府部门扶持的实力较强的合作社对尚未得到政府支持的小合作社形成了生存空间的挤压。[①]

3. 改革举措

第一，立足资源禀赋，突出乡"土"气息。合作社成立后，着眼将地方资源优势转化为产业优势、产品优势，持续培育壮大特色高效农业。合作社现已发展成员59户，其中以现金入股的有51户，以土地折算入股的有1户，总股金125.3万元。

第二，加强收益共赢，赋予地方"特"色。如今，高州市根子柏桥龙眼荔枝专业合作社主要从事荔枝龙眼的种植、加工业务，为成员和当地农户提供培训、销售对接等服务。近年来，合作社不断创新联农带农机制，内强素质、外强能力，引导农民通过股份合作生产经营等多种方式增收致富。其一，在带动成员方面，合作社优先向59户成员提供培训和销售资源对接，成员生产的荔枝、龙眼全部由合作社销售，以高于市场的价格来收购，实现农民增收。其二，在带动非成员农户方面，主要有两种方式：第一类，订单型农户360户，该类农户通过合作社对接销售渠道，根据订单提供优质产品。合作社一般以高于市场价格进行收购工作。第二类，辐射型农户2 200户。在干果生产期，合作社向农户下达荔枝干、桂圆干、桂圆肉收购任务，领取了加工任务的农户在自家作坊招募当地工人，平均每户招募人员约10人。辐射型农户日薪为150元，加工期约20天，户均增收约3 000元/年。

第三，挖掘多元价值，延伸产业链条。合作社发挥桥梁纽带作用。一头连接农户，一头连接市场。随着合作社经济的快速发展，柏桥村渐渐发展出许多新兴业态，如鲜果加工、电商与文旅相结合等，推动共同富裕。2022年，村民人均收入约5.1万元。其一，合作发展筑牢产业基础。合作社加强内部管理，充分发挥生产种植、技术培训等方面的组织优势，保障荔枝、龙眼的品质和数量，实现品质品牌的溢价。一方面，在贯彻统一化种植的号召下，制定有关荔枝、龙眼的生产技术规范制度和流程。同时，建立详尽的田间生产档案，通过先进技术培训等手段提升成员农户的质量安全意识，以确保广大成员切实按照规范有序组织生产，

---

① 李庚泽，蔡淇旭，蔡春林. 广东农民专业合作社高质量发展的思路及对策[J]. 广东经济，2023（6）：30-34.

推动农业生产向着更为规范化和高效化的方向发展。其二，外部联动开展精深加工。不仅注重内部提升质量，增值增效，同时也注重外部联系与沟通。一是进行农产品二次处理，形成的有关荔枝的酒、发酵饮品、甜品点心等成品。二是与高州市丰盛食品有限公司密切合作，借助该公司的资金、技术、加工优势，共同建设冷库以便冷藏保鲜果品，增加收益，减少损失。并且，成员的农产品由高州市丰盛食品有限公司收购，加工后统一进行产品销售包装。三是作为杭州娃哈哈、北京同仁堂、泸州老窖等知名品牌的原料供应基地。其三，电商活力注入新动能。一方面，在众多线下销售门店下功夫、拓路径，产品销往国内 15 个省（直辖市），得到合作伙伴和消费者的高度认可；另一方面与专业电商团队对接，为电商团队提供供应端服务，打通天猫、京东、每日优鲜等知名电商销售路径。合作社负责按照电商需求向成员和周边农户下达收购任务，为荔枝、龙眼种植农户解决了销售问题。

四、公司法人的改革模式

（一）"企业—集体—农民"模式

1. 概况

"企业—集体—农民"模式以黄金村为典型。该村地处湖北省西北部，位于市区西南边界。村落优点是地理位置优越。黄金村隶属刘猴镇，正位于四县市接连重合地区，不仅自古是贸易往来的重要地区，如今交通也十分便利。但缺点是本身自然资源基础较为薄弱，农业用地与农业水资源都十分短缺，农作物收成水平常年发挥不稳定。

2. 改革困境

第一，农村集体经济组织的发展需求未能得到满足。调查走访发现，他们的日常管理人员许多都有着"多重身份"，在这一情况下，必将面临事务繁忙、精力难集中的问题和挑战。一个关键问题就是农村集体经济组织管理层人员似乎没有专门的报酬，因此干部和村民往往缺乏参与管理的积极性。在黄金村现有的管理干部结构体系中，50%以上都是有过履职经历的老成员，其中年龄稍小的成员只有一位。农村集体经济组织与村民委员会实际上未能真正分离，同时也缺乏有经验与能力的管理人员来领导组织。首先，农村集体经济组织的能动性不足。黄金村响应政府号召工作，坚持清晰成员和清晰资产相结合，在"清人"与"清产"这两方面都完成的基础上，运用特色的民主管理运行体制，经民主选举而成立当地特色的农村集体经济组织，通过成立如公司法人一般的体现民主决策的股东大会，最终选举产生有决策权的管理委员会。一方面其与村委会的领导未实现分离，另一方面其与村民委员会间财务也未能实现分离。事实上，黄金村所提倡的"村社分离而立"的理念仍未成熟，截至目前也只完成了其内部领导机构中形式上的自治组织与经济组织的分离，但在财务进出管理和管理领导班子等多个层面仍缺乏详细适合的规范。黄金村农村集体经济组织的账目实行"村账镇管"，所有费用进账支出均需向乡镇政府报批。这既限制了法人组织的有效活动，也降低了灵活性，自然而然会缺少有效的奖惩规则体制。其次，组织内外部成员身份不够明确。农村集体经济组织成员身份既是成员享受权利的基础，也是成员履行相应义务的保障，更是实现农村集体经济组织利益的依据。黄金村秉持着尊重过去、兼顾现在和发展将来的宗旨进行制度完善和构建。但在实际实施中，却将关注点直接放在了户籍关系上。其原因不仅有农民对于户籍重要性的固有观念，也可能包括潜在的，也是现实的，通过排斥其他有可能加入农村集体经济组织的外来者来维护既得利益，降低风险可能性和外来威胁。

第二，农村集体经济组织权力来源不足。以黄金村为例，因当地法律对于农村集体经济组织的相关立法尚未有明确指引，也未有文件说明该村集体如何在改革过程中合理管理和配置集体资产，在此限制条件下只能依传统的民主自治的原则，制定乡规民约等管理条例来起到临时协调的作用。然而，普通村规民约等管理条例的约束力是有限的，黄金村仍很难高效落实对集体资产的具体管理。一方面，其规定的惩罚性措施在实践中因空心化、未分红和政策不灵活等多方面因素而难以实施；另一方面，由于法律从来就是制度的重要保障，黄金村的管理制度不完善也反映了其管理权力的法律保障力十分薄弱。黄金村这一以"企业—集体—农民"为模式的成功发展成果是值得表扬的，但在后续改革中，关于如何巩固改革成果并继续推动多方主体共享合作机遇这一关键性问题，仅仅凭借村民自治是难以为继的。因此，农村集体经济组织的权力源泉及其运行需要我们进行立法规制和完善。[①]

3. 改革举措

由于黄金村的发展模式是以企业、集体和农民三个主题为中心而展开的，因此其运行机制也是以三者为中心的。在改革的不断深化中，该村逐渐探索出一条适合自己发展、结合特色药用作物种植及深加工业、畜牧养殖业和绿色旅游业三大产业融合互补的发展之路。其中，某现代农业科技公司正是药用作物种植及深加工产业的领头羊，由高科技公司创新活力带动黄金村集体组织迸发经济活力，开拓出一条新路径。

第一，企业引领。公司针对本地地质结构，推动药用作物种植，建立 4 500 亩种植基地，并发展产品加工产业，建成近二十条生产线。同时，公司大力发展景观果园，并与种植养生绿色旅游业相结合，为当地特色产业提供技术支持和帮助。在该公司的创新引领作用下，黄金村实现产业资源的深度整合调整，并且因地制宜地设定编制、进行未来产业规划，实现全产业链纵深融合协调发展。不仅如此，企业吸引创新人才与技术人才下乡助力。通过倡导宣传企业创始人归乡创业故事专辑，结合组织专业管理团队的措施，并加快引进高科技农业种植技术来促发展。在已荣获众多科技专利的基础之上，广泛运用互联网技术开展农业农产品绿色安全溯源、物联网"智慧种植"等工程项目，企业与知名医药企业及科研机构携手合作，深度挖掘产品药用价值。在企业的指导下，黄金村聚焦优势特色产业，全力塑造品牌农业，推动农业供给侧结构性改革，实现农业高质量发展。

第二，集体合作。在产权制度改革方面，黄金村实施了一系列有力措施。首先，推动宅基地有偿使用制度改革，通过收取有偿使用费以增加集体经济收入，同时鼓励宅基地自愿有偿退出，并将退出土地实施复垦。其次，自深化改革开放收官之年起就组织开展了集体经济组织股份合作制改革，通过"清人"和"清产"两大核心措施来加快明确成员身份及集体资产权属。在此基础上，成立股份合作社形式的农村集体经济组织，并为成员配股。此外，黄金村因其表现良好，经济成绩优异，能够起到榜样带头作用，取得了农村集体经济组织登记证，从而独立市场主体地位得到法律承认。黄金村的改革经验和措施、思想对于推动集体组织与企业合作共建起到了深远影响。在与治理结构模式有着不分上下作用的资源配置能力方

[①] 丁文，程子扬. "村企合作"中农村集体经济组织的完善——基于鄂西北 H 村的个案研究[J]. 河北法学，2022（9）：67，68.

面,该村坚持倡导以企业方向和活力为风向标,集体组织协助企业共同实现经营规模化发展。村集体通过协调农户个体成员,推动家庭承包地合法合规流转,并以经过土地管理制度改革之后新增的集体土地资源来支持企业用地的规模发展。同时,也注重农村科学合理规划,坚持服务群众与支持产业相配合,在企业周边增设生态绿色聚居区并加快开展基础设施建设。另外,村集体组织与企业达成互帮互助协议,通过产业带动活力与政府脱贫支持二者相结合来提升集体资产和农民收入。黄金村集体在宅基地制度改革基础上,构建了治理机制、分配机制与监管机制,通过多种途径增加集体资产,壮大农村集体经济。①

第三,村民参与。通过完善和加强药用作物种植的规模化经营,成功吸引了超过半数的农民支持闲置土地流转,从而获得直接收益。其中,部分具备劳动能力的失地农民选择外出务工,其余人则选择留在村庄,进入企业就业。企业为广大农民提供了丰富的就业机会,助力失地农民顺利转型,在产业园区内实现再就业。每年,近300名本地农民固定地或积极灵活地参与企业生产。企业为不同主体设立了不同的解决方案,针对仍拥有耕地的农民,通过固定订购农业订单和设立收购底线的方式吸引农户及家庭农场共同参与种植药用经济作物,并为其提供免费技术服务。农民通过多种途径和方式来参与企业的生产经营活动,这既为农民的稳定收入提供保障,也激发了农民的积极性,最终实现了企业与农民共同富裕。②

(二)产业发展模式

1. 概况

虒亭镇位于山西省东南部,紧邻两县交界地带。该镇人民政府距离襄垣县城大约30千米,总面积达222.27平方千米,辖区内包括37个行政村和189个自然村,总人口为22 949人。其地理位置优越,便捷的交通条件是其发展的重要优势,208国道和太焦铁路贯穿全镇,使其成为连接省城和中原地区的重要门户。同时,黎霍高速正在建设中,预计将于2024年年底通车。旅游交通方面,全镇穿越两条旅游公路,即大关线和红官线,实现了硬化路的村村通,水泥路的户户通。

虒亭镇地处上党盆地,拥有广泛的农业资源。其耕地面积达107 947.77亩,林地面积为74 962.8亩,使其成为全县最大的农业乡镇。在辖区内,宝峰湖独具特色,作为山西省六大水库之一,已经获准成为"国家水利风景区"。这一举措将有助于推动当地水利资源的合理开发与利用,为虒亭镇的可持续发展提供有力支持。

2. 改革困境

虒亭镇在农村集体经济发展方面已取得一定成果,然而,通过调研发现,制约农村集体经济长期发展的关键因素是镇上补助资金支持不足、产业持续性不足、土地保护与经济发展失衡等问题。为保障虒亭镇集体经济持续发展,有必要及时研究并解决这些问题。

第一,经济发展与土地保护之间存在矛盾。从数据中我们发现"襄缘·花海"项目在土地流转过程中,虒亭镇政府忽视了违规使用农业用地的现象,过于关注短期利益。此外,在土地流转过程中,还存在流转费用稍低、盲目征地的情形。具体体现在以下三个方面:一是

---

① 丁文,程子扬."村企合作"中农村集体经济组织的完善——基于鄂西北H村的个案研究[J]. 河北法学,2022(9):66-67.
② 同上。

虒亭镇的土地利用受到一定程度的约束，其主要种植物为玉米，土地资源有限且分布零散。并且，在该区域土地资源浪费现象较为严重，无法有效整合零散土地形成大规模地块并高效利用。这将对地方经济发展产生不利影响，制约其发展空间。二是"襄缘·花海"项目在流转土地过程中存在使用农地和耕地"非粮化"问题。这一现象反映出经济发展与耕地保护之间的矛盾，如当地为推动经济发展在一定程度上会占用耕地，从而导致耕地"非粮化"乃至"非农化"。三是产业融合对土地资源的需求更为庞大。产业融合涉及产业链的延伸和产业深度的拓展，基础设施建设必不可少，而大型基础设施的建设必然需要大量土地资源。另外，农产品加工要实现规模化和系统化，需要更多土地用于厂房、仓库、机械设施的建设。然而，当前农业用地指标申报的审批流程烦琐且耗时较长，准入门槛过高，指标资源稀缺，"用地短缺"与"土地闲置"的矛盾十分突出。

第二，过分依赖于专项财政拨款。尽管虒亭镇部分农村集体经济组织取得了一定成果，但仍然严重依赖综合改革资金。根据数据揭示，大部分村庄的集体经济收入尚不足以支持项目发展的投资，然而申请财政补助却面临诸多限制性条款。具体现象如下：一方面，专项财政拨款缺乏灵活性。在补贴方面，当前，我国农村集体如有项目，可以申请专项财政补贴，这些资金可作为发展基金使用。然而，申请过程相当烦琐，且补贴金额为固定数额，支出项目限制严格，导致资金运用存在困难。许多有意开展项目的农村集体苦于缺乏启动资金，县级财政对现代农业的支持力度有限，而农业金融机构的信贷门槛较高，担保难度大，贷款期限较短，额度偏小。因此，在发展产业方面存在资金短缺的问题，使得扩大经营规模变得困难。此外，金融政策相对不足，宣传力度不够，导致政府、金融机构与农村集体之间未能建立良好的合作关系，诸多政策未能发挥其应有效用。另一方面，农村集体经济对财政投入的依赖程度高。大多数村庄仍然依赖于传统的农业种植，现有经济发展项目也缺乏长期稳定的收入来源，导致农村集体经济对财政投入的依赖程度居高不下。部分村庄甚至依赖征地补偿款或集体预留资金维持运营，从而形成了对政府扶持资金的严重依赖。

3. 改革举措

首先，针对草莓种植，基地提供全方位的技术跟踪指导，涵盖花果管理、蜜蜂授粉、病虫防控和冻害预防等多个方面，以确保草莓优质生长、提升产量。基地还组织农家乐培训，统一标识、管理和培训标准，推动农家乐行业的健康发展。

其次，为充分发挥乡村集体经济的潜力，政府突破地域限制，统筹各类资源。成立联合党支部和经济联合社，探索实施"土地当铺""房联社"等模式，激活闲置资源。设立技术服务专班，对接项目管理及种植技术人才，培育新型职业农民。推进"清化收"工作，规范农村"三资"管理，提高村集体收入。

再次，引入资本以优化发展环境。吸引新能源和清洁能源公司投资建设风光储一体化光伏项目。重点打造生态观光和民宿项目，实现企业壮大、产业升级、集体收入增加。

最后，将壮大村集体经济纳入年底考核指标，激发工作积极性。加强过程管理，构建闭环管理体系，强化全程监管。

五、土地股份合作社改革模式

土地股份合作社运营方式为按股分红,是一种在经济体制改革背景下,依据土地"三权分离"政策创设的土地承包经营权股份联合体。由于各地区在利益目标上的差异,导致土地股份合作社在发育动机、经营领域以及服务项目等方面呈现出多样化特点。

(一)广东下柏土地股份合作社

1. 概况

土地承包经营权入股,这一创新性的土地流转模式,最早在我国广东省崭露头角。1992年,广东省南海市(现佛山市南海区)下柏村农民率先将承包经营的土地以股权方式进行流转,交由村集体成立的经联社实施统一经营,此举标志着我国农村土地制度改革步入新的阶段。下柏村的创新实践不仅在当地引起广泛关注,而且迅速向中国其他省份扩散。各地根据自身特点,积极寻求和实践符合本地实际的土地承包经营权入股模式,从而催生了一场蓬勃发展的基层试验。

该项试验的核心在于,在确保土地承包经营权稳定不变的基础上,引导农民通过入股策略实现土地的集中化管理。这种方式既保留了农民的土地承包权,又使他们能够分享土地集中经营带来的收益,为农村经济发展注入了新活力。在各地试验中,农民们充分发挥了创新精神,创造出多种具有地域特色的土地承包经营权入股模式。在东部沿海地区,土地承包经营权入股以规模化、集约化的农业产业为主导,有力地推动了农业现代化进程。而在内陆地区,如山东、山西、河北等地,土地承包经营权入股则更多体现在特色农业、生态农业等方面,为当地农村经济发展提供了有力支撑。

总体而言,作为一种创新的土地流转方式,土地承包经营权入股在我国各地得到了广泛应用和积极探索。这场基层试验,既为我国农村土地制度改革提供了宝贵经验,也为农民增收致富开辟了新的途径。随着改革的深入推进,土地承包经营权入股有望在更多地区得到推广,为我国农业现代化和农村经济发展注入新的活力。

2. 改革困境

土地股份合作社凭借其福利本质,在农村地带迅速普及,收获显著成就。作为农用地联结的纽带,其构建了农户与合作社的新型合作框架,激发了农民增收的新路径。尽管如此,其运营不免遭遇若干挑战,以下将对法人地位不明确这一困境进行深入剖析。

在我国农村土地股份合作社法律地位的确认方面,现有法规的不足使其法人身份的认定陷入模糊境地。由此,合作社在运营过程中遭遇诸多困境,缺乏必要的法律保障,进而阻碍了其健康发展的步伐。在贷款融资和法律契约等层面,合作社常常被迫依赖其他组织形式,这不仅限制了其独立性,也降低了市场竞争力。在管理层面,合作社对于利益诉求的处理显得无能为力,已成为一种普遍现象。法学界尚未对土地股份合作社的性质形成一致意见,将其视为股份制企业还是社团组织的争议颇多。从我国法人分类的角度来看,合作社并不适合划归现有的四大类别之一,因此在法人登记方面陷入了僵局。一方面,由于其营利特性,民政部门不承认其为社团组织;另一方面,工商部门不予以企业法人登记,这种双重困境严重制约了合作社的正常运作。实际上,这类合作社在不同地区呈现出三种不同状态:一是未经任何官方批准，处于无证经营的灰色地带；二是获得民政部门认可，但未获得工商营业执照，从而面临无法开设银行账户、信贷渠道狭窄、税务登记复杂等一系列难题；三是被工商部门承认为合法的企业法人，却因运营模式与普通企业不同而陷入尴尬境地。尤其是农户社员的股权证明社会认可度不高，通常仅限于合作社内部权益的证明，缺乏全面的股东权利。尽管中央和地方政府的积极响应为土地股份合作社的成长提供了政策支撑，但某些地区的管理模式将其归并至农民专业合作社之下，忽视了两者在功能和性质上的本质区别。土地股份合作社的核心在于土地资源的整合与统一管理，而农民专业合作社则侧重于提供多样化服务，两者虽有交集，但应有所区分，不能混为一谈。[1]

3. 改革举措

广东下柏土地股份合作社的运营模式根植于自主成立的企业，并鼓励积极参与的农户将其农地权益纳入合作社的股权体系中。同时，合作社采用以村集体资产入股的方式，构建个体股和集体股的股权结构。为解决农户面临的售粮价格偏低和渠道有限问题，下柏合作社采购了当年农产品收购量的五分之四，并作为农户粮食的采购方，通过集体和农民入股途径实现了当地农业用地的整合和规模化运用，显著提升了农业生产水平。为更有效地管理土地资源，合作社进行了细致的划分，将土地分为农田用地、工业开发用地和村民住宅用地三个区域，以适应不同的土地类型和质量。这种划分不仅有助于提高土地利用效率，还有利于保障农田的良好经营状态。通过这一策略，合作社在土地资源管理方面取得了显著成果，为提升当地农业可持续发展水平作出了积极贡献。当前，广东下柏村的运营模式已经在四川崇州青桥、江苏苏州等地的合作社中得到广泛应用。这表明该模式在不同地区都取得了成功，并为推动农业现代化、提高生产效益提供了有益经验。

（二）福建洋埭土地股份合作社

1. 概况

洋埭位于我国晋江陈埭镇中部晋东少平原之上。洋埭地区1949年9月获得解放，紧接着成立了龙岱农会组织；1951年，成立龙岱乡政府；1958年，与涵埭、下村、庵上、海尾、仙石六村共同组建"团结大队"；1961年，归属陈埭公社；1984年，改制为陈埭镇洋埭村委会。洋埭村地处陈埭镇区东北约3千米处，东与泉州市新行政中心隔海相望，北邻陈埭镇仙石、庵上村，西靠陈埭镇高坑、横坂村，南接陈埭镇涵埭村。鞋都路、江汉路贯穿全村，总面积7.5平方千米。

2. 改革困境

福建洋埭土地股份合作社的困境主要在于其产业结构不清晰。

第一，产权处分受限。产权问题是农民合作社经营的核心议题之一，也是我国农村土地改革的关键。产权包括使用权、资本增值效应、处分权等，体现资产价值和利用效率。拥有土地承包权的农民也同时依法拥有使用、收益和流转等权利，但仍然缺乏更深层次的处分权利。不稳定的土地产权不利于保障社团成员切身权益。其一，农民股东的股份自由转让权受到限制。这是因为我国法律框架的设立旨在维护土地资源的国家和集体所有权，但却限制了

---

[1] 商悦. 土地股份合作社运行中的法律问题与对策研究[D]. 黑龙江：东北农业大学，2020：9，10.

农民对土地股份的完全转让。我国法律对农民股东转让股份的行为有一定约束，这主要源于宪法规定土地属于国家和集体所有，而农民仅具有土地的承包权和管理权，而非完整的所有权。承包土地的经营权转让有门槛，通常只限于组织内部成员，且用途受限。外部转让需经过村民会议同意和政府批准，本集体经济组织成员有优先受让权。合作社具有显著人合性，农地承包经营权作为股份不会大规模调整。若自由转让股权，可能导致矛盾加剧，损害合作社人合性。入社农民只有简化的到期收益分红权，而非完整社员权。对股东的股权转让进行限制甚至禁止，虽然可以确保合作社的稳定经营，防范潜在的资源外流和组织不稳定性，但可能对合作社的资金流动和发展活力产生不利影响，在一定程度上对土地股份合作社的日常生产经营产生制约，故而需要审慎权衡。在确保合作社稳健经营的同时，应为股东提供一定的流动性和权益变现的机会。这种限制可能妨碍资本在合作社内部的灵活配置，进而影响合作社在市场竞争中的灵活性和应变能力。因此，在制定相关规定时，需综合考虑资本流动与合作社长远发展之间的平衡，以确保制度设计既有助于规范合作社的经营行为，又能够维护其良好的运营状态，对土地股份合作社的日常生产经营产生制约，从而保障农民相应权益。其二，农地抵押权受到法律制约。在我国相关法律规定中不允许集体所有土地使用权的抵押行为。[①]最高人民法院在2005年也明确指出，法律不予承认农地承包经营权抵押或用于偿还债务的行为。农地是农民的基本生活保障，禁止农地抵押贷款是增强合作社稳健性，提高农民对合作社的信任度的必然手段，但其同时也会限制合作社的资金积累，可能对合作社经济效益产生负面影响，不能充分保障入股农民的权益。

第二，入股门槛规定不全。为确保合作社能够在入股后实现对土地的有效管理和利用，对土地进行合理且有效的入股评估，是合作社在土地入股前至关重要的环节。然而，我国农地入股评估作价的具体规定尚不完善。作为一项重要的财产性权利，土地承包经营权的评估涉及多方面的因素，包括土地的地理位置、土壤质量、产出潜力等。因此，在制定土地入股评估标准时，应考虑到这些复杂因素，并采用科学、公正、透明的方法，以确保评估结果既能反映土地真实价值，又能维护合作社和股东的合法权益。作为重要的财产性权利，土地承包经营权的评估作价涉及复杂的法律和经济问题。目前的法规尚未明确定义农地入股的具体评估方法和标准，这可能导致评估结果的不确定性，进而影响合作社和农户之间的合作关系。[②]各地仅在本地区出台了相应规范。例如，浙江省规定入股农地需由全体合作社成员进行作价评估，并明确记录入股比例的总额。然而，部分地区合作社未遵循规范，采取私下协商、随意填报等方式，甚至以国家征收土地的补偿标准作为评估依据。这种不合理的评估定价方式会导致农民持有的合作社股份减少，影响其表决效力，不利于维护农民权益。总之，土地入股缺乏统一的估价标准，无法充分发挥其财产属性。

3. 改革举措

洋垾土地股份合作社整合处于闲置状态的土地资源，目的是提高农地的生产效益，以最

---

① 《民法典》第三百九十九条规定："下列财产不得抵押：（一）土地所有权；（二）宅基地、自留地、自留山等集体所有土地的使用权，但是法律规定可以抵押的除外；（三）学校、幼儿园、医疗机构等为公益目的成立的非营利法人的教育设施、医疗卫生设施和其他公益设施；（四）所有权、使用权不明或者有争议的财产；（五）依法被查封、扣押、监管的财产；（六）法律、行政法规规定不得抵押的其他财产。"

② 商悦. 土地股份合作社运行中的法律问题与对策研究[D]. 黑龙江：东北农业大学，2020：15.

大程度提升土地的市场价值。但是经调查发现洋埭村合作社存在"政经不分"的现象，主要体现为二者领导班子和管理人员相同，通常由村主任和书记来兼任其管理人。并且，合作社在资金、人员、物资等方面对政府部门也有着较大的依赖性，较难独立运营。洋埭合作社的股权设置以家庭为单位，为确保股权的安全稳定性，对农户社员随意退出和向非家庭成员进行股权转让进行了严厉禁止。合作社还对农地处分制定了十分严格的规章制度，包括限制农地的转让、出租以及破坏性使用等。此外，为充分保障社员的权利和履行义务，合作社在土地入股方面采取了一系列举措，其中之一是限制未经允许的农地入股后的土地用途变更。这一规定旨在确保社员土地的安全性和稳定性，以强调土地用途变更的合法性和透明性，通过规范程序和明确权限，确保土地使用的合理性和社员权益的保障，防止在未经协商和批准的情况下擅自改变土地用途。综合而言，农地承包方有必要与洋埭合作社展开全面沟通，遵循合作社的安排，并确保农地得到保护性合理利用。福建洋埭村的股权设置方式在四川、宁夏等地也得到了广泛应用。这一模式的推广不仅有助于提高土地资源的有效利用率，还为其他地区提供了成功经验和借鉴，为农地治理和合作社发展提供了启示。

（三）浙江新风土地股份合作社

1. 概况

新风村在农业结构调整方面取得了显著的成绩，非农产业已成为主要的经济来源。新风村划分为四个村民小组，截至 2000 年，共有 300 余户农户，村内居住着近 1 000 名农村居民，共有 478 名劳动力，其中仅有 17 人从事农业工作，其余的 461 人已经转向非农产业。根据农户调查，21 户中 16 户认为自家人均纯收入在 10 000 元以上，占 76.2%；4 户认为自家人均收入在 5 000~10 000 元，占 19.0%；仅有 1 户认为自家人均纯收入在 3 000 至 5 000 元。

全村土地资源分配的情况以及不同类型农户在税收方面有差异。全村水田面积达到 352.8 亩，而在二轮承包时，每位村民平均分得耕地 0.4 亩。种粮大户负责承包 88.2 亩责任田，除了缴纳农业税外，不需要向村里支付其他费用；而农户则无须缴纳农业税，该税款由村委会代为缴纳。截至 2000 年，全村的农业税总额为 15 378.22 元，种植大户平均每亩需支付 43.6 元的农业税。

2. 改革困境

首先，土地股份合作社经营运行方式不规范。其一，土地股份合作社的内部治理不健全。确保各方在合作社内享有平等的权利，并履行相应的义务，有助于促进协同合作与有效运作。合作社内部各利益主体权利义务的维护和规范是合作社持续发展的重要基础，从而有助于防范潜在的纠纷，维护社员、管理层等各方的合法权益。然而，当前对农村土地股份合作社内部治理结构的规范主要停留在原则性表述和基础层面，缺乏具体的执行办法，实践中需要进一步细化和完善内部治理的具体规定，以确保合作社的运营与发展能够有序进行。通过加强对内部治理的规范性要求，可以提高合作社内部运作的透明度和效率，为其可持续发展提供更为有力的制度支持。目前，大部分土地股份合作社缺乏专门监督管理部门与人员，管理者工作成效低下，不能为社员提供优良的管理服务。因此，需要进一步完善合作社的治理结构和监管体系，提高管理人员素质和能力，促进合作社的持续健康发展。其二，土地入股登记公示制度不完善。根据法律规定，物权的设立及变更须办理相应注册手续，以确保权利流转与变更过程的合规性。土地入股注册制度旨在确认耕地相关权益,并为后续流转奠定实践基础。然而,当前农村集体经营中尚无关于集体土地注册制度的规范,制约了农村集体经济的健康发展。

尽管《农村土地承包经营法》规定"以土地使用权为出资主体的,应当取得县级以上人民政府核发的股权证书,并予以清晰登记",但由于缺乏具体操作程序及明确法律条文,农村土地入股程序执行不尽完善,实际操作中存在较大随意性。此外,关于设立最小登记资金问题,现行法规尚未作出明确规定。最小认缴出资制度的不明确和不完善,导致农户在将土地承包经营权转让给合作社时面临风险。

其次,社员权益保障不完善。其一,破产清偿方面的保障存在不足。农产品生产与运营受制于自然环境和市场条件的变化,导致收入不稳定,进而对农村信用社产生影响。这种不确定性使得破产清偿过程面临更大的挑战,建立灵活的破产清偿程序以及规范各方利益关系的法律框架十分必要,以确保破产清偿过程的公正与有序进行。在加入合作社后,农业用地进入了合作社的规模化管理状态,农民没有了直接的收入,也失去了对土地的实际所有权。一些经营者的经营能力和对风险的认识与实际情况不相适应,很难应对这种风险。合作社通常仅规定分红事项,而对经营亏损及破产清算等事宜未作明确规定。实践中,合作社常将入股土地承包经营权作为抵押融资手段。若合作社经营陷入困境或破产,如果其他资产不足以偿还债务,农户股权可能被用于清偿,从而令农民失去土地及生活来源。许多合作社规定农户不得随意退股,使得农户在合作社经营困难或破产时难以维护自身利益。在合作社破产清算过程中,"已发生交易款项"的确认标准及农地强制执行的法律规定不明确,增加了操作实行的不规范性。其二,监督权和知情权的保障不完善。在合作社运营过程中,保障和落实社员权益极易被忽视。尽管合作社应秉持透明公开的原则,但由于相关法律法规尚不完善,缺乏强制性约束,农户的知情权往往难以得到充分保障。作为股东,农户有权了解合作社的经营状况,包括决策程序、表决方案等,以实现有效监督,避免权益受损。然而,现实中农户往往处于信息劣势地位,加之入股时跟随大流,对合作社的运营状况关注不足。农户依法享有土地使用、收益、流转权,并承担监督义务,但在实践中主动监督的意识不足,很大程度上依赖合作社自觉遵守规章制度。因此,激发农户主动行使监督权至关重要。其三,收益分配中的权利义务不清晰。首先,管理人员与农户在风险承担方面存在不平等,导致双方在收益分配上存在利益冲突。随着合作社内收益分配机制的改变,管理人员的投资风险逐步增加。部分管理人员曾是大型种植户,但农户入股后选择外出务工,导致决策权过度集中于管理人员。其次,集体组织与农户之间收益分配失衡,集体股占据绝大多数,而农户作为小股东获得的收益相对较低。大多数土地股份合作社采用"保底+成绩分红"的模式,以吸引农户入股,然而这也增加了合作社的经济负担。这使得收益分配与运营效益之间存在不匹配,对组织的持续发展造成不利影响。最后,在管理人员自负盈亏方面的保障措施上存在不足。为了解决这一问题,有必要调整合作社的经济激励机制,以更好地平衡农户权益与组织经济状况。同时,加强对管理人员的监督与激励,建立科学的绩效评价体系,以确保其在自负盈亏中能够更为谨慎而有效地运营。尽管部分合作社设立了"公积金"制度,但其资金往往仅够支付管理人员报酬和农用机械更新等费用。管理人员还需承担农机投资和合作社亏损等风险,导致职业经理人产生不满,加剧了成员间的内部矛盾。

3. 改革举措

浙江新风土地股份合作社的股权架构涉及三类主体，包括农户、集体经济和新风公司。农户通过股份成为合作社的成员，其入股的农地经营权与集体经济形成了有机的关联，共同构筑了合作社的经济基础。同时，新风公司通过资金投入获得相应的股份。农户通过参与股份合作，实现对农地的共同管理与受益，而集体经济和新风公司的参与则为合作社注入资金和经济支持，促进其可持续发展。在退股与转让方面，一般情况下不允许退股或是转让，但是在遵守章程并在董事会批准前提下，社员可以退股或转让。在股权证书发放方面，集体经济和新风公司并未配备相应证书，股权仅向农户发放。更为创新的是，新风合作社还采用招标、拍卖、挂拍这三种方式对外承包农用地，提高资源利用效率，推动农业规模化和科学化发展。公积金储备制度也是新风合作社的一大特色，确保了合作社持续、长期运营。该制度的措施是每年从盈利中提取部分作为盈余公积金，剩余部分用于向社员分红。合作社根据成员持有的股份数量，在经济效益允许的情况下，分红分为按比例发放的固定分红和按成绩分红两部分，新风村的运营模式已经在新疆沙湾市、山东东平县等地成功推广。这一运营模式不仅仅是农户自愿参与的结果，更得益于政策层面的支持。通过政策性补贴，合作社得以在吸引农户的同时，提升其经济效益。新风村的成功经验在多个地区得到了推广，进一步证明了其在推动农业合作社发展方面的可行性和有效性。这种模式的推广不仅有助于提升农业社区的整体经济水平，同时也为相关政策的制定提供了有益的实践经验。

第二节　农村集体经济组织特别法人制度的构建路径选择

从广义上说，在实务上与学理上，现行的乡村集体经济组织法人之法律形态，大致可归纳为：①经济合作社；②股份经济合作社，如前述的东升镇八家股份经济合作社、高青县联合股份制；③农村社区股份合作社，如前述的海淀区农村社区股份合作社、湖北襄州农村社区股份合作社、南京市江宁区农村社区股份合作社；④农民专业合作社，如前述的葫芦岛市农民专业合作社和高州市根子柏桥龙眼荔枝专业合作社；⑤公司、企业，如前述的"企业—集体—农民"模式和产业发展模式；⑥土地股份合作社。[①]问题是，众多试点模式中何种模式作为农村集体经济组织特别法人形态的具体路径较为合理，此为当前我国农村集体经济组织法律制度改革所面临的一个重要课题。下面将对村级集体经济组织的法律制度进行评价和理论思考，并对其进行分析探讨。

一、改革模式评述

关于农村集体经济组织法人的组织形式，我国现行法律体系尚无明确规定。此前实践与理论探讨虽然为其提供了宝贵经验，但仍然存在诸多争议。

[①] 应建均. 农村集体经济组织法人主体确定及其实现[D]. 重庆：西南政法大学，2018：12.

（一）农民专业合作社不宜成为法人现实路径

农村集体经济组织法人组织形式是农村经济发展中的重要方式之一。其中农民专业合作社是一种常见的农村合作经济组织形式。根据相关政策和《民法典》的规定，农民专业合作社需要进行登记，以便合法地进行运营管理。农民专业合作社的成立需要符合法律规定，并遵循地方性应对策略。政府应该加强对农村合作经济组织的指导和支持，确保其合法地运营。同时，农民专业合作社也需要遵守相关的法律法规，保证合作社的运营和管理符合法律要求。农民专业合作社的登记是非常重要的一步，这样可以确保合作社的合法地位，也方便政府对合作社进行监管和管理。登记过程中，合作社需要提供相关的材料和证明文件，以便证明其合法性和经营范围。政府机构会对这些材料进行审核，并决定是否批准合作社的登记。一旦合作社完成了登记，就可以正式开始运营了。合作社的运营管理需要遵循运作规范，确保合作社的经营活动符合法律法规，并且能够实现经济效益和社会效益的双赢。合作社应该建立健全的管理制度，加强内部监督和外部监管，提高运营效率和管理水平。农村社区股份合作社是农民专业合作社的一种重要形式。这种合作社以股份制为基础，将农民的土地、劳动和资金等资源进行有机结合，实现农村经济的发展和农民收入的增加。政府应该加强对农村社区股份合作社的支持和引导，为其提供政策和资金的支持，促进其良性发展。总之，农村集体经济组织法人组织形式，在农村经济发展中发挥着重要作用，政府和农民合作社都应该按照法律规定和相关政策要求，合法地进行登记和运营管理，以促进农村经济的发展和农民的收入增加。然而，我们必须认识到，这种方法是暂时的，在《民法典》实施的背景下，继续采用将农村社区股份合作社登记为农民专业合作社或直接采用农民专业合作社组织形式的做法已不再适宜。如上海市就在2017年7月发布了《关于做好本市农村集体经济组织证明书换发工作的通知》（沪农委〔2017〕172号），并于2017年10月底全面启动农村集体经济组织法人登记证书换证赋码工作。相应地，对主张农村集体经济组织法人应进行农民专业合作社改造的观点，不再予以支持。[①]

（二）企业法人不宜成为法人现实路径

在农村集体经济组织法人的组织形式问题上，在实践过程中，我国形成了诸如"企业—集体—农民"模式以及产业发展模式等多种形态，与此同时，理论层面亦提出了企业公司化改造与企业改革等策略。然而，这些实践以及观点并未获得部分学者和部门的支持。部分学者认为这种改造不仅不切实际，而且不适合推行。首先他们指出，当前我国农村集体资产的运营已经采取了多种形式，如承包、租赁和参股等，现有运营方式有效且风险低。其次认为，如果实施农村集体经济组织的企业化改造，将需要建立一个与党支部和村民委员会并列的村经济合作社领导结构。那么无论这些机构是否存在交叉任职，这样的设置都将导致村民自治系统的政治民主与农村集体经济组织的经济民主同时运作，这必然会增加制度成本，产生负面效应。最后他们还进一步强调，集体经济组织的本质是为农民服务，企业化改造可能使其偏离初衷，导致异化。

而有关部门的反对主要来自农业部，着重体现在其对人大代表和政协委员提案的公开回复中。在《农业部对十二届全国人大五次会议第8811号建议的答复》中，农业部表示"农村

---

① 应建均. 农村集体经济组织法人主体确定及其实现[D]. 重庆：西南政法大学，2018：23.

集体经济组织,承载着集体资产管理的使命,为农民谋求福祉,其名称可以是经济合作社或股份经济合作社,其在管理集体资产、发展集体经济及为集体成员提供服务等方面具有重要作用"。值得注意的是,农村集体产权制度改革与工商企业股份制改革是有所区别的。因此,现阶段不能仅按照股份公司模式对农村集体经济组织进行改造,改革的核心方向应为实施股份合作制。

在理论层面,公司是农村集体经济组织可以选择的法人组织形式,但在实际操作中,这种方式并不具备典型性。原因如下:首先,农村集体经济组织进行公司化改造需满足条件。这要求社区公共开支由公共财政承担,以确保改制的"公司"与其他工商企业待遇相同。但一些地方在公共财政无力承担的情况下仍进行改造,导致权利和义务的不对称。其次,公司与农村集体经济组织存在差异。《公司法》规定有限责任公司股东人数不得超过 50 人,而农村集体经济组织的成员数量远超此限制。因此,超出的成员只能以"隐名股东"身份存在,这对其权益保障产生负面影响。学者指出,现行《公司法》参照西方公司类型,需根据实际情况进行修改。综上,农村集体经济组织选择公司作为法人组织形式存在理论和实际矛盾,如作为企业法人税收主体资格问题应当如何认定,公共资源运转经费是否能由财政全额承担等一系列问题,故而不宜选择公司作为法人的实现路径。为解决这些问题,需修订《公司法》相关内容以适应实际情况,同时政府在推进改造时应考虑公共财政承受能力,确保权利和义务对称,这样才能更好地发挥公司在推动农村集体经济组织发展中的作用。

(三)土地股份合作社不宜成为法人现实路径

在我国农村改革进程中,土地股份合作社与农村社区股份合作社作为新型农村经济组织,影响日益增大。这些合作社多以村庄为单位组建,有助于发挥农村社区优势,推动经济发展。1982 年《宪法》修改后,政社分开,人民公社体制被取代,为农村社区股份合作社提供了法律基础,使其在农村地区获得合法地位。

1984 年,中共中央在《关于一九八四年农村工作的通知》中,针对我国农村经济发展现状,提出了一系列重要政策措施。其中,构建统分结合的双层经营体制以及设立以土地公有制为基础的地区性合作经济组织,被视为两项关键性的措施。因此,之前有学者将土地股份合作社归属于农村集体经济组织,出现了实践中的以土地股份合作社为农村集体经济组织特别法人的改革模式。笔者认为,土地股份合作社确属合作社性质,但不宜纳入农村集体经济组织。主要原因如下:

从农村土地股份合作社的制度特性上看,它是在土地承包经营权的基础上形成的,通过统分结合的方式实现了双层经营体制。在这种合作社中,土地联产承包制与股份化、资本化运作相结合,实现了农地资源的优化配置和农村社区的稳定发展,但农村土地股份合作社的出现面临着一些挑战。首先,土地流转制度的不完善使得集体所有制的土地经营权成为合作社的标的,如何在合作社中实现土地承包经营权的折价入股成为一个问题。其次,农村社区中分散的农户利益需要通过重组和股份制的方式来解决,以促进规模化经营和现代农业的发展。此外,农业经营效益的提升也需要考虑合作社的法律属性和农村集体经济组织的运营机制。

故即使农村土地股份合作社为农村社区带来了优化配置土地资源、提高土地利用效率等好处,但其仍与农村集体经济组织的典型代表"农村社区股份合作社"存在明显区别。首先,对于合作社,包括农村土地股份合作社等,其产权性质的界定涉及多种理论。然而,可以确定的是,作为法人实体,农村土地股份合作社对其出资财产具有所有权。相较之下,农村社区股份合作社属于集体所有制范畴,其股权配置是在资产量化基础上进行的。其次,农村土地股份合作社是为了激活土地经营权、推动农业实现适度规模经营而设立的。它的目标是助力农村产业复兴,提高农民的资产性收入。此外,农村社区股份合作社设立的主要目的还包括推动农村集体产权制度改革,实现农民集体土地的经营管理者的地位转变。通过改制,农户家庭可以作为入股主体,参与集体经济组织的运营。因此,农村土地股份合作社在制度功能上并不能有效涵盖农村集体经济组织的全部职能,不宜选择其作为农村集体经济组织特别法人的现实路径。

二、纵向路径选择

1978年之前,我国农村集体经济组织主要呈现为公社、村和村民小组三种形态。然而,之后在构建农村集体经济组织的过程中,各地区出现了差异。部分选择了三级结构,另一些则仅选择了一级或两级。关于是否设立三级法人的问题,学术界存在不同观点。

根据2016年中共中央、国务院发布的《产权制度改革的意见》,我国农村集体产权制度改革已进入关键阶段。在这一阶段,明确农村集体经济组织法人的纵向组织架构显得尤为重要。该意见明确提出:"在清产核资的基础上,将农村集体资产的所有权确权到不同层级的农村集体经济组织成员集体,并依法由农村集体经济组织代表集体行使所有权。"这一政策表明,在农村集体产权制度改革过程中,应对农村集体经济组织法人的纵向组织架构进行明确定义,以确保农村集体资产的合法权益得到有效保障。因此,明晰的法人纵向组织结构不仅有助于明确农村集体资产所有权,还有助于农村集体经济组织代表集体依法行使所有权,从而维护农村集体资产的合法权益。①

(一) 乡镇级

乡镇集体经济组织是指在乡镇地区集体所有制下,由乡镇农民集体共同出资、共同经营、共同受益的经济组织。农村集体资产是指农村集体经济组织和农民集体拥有的土地、林木、水面、建筑物等财产。在我国,农村集体经济组织法人的设立和管理受到《农村集体经济组织法人设立和管理条例》的规范。该条例明确了农村集体经济组织法人的设立条件、组织形式、权利义务等方面的内容,保障了农村集体经济组织法人的合法权益。此前,我国农村集体经济组织法人的管理模式表现出"政经合一"的特点,即乡镇政府兼任农村集体经济组织法人的管理者。然而,随着改革开放的深入推进,我国农村经济发展日益壮大,"政经合一"已经无法适应发展的需要。因此,我国农村集体经济组织法人的管理模式发生了变化,开始逐步实现"政经分开"。目前,我国的乡镇政府不再直接管理农村集体经济组织法人,而是由农民代表大会或者农民委员会行使农村集体经济组织法人的权利。乡镇政府则负责协助农村集体经济组织法人开展经济活动,发挥经济职能。此外,我国的《物权法》也对农村集体经济组织法人的所有权进行了规定。根据《物权法》,农村集体经济组织法人享有其名下农

---

① 梁春梅,李晓楠.农村集体产权制度改革的减贫机制研究[J].理论学刊,2018(4):55-61.

村集体资产的所有权,并依法管理、使用、收益和处分这些资产。总的来说,农村集体经济组织法人的设立和管理是我国农村经济发展的重要组成部分。通过改革创新,我国的农村集体经济组织法人管理模式不断完善,为农民集体的发展和农村经济的繁荣做出了贡献。

(二)村级

农村集体经济是农村地区的一种特殊经济组织形式,是农村集体财产和农民实际控制权的具体体现。农村集体经济的资产架构主要包括农用地、房屋、农田水利设施、农机具、股权、农村企业等。在农村社会中,村级组织是农村集体经济的重要载体,其作用是协调和组织农户开展经济活动,管理农村集体财产。然而,近年来农村集体经济面临着一些问题。一方面,农村村级组织的功能弱化问题比较突出。由于管理真空和功能弱化,村级组织在农村集体经济中的作用逐渐减弱。另一方面,农村集体经济的资产负债和债务清算问题也亟待解决。由于缺乏有效的财务管理且资产负债情况不明晰,农村集体经济面临着债务风险和财产基础不稳定的困扰。为了解决这些问题,我国农村产权体系改革不断推进。首先,农民的经济权益得到了保障,农村集体经济的法人实体地位得到了确立。这一改革措施使得村民集体能够更好地行使经济权益,增强了农村集体经济组织的责任主体性。其次,农村产权制度改革进一步完善了农村集体产权的法人制度建设,提高了农村集体经济的组织稳定性。此外,农村集体资产管理制度的建设也取得了显著成效,通过村委会的参与,农村集体经济的管理得到了规范和监督。然而,农村集体经济仍然面临一些挑战。首先,由于历史原因和组织稳定性的不足,农村集体经济的职能履行还存在一定困难。其次,农村集体经济的成员基础相对较弱,导致其在经济活动中面临一定的竞争压力。此外,农村集体经济的村级债务问题也需要得到重视,应加强债务风险的防范和清算工作。为了进一步推动农村集体经济的发展,需要加强农村集体资产管理制度的建设,加强对农村集体经济的法律保护和监督。同时,还应加强农村集体经济组织的培育和发展,提高其在农村经济中的竞争力和创造力。只有这样才能实现农村集体经济的可持续发展,为农民创造更多的福祉和财富。

(三)组级

在我国乡村体系中,村民小组作为基层农村集体经济实体发育迟滞,导致资源配置模糊和权属界定不明确的问题。因此,需要构建合法的村级集体经济组织法人实体。村民小组作为农村土地所有权的核心主体之一,提供了必要的人员构成基础。此外,一定规模的农村集体资产处于村民小组控制之下,表明村级集体经济组织法人在财产层面有着坚实的基础。村民小组经历了多个阶段,传承历史脉络,具有稳定性。村委会作为基层组织,承担着管理村内集体资产的重要职责。为了保障村民的合法权益,应当依法进行管理,明晰管理主体,建立健全的农村集体经济组织法人制度。通过设立村内集体经济组织,将村民小组和村委会的职责划分清晰,平衡和保障各方的权益。村委会应当在法律框架下履行职能,并与村内集体经济组织相结合,明确各方的权责,保护农民集体的合法权益,促进农村经济的可持续发展。

三、横向路径选择

（一）股份经济合作社

股份经济合作体，即股份合作法人构架，是一种集体经济的创新模式，融合了合作与股份两种制度的优势。该构架将资本与劳动协作相结合，开创了社会主义市场经济体系下集体经济的全新篇章。在这一模式下，资本所有权与劳动者权益并重，实现互利共生，使股份合作制在当代生产力结构中占据核心地位。股份合作制并非简单地将合作制与股份制叠加，而是二者的深度融合。尤其在农村领域，这种融合具有划时代意义。以"股份合作社"为代表的农村集体经济体，其法人形态各异。例如，上海的社区经济合作社依靠"证明书"取得法人地位，而社区股份合作社则按照农民专业合作社法人标准运作。这种股份合作制的实践彰显了合作与共享的精神，对农村经济结构的优化起到积极推动作用。

自党的十八大以来，乡村经济团体稳步推行股份合作革新，主要分为社区型与农地（土地）股份合作两大路径。前者在保持土地集体所有权及集体资产完整性的基础上，实施负债剥离与资产评估，将资产转化为股份，确保成员平等参与运营、盈利及决策。该模式在北京、上海、深圳等发达地区实践。后者在土地权属明晰后，遵循法定、自愿、有偿原则，通过土地股份合作促进农户土地承包权益流动，在中西部欠发达地区推广。学术界多数学者认为股份合作制法人构型是乡村集体经济团体变革的推荐方向。他们论证其强适应性与广泛兼容性，预测其为未来改革趋势。四川都江堰及广东、浙江等地已率先采纳此模式。这种改革有助于提升经济效益，增强农民主体意识，为乡村经济发展注入新活力。[①]

（二）农村社区股份合作社

在深入观察与分析后，研究者得出以下结论：农村社区股份合作社作为一种在乡村地带广泛采用的股份合作模式，突出表现在其巧妙地维系了生产资料的集体所有权。本质上，这种结构通过将集体资产折股量化，并据此在社员间分配，构建了一个既融合股份制效率又保留合作制公平性的治理框架。这一创新经济实体，凭借合作与合资的双重力量，演化出了高度适应性和动态可调性的制度设计。在乡村集体经济体系的改革演进中，农村社区股份合作社展现出其特有的法人形态及完备的法人构架。股份合作社的资本构成以股份为核心，成员间通过共同投资与劳作，实现了资本和劳动的有机结合。这种模式不仅确保了按投资和劳动贡献进行收益分配，同时也在权益共享、风险共担的原则下，推动了自主经营、独立核算。这是现代企业制度在农村经济领域的创新实践，其卓越成效已被证实。农村社区股份合作社不仅是乡村产权体制变革的关键，更是一种兼具传统与创新、和谐与发展的经营机制。它既延续了合作制的本质，又有效利用了股份制的动力，为农村集体经济的发展注入了强劲动力。[②]

在探讨农村社区股份合作社的法人属性时，可以发现它既是股份合作制的典型实践，又是中国特色社会主义农村集体经济组织的独特产物。在法律层面，这种组织应被视为具有特殊法人地位的实体，这一地位反映了其复杂而多元的特性。具体来讲，社区股份合作社首先

---

① 赵万一，张长健.农村集体经济组织法权关系的创新——以社区型股份合作制法人组织的构建为研究对象[J].西南民族大学学报（人文社会科学版），2012，33（6）：87.
② 郭雅芬.农村社区股份合作社法人治理机制研究[D].上海：华东政法大学，2019：22.

表现出企业法人的特征。它独立参与市场经济，通过对农村集体资产的经营管理，追求利润最大化，推动资产保值增值，并通过组织成员的生产经营活动，增进成员经济福利。此外，社区股份合作社还呈现出社团法人的特征，不仅因其固有的社团属性，也因为其承担了一定的社会管理与服务职能。在当前的政策背景下，村级公共产品和服务往往由这样的组织来提供，从而减轻国家财政的负担。然而，受限于我国地区发展的不均衡性，这种模式在实践中可能导致区域间发展的不平衡。城乡差距的显著性，以及资源的不对等分布，使得同一区域内的社区股份合作社在提供公共产品时存在显著差异。东部地区农村的城市化水平高，使得那里的社区股份合作社在收益分配和公共服务方面表现更加优异；而多数农村地区的合作社规模较小，其所能提供的公共服务有限，农民收益也随之受限。综合以上分析，社区股份合作社的法人属性不仅仅局限于企业法人的经济角色，它超越了基层行政组织和普通社团组织的框架，具备经济、行政以及社会团体的综合特征，其中经济与社会职能尤为显著。这种法人实体的独特性在我国社会主义市场经济体系中具有重要的理论与实践意义，对农村集体经济的发展和农民的福祉产生深远影响。

  从上述分析可见，农村社区股份合作社在其内涵与本质上与农村集体经济组织特别法人的内涵与本质最为贴切，应当成为比较理想的特别法人形态，但其名称不应仅限定为"社区股份合作社"，还应根据具体的情况在保持农村集体经济组织特别法人"内核"的同时选择经济合作社（包括经济联合社、经济联合总社）、股份经济合作社（包括股份经济合作联合社、股份经济合作联合总社）、农村社区股份合作社等名称与外在形式。[①]

[①] 管洪彦. 农村集体经济组织设立"特别性"的基本法理与立法表达[J]. 江西社学，2022，42（10）：168.

第六章　农村集体经济组织特别法人制度之构建核心

第一节　农村集体经济组织特别法人财产制度构建

法人应当具有自己的财产，并以该财产独立承担民事责任。农村集体经济组织法人作为我国《民法典》构建的法人体系下的特别法人，理应遵循其上位概念"法人"的一般规定，即具有独立的法人财产和契合自身的财产管理、运行制度。然而，对于农村集体经济组织特别法人财产制度的构建而言，目前仍存在财产来源不明和财产权行使规则不完备的问题。基于农村集体经济组织特别法人的特别属性，其在财产、成员、管理等多方面与其他法人存在不同，故在财产制度构建过程中，应结合其财产来源、财产类别、财产权属的特别性，对法人财产制度的管理与运行进行特殊规定。

一、农村集体经济组织特别法人的财产来源

（一）理论争议

农村集体经济组织兼具营利性与互益性，其法人财产并非如同公司一般全部由股东出资。但如何确认其法人财产、财产来源如何判定，目前却并无法律明文规定，且法学理论界也存在较大争议。

有观点认为，从法律文义直接进行解释，得出农民集体是集体财产的所有权主体，而农村集体经济组织仅代为经营、管理的结论[1]，故提出，农村集体经济组织为集体财产的代表行使主体，仅负责管理与经营，并不承担责任，故其无独立的法人财产。[2]也有观点认为，农村集体经济组织可以有自己的财产，基于特别法人地位带来的特别性，其财产主要是将集体资产折股量化和股份化后所形成的成员股权。[3]但有观点则认为，农村集体经济组织的法人财产就是农民集体所有的全部财产，而其中部分类型的财产由于具有公益属性而不能被折股量化，

---

[1] 《民法典》第二百六十一条第一款规定："农民集体所有的不动产和动产，属于本集体成员集体所有。"《土地管理法》第十一条规定："农民集体所有的土地依法属于村农民集体所有的，由村集体经济组织或者村民委员会经营、管理。"

[2] 高海. 论集体土地股份化与集体土地所有权的坚持[J]，法律科学（西北政法大学学报），2019（1）：169-179.

[3] 焦富民. 《民法总则》视域下农村集体经济组织制度研究[J]. 江海学刊，2019（5）：240-246.

也因此不能作为农村集体经济组织的责任财产。[1]而有学者从农村集体经济组织的历史沿革出发，认为其财产应主要来源于农业合作运动时期，生产资料由私有制转变为公有制并确立土地集体所有后，所形成的以集体土地为基本生产资料的合作社公有制财产。[2]还有学者提出，可根据信托理论构建农民集体所有权的代表行使规则，除依法不得转让的财产外，都可以成为信托财产，农村集体经济组织是信托受托人，而农民集体则是委托人。[3]除此之外，有观点根据《产权制度改革的意见》对集体资产的划分方式，提出农村集体经济组织特别法人的法人财产应主要来源于集体资产中的经营性资产。[4]

综上，学界从责任承担主体、农村集体经济组织改革方式、农民集体与农村集体经济组织关系、农村集体经济组织历史成因、财产性质等多方面展开论证，对农村集体经济组织的财产来源形成了多种观点，至今并无统一标准。事实上，在农村集体产权制度改革的进程中，《产权制度改革的意见》所提出的财产分类管理方式对于农村集体经济组织法人依法参与市场活动具有积极意义。从农村集体经济组织特别的历史沿革与多重的价值目标来看，其财产的范围、种类具有复杂性，且对其财产来源的判断并不应以单一标准作为依据，而应结合其在历史、性质、改革等方面的特别性加以综合判断。

（二）来源认定

应当说，依法设立的农村集体经济组织特别法人作为我国法人治理体系中的一环，需遵循法人的一般规定，即具有能够独立行使所有权并依法对外承担责任的法人财产。而对于农村集体经济组织特别法人的财产来源，则应当综合多方面因素加以认定。结合历史因素，农村集体经济组织特别法人的财产来源应包含农业合作社运动时期农民的入社财产；[5]结合组织性质，农村集体经济组织特别法人的财产来源应包含人民公社体制结束后，各形式的集体经济组织从事生产经营所积累的集体财产；结合改革进程，农村集体经济组织特别法人的财产来源应包含国家、地方所提供的财政补助与其他依法交由集体经济组织使用的财产；结合市场发展，农村集体经济组织特别法人的财产来源也应包含其向社会筹集或由市场注入的资金。具体理由如下。

首先，从历史因素考虑，1955 年的《农业生产合作社示范章程》与 1956 年的《高级农业生产合作社示范章程》分别明确了农业生产合作社、高级农业生产合作社是我国的集体经济组织，且高级农业生产合作社确立了土地集体所有制度，具有完全社会主义性质。基于此，农业合作社运动时期农民的入社财产，如土地、较大型的农具、耕牛等均属于集体资产，应当作为农村集体经济组织特别法人的财产来源之一。同时，在历史因素的影响下，农村集体经济组织还具有社区性这一地域特征。农村集体经济组织作为经长期历史变迁而形成的社区

---

[1] 林广会. 农村集体产权制度改革背景下集体所有权主体制度的机遇与展望[J]. 求是学刊，2020（3）：95-106.
[2] 屈茂辉. 农村集体经济组织法人制度研究[J]. 政法论坛，2018（2）：29.
[3] 吴昭军. 农村集体经济组织"代表集体行使所有权"的法权关系界定[J]. 农业经济问题，2019（7）：37-46.
[4] 房绍坤，袁晓燕. 农村集体经济组织特别法人制度建构[J]. 上海政法学院学报（法治论丛），2021（3）：5.
[5] 任大鹏，吕晓娟. 农村集体经济组织财产制度构建的法律问题探究[J]. 中国农业大学学报（社会科学版），2023（3）：185.

性经济组织，呈现出强烈的地域性特点。因此，对于集体所有的土地和森林、山岭、草原、荒地、滩涂等资源性资产，农村集体经济组织应当具有管理、使用的基本权能。现随着"三权分置"制度与农村集体产权制度改革的推进，资源性资产的财产属性日益凸显。通过将基于农村土地而产生的用益物权进行剥离并参与市场流转，农村集体经济组织特别法人的财产来源渐渐丰富，各地区的改革举措也为其资源利用与经济发展提供了新进路。

其次，农村集体经济组织具有发展农村经济的基本目标，其在从事生产经营的过程中所积累的财产是集体财产的重要组成部分。因此，虽然农村集体经济组织对内具有互助公益性，但同样具有"开发资源、发展经济"的营利性。《产权制度改革的意见》将集体资产进行资源性资产、经营性资产和非经营资产的种类划分，目的便在于保障农民集体资产不流失的前提下，鼓励并大力支持农村集体经济组织广泛参与市场化经营，积极开发集体资源，通过农业养殖业、休闲旅游业、土地租赁业等多种方式发展集体经济，创造收益，加快实现全体农民集体成员共同富裕的奋斗目标。对此，便需要农村集体经济组织充分参与市场经济活动，做到真正意义上的市场融入。而根据政策要求，集体资产中的经营性资产便承担此重任。农村集体经济组织作为依法参与市场经济活动的民事主体，由其对相关资产进行使用与管理乃是应有之义。故以集体经济组织从事生产经营过程中所积累财产为代表的经营性资产，应当是农村集体经济组织法人财产的重要来源。

最后，国家、地方所提供的财政补助与其他依法交由集体经济组织使用的财产以及向社会筹集的资金同样属于农村集体经济组织财产的重要组成部分。自2016年《产权制度改革的意见》颁布以来，农村集体经济组织的发展与制度构建广受关注。除通过法律规定赋予其法人资格、鼓励参与市场活动外，国家与地方上的政策支持从未间断，如2017年中央一号文件所提到的完善农业补贴、完善农机购置补贴、健全林业补贴、扩大湿地补偿、支持农村基建、筹集市场资金、保障农村财政支出的优先等。[①]随着惠农政策的不断加强，财政补助财产、市场支持资金在农村集体经济的财产构成中占比越来越高，这不仅促使各新型农村集体经济组织蓬勃发展，更是新时代乡村经济振兴的标志。

二、农村集体经济组织特别法人的财产类别

基于农村集体经济组织财产的基本特征与使用目的，理论界对农村集体经济组织财产类型的划分主要参照《产权制度改革的意见》中"资源性资产、经营性资产和非经营性资产"的分类方式。其中资源性资产谋求稳定长久，经营性资产通过折股量化，意在利益增长与成

[①] 2017年《中共中央、国务院关于深入推进农业供给侧结构性改革加快培育农业农村发展新动能的若干意见》提到要"完善农业补贴制度。进一步提高农业补贴政策的指向性和精准性，重点补主产区、适度规模经营、农民收入、绿色生态。深入推进农业'三项补贴'制度改革"。"完善农机购置补贴政策，加大对粮棉油糖和饲草料生产全程机械化所需机具的补贴力度。""健全林业补贴政策，扩大湿地生态效益补偿实施范围。""坚持把农业农村作为财政支出的优先保障领域，确保农业农村投入适度增加，着力优化投入结构，创新使用方式，提升支农效能。固定资产投资继续向农业农村倾斜。发挥规划统筹引领作用，多层次多形式推进涉农资金整合。""鼓励地方政府和社会资本设立各类农业农村发展投资基金。加大地方政府债券支持农村基础设施建设力度。在符合有关法律和规定的前提下，探索以市场化方式筹集资金，用于农业农村建设。"

员分享，非经营性资产则凸显公益。[①]但农村集体经济组织各部分财产的来源因历史原因、长期经营积累而存在差异，如何在用途上对其进行归位并实现制度化管理，目前尚不明确，故立法上对此应当予以积极回应。

（一）资源性资产

根据《产权制度改革的意见》第二条的认定，资源性资产包括"农民集体所有的土地、森林、山岭、草原、荒地、滩涂等"财产。除此之外，《农村集体经济组织法》第三十六条第一款明确规定"集体所有的土地和森林、山岭、草原、荒地、滩涂"属于集体财产。可见，《产权制度改革的意见》等文件对集体资产范围所提出的政策性标准，在立法上得到采纳并予以确定。观其特征，该部分财产主要以土地的形式体现。就财产性质而言，资源性资产是集体所有的土地，是我国集体所有制的基石，是集体成员最基本的生产资料，也是农民集体最重要的资产。就财产来源而言，资源性财产主要来源于农业合作社运动时期农民的入社财产，也正是在此过程中，农民开始失去对土地和基本生产资料的所有权，伴随社会主义进程的发展，转而逐渐由农民集体对土地和基本生产资料享有所有权。

农村集体资源性资产基于其性质，不可分割、无法转让，在确保该部分资产稳固的前提下，稳定带来集体收益，凸显集体保障权能，是农村集体经济组织特别法人财产制度构建过程中需明确的基本内容。

（二）经营性资产

为完善农村基本经营制度，增强农村经济发展活力，应当着重激发农村集体经济组织的营利职能，加快市场融入，提高市场认可度。故在农村集体经济组织特别法人构建的过程中，经营性资产是实现农村广泛参与市场化经营活动，引领农民逐步实现共同富裕的关键财产，也是我国农村集体财产股份合作制改革，以份额形式量化到本社成员的最主要财产。

虽然《产权制度改革的意见》第二条对经营性资产进行了"用于经营的房屋、建筑物、机器设备、工具器具、农业基础设施、集体投资兴办的企业及其所持有的其他经济组织的资产份额、无形资产等"的列举式说明，但该条内容其实并不能完全涵盖符合"通过生产经营所积累，用于经营与发展，带来利益增长与成员收益"这一特点的全部财产。应当注意的是，虽然《农村集体经济组织法》第三十六条对集体财产的范围作出列举式的规定，但该条并未对集体财产的类别进行划分，也未对各财产类别的范围予以明确。而此类规定的缺失或不明确，势必影响我国农村集体财产股份合作制改革进程，也或将导致部分资产无法及时参与市场化经营活动，不利于及时盘活农村资产，增加农民财产性收入的目标实现。基于此，对经营性资产的范围划定尤为重要。

首先，经营性资产在经济学领域是指能够进入市场流通领域、为市场提供商品的资产，而在会计学领域则是指市场主体在生产经营活动中以盈利为目的而持有的具有较强盈利能力

[①] 房绍坤，袁晓燕.农村集体经济组织特别法人制度建构[J]. 上海政法学院学报，2021（3）：7.

的资产[1]，故该部分财产有着较强的市场化属性。其次，作为农民集体的经营性资产，应当契合折股量化和股份合作制改革的基本目标，实现集体成员增收与农民集体的共同富裕。综上，该部分财产不仅应满足参与市场、追求利益的基本属性，同时还需要满足折股量化、内部分配的功能需求。

事实上，集体土地作为广大农民集体的基本生产资料，往往在农民资产中占据主要地位。特别是对于欠发达地区的农民集体而言，其经营性资产有限，若其经营性资产仅限于《产权制度改革的意见》中所列举的几类，将导致该地区的农村集体经济组织能够用于经营发展的财产稀薄，无法有效发展集体经济。因此，在《产权制度改革的意见》第二条列举的经营性资产基础上，《农村集体经济组织法》第三十六条、第四十条将"集体所有的建筑物、生产设施、农田水利设施""集体所有的资金""集体投资兴办的企业和集体持有的其他经济组织的股权及其他投资性权利""集体所有的无形资产"及"集体所有的接受国家扶持、社会捐赠、减免税费等形成的财产"认定为经营性资产。集体所有的资金往往是农村集体经济组织在生产经营过程中积累而来的，该部分财产不论从性质还是从来源来判定，当属经营性资产，无须争议。而对于缺乏市场经验的农村集体经济组织，其积累的经营性资产更少，而通过国家扶持所获取的资金或经社会捐赠所获得的，基本是为弥补其经营性资金缺漏而交予农村集体经济组织所行使的。故从财产使用目的出发，国家、地方所提供的财政补助本质目的在于加强农村集体经济组织的经营能力，促进农村经济发展，同样应当归属于经营性资产。除此以外，对于土地、森林、草原等农民集体资源性资产，在三权分置改革的背景下，土地经营权等权利的流转赋予此类用益物权更多的经济属性。虽然学界对土地经营权或宅基地使用权的权利性质存在不同认识，但其流转过程中并不改变集体土地所有权这一根本性质，即流转的结果不会导致资源性资产的流失，且《农村土地承包法》也明确农民集体四荒地可实行承包经营和股份合作经营。[2]因此，《农村集体经济组织法》将此类财产纳入经营性资产的范畴，或将更有利于农村经济的激活与快速发展。[3]

（三）非经营性资产

《产权制度改革的意见》第二条提出"教育、科技、文化、卫生、体育"等方面集体财产为非经营性资产，且此部分财产的集体所有属性也得到国家立法的支持（《农村集体经济组织法》第三十六条规定"集体所有的教育、科技、文化和旅游、卫生、体育、交通等设施和农村人居环境基础设施"同样属于集体财产）。除此之外，地方层面的立法如四川、黑龙江均认定集体所有的教育、科学、文化、卫生、体育等具有公共服务职能的设施、财产属于

---

[1] 钱爱民，张新民. 经营性资产：概念界定与质量评价[J]. 会计研究，2009（8）：54.
[2] 《农村土地承包法》第五十条："荒山、荒沟、荒丘、荒滩等可以直接通过招标、拍卖、公开协商等方式实行承包经营，也可以将土地经营权折股分给本集体经济组织成员后，再实行承包经营或者股份合作经营。承包荒山、荒沟、荒丘、荒滩的，应当遵守有关法律、行政法规的规定，防止水土流失，保护生态环境。"
[3] 根据《农村集体经济组织法》第三十六条第一款、第四十条第二款的规定，经营性资产还包括集体所有的土地和森林、山岭、草原、荒地、滩涂中可以依法入市、流转的财产用益物权。

集体资产。[1]

从农村集体经济组织的属性来看，为保障其服务集体成员的公共职能的实现，保护和发展农民作为农村集体经济组织成员的合法权益是农村集体经济组织的基本职责。相较于集体所有的经营性资产，该部分财产的作用主要在于对农民集体权益的保护而非对外营利。因此，将此类具有公共服务职能的财产纳入集体财产中非经营性资产的范围，乃是其财产性质的应有之义。

值得一提的是，2022年12月30日发布的《农村集体经济组织法（草案）》在第五条对农村集体经济组织的职能职责进行了明确规定，其中包括"为成员提供教育、文化、卫生、体育、养老等服务，或者对村民委员会提供服务给予资金等支持"，但2023年12月29日发布的《农村集体经济组织法（草案）》（二次审议稿）以及2024年6月28日发布的《农村集体经济组织法》最终均选择将该部分职能剔除在法条规定之外[2]，以突出其经济职能，促进"政经分离"。而本书认为，该做法在现阶段仍有待商榷。从农村集体经济组织应然的职能范围来看，《农村集体经济组织法》第五条第九款、第十款均规定其具有为集体成员提供技术、信息等服务，并支持、配合村民自治等公共职能；[3]从立法构建的体系衔接上看，《农村集体经济组织法》第三十六条第三款已然将"集体所有的教育、科技、文化、卫生、体育、交通等设施和农村人居环境基础设施"纳入集体财产范围，则农村集体经济组织管理、使用此部分非经营性资产为集体成员提供或配合村委会提供"教育、文化、卫生、体育、养老等服务"，行使公共服务职能，应属其当然之职能范围。

三、农村集体经济组织特别法人的财产权属

明晰农村集体经济组织特别法人的财产权属关系，应当回到农村集体经济组织与农民集体关系认定这一基础性问题上。在理论层面，有学者基于集体所有制在法律上的表达而认为

---

[1] 《四川省农村集体经济组织条例》第二十九条规定："农村集体资产受法律保护，任何单位和个人不得挪用、侵占和损害。农村集体资产具体包括：（一）依法属于集体所有的土地、森林、山岭、草原、荒地、滩涂等资源性资产；（二）集体所有的用于经营的建筑物、构筑物、设施设备、无形资产、集体投资形成的投资权益等经营性资产；（三）集体所有的用于公共服务的教育、科技、文化、卫生、体育、交通等方面的非经营性资产；（四）依法属于集体所有的其他资产。农村集体经济组织通过接受政府拨款等投入，社会捐赠、群众自筹等途径所形成的资产，属于农村集体资产。"《黑龙江省农村集体经济组织条例》第二十四条规定："农村集体经济组织行使集体资产所有权，负责经营管理下列资产：（一）法律规定属于集体所有的土地和森林、山岭、草原、荒地、滩涂；（二）集体所有的建筑物、生产设施、农田水利设施；（三）集体所有的教育、科学、文化、卫生、体育等设施；（四）集体所有的货币资产和债权、政府拨款以及接受捐赠资助形成的资产；（五）集体所有的其他不动产和动产。对于集体资产中的资源性资产、经营性资产和非经营性资产，应当按照国家和省有关规定进行经营管理。"

[2] 全国人民代表大会宪法和法律委员会关于《中华人民共和国农村集体经济组织法（草案）》修改情况的汇报第三条载明："草案第五条第二款第十项规定，农村集体经济组织为成员提供教育、文化、卫生、体育、养老等服务，或者对村委会提供服务给予资金等支持。有的常委委员、部门、地方、社会公众提出，为成员提供教育文化等公益服务属于村委会的职责，建议删去；同时，对村委会提供服务给予资金等支持与该款第十一项规定存在重复，亦应删去。宪法和法律委员会经研究，建议采纳上述意见，删去该项规定。"

[3] 《农村集体经济组织法》第五条第九款、第十款分别规定农村集体经济组织的职能包括"为成员的生产经营提供技术、信息等服务"以及"支持和配合村民委员会在村党组织领导下开展村民自治"。

农村集体经济组织应是集体财产所有权主体[1]，也有学者提出自人民公社改制后农村集体经济组织便对集体土地实际所有的认识[2]，还有学者认为农民集体与农村集体经济组织具有实质同一性，农村集体经济组织既是财产管理者也是财产所有者[3]，甚至存在我国政策文件对农村集体经济组织认识模糊而导致实践中出现矛盾的现象。[4]如今，伴随农村集体经济组织特别法人制度的逐步构建，应再充分结合现行法律规定、农村集体经济组织的历史渊源与未来发展进路，厘清农村集体经济组织与农民集体之间的关系。进而言之，我们应当在现行法律框架内，继续认可农民集体的集体财产所有权人地位，并根据财产类别对各类型财产的权属应然状态逐一甄别，以期在确保农民集体资产保值的前提下，通过市场化经营谋求农村经济快速振兴。

（一）农村集体经济组织与农民集体关系的判定

农村集体经济组织与农民集体关系的判定最终体现为对农村集体财产所有权主体的认定，而理论界对此问题存在不同观点。

一种观点认为，基于历史变迁的当然逻辑以及对《民法典》二百六十二条的体系解释[5]，农村集体经济组织与农民集体在成员和财产范围等方面高度统一，农村集体经济组织是农民集体实体化、法人化改造的结果，所谓的代表行使所有权行为本质上即为直接对所有权的行使行为，即"同一论"。[6]除此以外，也有学者认为，由于农民集体为政治概念且不具备民事主体地位，农民集体的所有权仅具有所有制上的归属意义，而在法律层面其权利的实现仍需借助农村集体经济组织法人的形式来实现。[7]

另一种观点则认为，应对《民法典》第二百六十二条作最直接的文义解释，即农村集体经济组织依法作为农民集体所有权的代表行使主体，故两者为不同的主体，并不具有同一性。有学者提出，当农民集体进入法律主体的范畴时，应将其定义为一种与个体法律人格相对应的团体性法律人格，从而否定其与农村集体经济组织具有同一性，并参照民法理论中国家的民事主体地位，进而认定农民集体作为"拟制法人"的主体性，即"异质论"。[8]故大多数学者依据对上述法律条文的文义解释，认为农民集体与农村集体经济组织各为独立主体，并提出对农民集体、农村集体经济组织的主体地位，应当在我国现行法律规定的范围内予以认定，

---

[1] 林广会. 农村集体产权制度改革背景下集体所有权主体制度的机遇与展望[J]. 求是学刊, 2020(3): 95-106.
[2] 杨一介. 我们需要什么样的农村集体经济组织[J]. 中国农村观察, 2015(5): 17.
[3] 宋志红. 论农村集体经济组织对集体土地所有权的代表行使——《民法典》第二百六十二条真义探析[J]. 比较法研究, 2022(5): 154-168.
[4] 于飞. "农民集体"与"集体经济组织": 谁为集体所有权人?——风险界定视角下两者关系的再辨析[J]. 财经法学, 2016(1): 44-50.
[5] 《民法典》第二百六十二条规定："对于集体所有的土地和森林、山岭、草原、荒地、滩涂等，依照下列规定行使所有权：（一）属于村农民集体所有的，由村集体经济组织或者村民委员会依法代表集体行使所有权；（二）分别属于村内两个以上农民集体所有的，由村内各该集体经济组织或者村民小组依法代表集体行使所有权；（三）属于乡镇农民集体所有的，由乡镇集体经济组织代表集体行使所有权。"
[6] 宋志红. 集体经营性资产股份合作与农村集体经济组织之关系重构[J]. 法学研究, 2022(3): 43.
[7] 曹相见. 农村集体经济组织特别法人的特别效果[J]. 法学论坛, 2023(2): 59-60.
[8] 王洪平. 农村集体经济组织法制定中的三个基本范畴问题[J]. 中州学刊, 2022(2): 40-41.

不应超出法律底线。[1]也有学者从集体所有权本身的特点出发,认为集体所有权在功能上属于相对所有权,与个人主义下具有强烈排他性的绝对所有权存在明显差异。[2]从相对所有权的角度而言,农民集体享有其土地所有权带来的价值利益并保留处分权能,故对集体土地所有权应该更关注其如何使用而非仅仅局限于其归属问题。

综上,正如大多数学者所言,对于农民集体与农村集体经济组织关系的判定应坚持农民集体所有权这一法律底线,同时还应契合农村集体产权改革,促进农村经济发展,谋求乡村经济振兴。从法律法规可知,农民集体所有制是我国宪法规定的公有制的重要组成部分,集体所有制、集体所有权均以集体土地所有权为依托;从政策规定可知,深入推进农村改革就要坚持农村土地农民集体所有制不动摇,始终坚持农民集体对集体土地的独立所有权地位。而随着集体资产股份化改革的深入推进,目前集体资产股份的权能已获得股份实质化的阶段性发展。[3]在集体资产股份实质化的阶段,除了可将其作为明晰集体收益的分配依据,还可以有偿退出、继承、用于质押等。[4]通过集体资产股份化改革,将大大提高农村经济的市场参与度,是激活农村经济的高效改革手段。虽然改革后集体资产股份的权能市场参与度增高,但在受让范围上仍然受限,防止"把集体经济改弱了、改小了、改垮了"。故在契合农村集体产权制度改革方面,农村集体经济组织的权能与农民集体存在明显区别,不能一概而论。因此,综合现行立法逻辑与国家改革措施的推进,可明确农民集体与农村集体经济组织各自具备主体性,农村集体经济组织可依据法律规定代表农民集体经营、管理集体财产。[5]

(二)集体财产权属的应然判定

除了农村集体经济组织与农民集体关系的认定外,农村集体经济组织特别法人的责任财产范围在一定程度上也可以体现其应有的主体地位。作为特别法人,农村集体经济组织应当以自己的财产独立承担民事责任。但从《农村集体经济组织法》第二条的规定来看,农村集体经济组织仍属"依法代表成员集体行使所有权"之法律地位,而对于农村集体经济组织直接的财产权属范围,目前则尚无明确法律规定。

应当说,农村集体经济组织与农民集体利益息息相关,现国家政策文件将农村集体资产划分为三类,并采取分类管理的基本模式。本书认为,独立的法人财产有助于维护农村集体经济组织特别法人的理论周延性,故该分类不仅有利于各类财产的高效管理与运行,同样有助于厘清农村集体经济组织、农民集体关系与各类财产之间的内在法律关系,即根据财产类型的不同,农村集体经济组织与农民集体所享有的权能也应当存在差异。

---

[1] 房绍坤,袁晓燕.农村集体经济组织特别法人制度建构[J].上海政法学院学报(法治论丛),2021(3):5.
[2] 梅夏英.物权法·所有权[M].北京:中国法制出版社,2005:24.
[3] 高海.农民集体与农村集体经济组织关系之二元论[J].法学研究,2022(3):21-38.
[4] 高海.论集体土地股份化与集体土地所有权的坚持[J].法律科学,2019(1):172.
[5]《民法典》第二百六十一条第一款规定:"农民集体所有的不动产和动产,属于本集体成员集体所有。"《民法典》第二百六十二条规定:"对于集体所有的土地和森林、山岭、草原、荒地、滩涂等,依照下列规定行使所有权:(一)属于村农民集体所有的,由村集体经济组织或者村民委员会依法代表集体行使所有权;(二)分别属于村内两个以上农民集体所有的,由村内各该集体经济组织或者村民小组依法代表集体行使所有权;(三)属于乡镇农民集体所有的,由乡镇集体经济组织代表集体行使所有权。"《土地管理法》第十一条规定:"农民集体所有的土地依法属于村农民集体所有的,由村集体经济组织或者村民委员会经营、管理……"

就资源性资产而言，集体所有的土地可以说是农民集体最重要、最核心的财产，土地归属农民集体也是集体所有制的基本要义，故资源性资产的所有权主体具有限定性，无法肆意流转。农村集体经济组织进行法人构建后，追求利润、发展经济是其基本职能，以其财产对外承担责任更是其作为法人的基本职责。若资源性资产可由农村集体经济组织作为所有权主体，则可能导致该部分财产陷入不可预见的市场风险，甚至动摇集体所有制的基本制度。对此，农业农村部印发的《农村集体经济组织示范章程（试行）》规定"以集体土地等资源性资产所有权以外的集体经营性资产对债务承担责任"，即将资源性资产排除在农村集体经济组织的责任财产范围之外。而根据法人以其全部财产对外承担责任这一基本规定，资源性资产不属于农村集体经济组织对外承担责任的财产范围，则该部分资产便不属于农村集体经济组织特别法人所有。因此，农民集体为资源性资产的应然权属主体。

同样，非经营性资产体现出对农民集体的公益属性与服务属性，其中还包含大量农村公共基础设施。一方面，从财产性质判断，该部分资产作为基本保障类型财产，无须过多参与市场化经营并创造收益，且一般不属于折股量化的财产对象。因此，将此部分财产的所有权赋予农村集体经济组织并无太大意义。另一方面，从责任承担来看，非经营性资产原则上不宜用于偿债，应当按照有利于集体公益实现的要求运营管护。综合上述两方面因素，将农民集体作为非经营性资产的应然权属主体更合乎此类型财产的使用目的。

相较于资源性资产与非经营性资产，经营性资产存在特殊性。基于经营性资产创造收益的财产类型化意义，其所有权下的相关权能应当在市场化经营过程中得到积极行使。不同于资源性资产与非经营性资产的所有权不能进入市场流通，经营性资产所有权一般可以进入市场并自由交易。因此为契合三种资产的财产权能，其所有权主体应具有不同的特点。即资源性资产与非经营性资产的所有权主体不需要进入市场对外交易，而经营性资产的所有权主体需参与市场交易，从事市场经营。对比农村集体经济组织与农民集体的基本特点可知，农村集体经济组织是可以依法取得特别法人地位的民事主体，是可以积极参与市场活动的"特别"市场主体，而农民集体并不具备此类交易主体资格。因此，无论从财产性质方面还是财产行使方式方面考虑，赋予农村集体经济组织特别法人对经营性资产的财产所有权，将更有利于激发农村经济活力，实现乡村经济振兴。

虽然有学者认为将经营性资产剥离农民集体，法定为农村集体经济组织的法人财产，仍然维持资源性和非经营性资产的农民集体所有，割裂了农民集体所有权的整体性，在理论上无法得到合理解释。[①]但其实此设计仅仅在形式上对集体所有权进行了市场化和非市场化分类，实质上农村集体经济组织与享有集体所有权的农民集体在成员和财产利益上仍存在一定的同一性。[②]从成员构成来看，集体经济组织在成员认定上一般存在严格限制，大都将户籍地作为主要认定因素，即其成员构成与农民集体存在部分同一；从利益诉求来看，农村集体经济组织的基本职能在于管理集体财产、开发集体资源、发展集体经济和服务集体成员，其利益最终仍指向农民集体；从财产权能来看，资源性资产作为农民集体的核心财产，非经营性资产作为农民集体的保障财产，其所有权并不因此受影响，而经营性资产本身具有流动性，通过赋予农村集体经济组织对经营性财产的所有权，更有利于展现农村集体经济组织在市场

---

① 林广会. 农村集体产权制度改革背景下集体所有权主体制度的机遇与展望[J]. 求是学刊，2020（3）：104.
② 宋志红. 论农民集体与农村集体经济组织的关系[J]. 中国法学，2021（3）：177.

活动中经营行为的效率，也更契合经营性资产的财产用途。因此，对集体资产的权属分类管理并未实质性影响集体所有权的整体，通过分类的制度化设计，反而更有利于农村集体经济组织法人的市场化需求。

总而言之，对集体所有权形式上的市场化和非市场化的分割只是为了满足农村集体经济组织市场主体之特别法人的制度需求，不会实质割裂集体所有权的整体性。且在产权制度改革的实践过程中，也确实出现了将农村集体经济组织作为经营性资产确权主体的做法，这无疑是对农村集体经济组织市场化的进一步肯定。对于集体土地等资源性资产和公益性的非经营性资产，基于其性质和特殊的保障职能，自然被排除在法人责任财产范围以外。这一做法既维护了集体所有制的保障基础，也促进了农村集体经济组织的市场化发展，在很大程度上激发了农村的经济活力，是农村集体经济组织适应市场化需求并有效规避风险的制度设计。

四、农村集体经济组织特别法人的财产管理

如前文所述，通过对农村集体经济组织与农民集体之间的关系梳理，明确了农民集体为资源性资产与非经营性资产的应然权属主体，农村集体经济组织仅对此两种类型财产依法代表农民集体行使管理权能。而经营性资产所有权则应归属于农村集体经济组织，由农村集体经济组织独立行使财产权，并自行对法定化后的农民集体经营性资产进行市场化经营。对此，在法律上应遵循市场经济的自由性和私法自治的基本理念，农村集体经济组织对经营性资产享有经营自主权。

因农民集体无法在权利的行使上进行独立的意思表达，故需要农村集体经济组织对资源性资产与非经营性资产代为行使管理职责。虽然部分地方性立法对农村集体经济组织的财产管理权能作出了规定，但毕竟农村集体经济组织并非资源性资产与非经营性资产的所有权人，且在集体产权制度改革与"三权分置"的时代背景下，如何更准确地行使管理权能，仍值得探讨。

首先需强调，资源性资产是集体所有制的核心，是集体成员生产生活最基本的生产资料，而非经营性资产本身具有社会公益与集体服务属性，故两类型资产既不是折股量化的对象，也不适宜参与市场化活动，仍由农民集体享有所有权。因此农村集体经济组织法人在行使管理权能时存在多重限制，如不能以资源性资产与非经营性资产对外承担责任，也不能利用此两种类型财产进行担保。

其次，应充分将农村集体经济组织法人的财产管理与"三权分置"的改革成果相衔接。土地经营权等用益物权对外流转的设计使农民集体资源性资产的财产属性更为明显，土地要素对农村集体经济的促进作用增强。[①] 土地经营权、经营性建设用地使用权等用益物权流转制度的创设，不仅将资源性资产的派生财产属性投入市场，也让此类蕴含财产属性的权能具有市场自由交易的一般规律，扩大经营性资产范围，为农村集体经济组织法人提供更丰富的财产经营来源。在政策支持层面，国家对农村集体经营性建设用地的流转入市提出要求，并大力支持农村集体经济组织发展股份合作、引进社会资本，为经营性资产的市场能力激活提供有效途径。[②] 因此，法律法规、政策规定对土地承包经营权、经营性建设用地使用权市场属性

---

① 蔡立东，姜楠. 农地三权分置的法实现[J]. 中国社会科学，2017（5）：102-122.
② 房绍坤. 深化农村集体产权制度改革的法治保障进路[J]. 求索，2020（5）：14-23.

的开放,成功激活了资源性资产的财产属性,并有效增强了农村集体经济组织特别法人对财产的可支配性,有利于实现壮大农村集体经济的基本目标。故通过结合"三权分置"的改革成果,经营性财产地位更加明晰。在财产管理层面,应赋予农村集体经济组织对此类财产权利的所有权人地位,促进其高效、直接地行使处分权,自行创新交易方式、对接市场需求,独立完成市场化经营管理。

最后,农村集体经济组织特别法人对资源性资产与非经营性资产管理权能的行使有利于集体经济在风险可控的前提下稳步发展。如前文所述,集体资产中资源性资产与非经营性资产具有社会保障属性,不应成为责任财产。但对于所有权人农民集体而言,其并非我国法律规定的市场经济实体,在市场经济中,任何主体都必须按照市场经济规律的要求从事活动。不可否认,农村资源性资产与非经营性资产除了社会保障之基本功能,其本身同样具备财产属性,而其财产属性需要通过经济组织的管理予以体现。因此,通过农村集体经济组织特别法人这一"特别的"市场主体,为农民集体所有的资产提供入市的资格与可能性,也是农村集体经济组织行使基于此类资产而产生的用益物权的基本前提,为农村地区通过市场手段和途径来实现经济目的提供制度化引领。

第二节 农村集体经济组织特别法人成员权利体系构建

农村集体经济组织根据《民法典》的相关规定,依法取得特别法人资格。农村集体经济组织法人化不仅是其广泛参与市场活动、快速发展乡村经济的有力推手,也是保障集体公共利益、维护集体成员权益的基本措施。对于市场经济活动的参与度而言,农村集体经济组织法人地位的确立是其取得"特别的"市场主体地位的依据,也为其深度参与市场交易提供法律支撑;对于集体公共利益的保障、成员权益的维护而言,通过对农村集体经济组织的法人化改造,使其得以高效运行并得到专业管理与监督。制度的建立可以让农民对集体事务进行真实的意思表达,合理处分集体财产,充分保障集体与农民权益。故而,如何构建农村集体经济组织的成员权利体系事关农村集体产权改革进程与实效。

一、农村集体经济组织特别法人的成员资格认定

农村集体经济组织成员资格的认定是农村集体产权制度改革的重要一环,也是农民在集体经济组织中享有成员权利的前置性、基础性条件[①],其重要程度不言自明。但由于人口流动等因素,成员范围并非一成不变,且各地方对农村集体经济组织成员资格认定的规定也各有差异。虽然"政经合一"的人民公社制度早已终结,但农村集体经济组织职能不清的问题一直存在,并致使农村地区无法建立高效运行的经济组织。组织不明、制度不定,直接导致的

---

① 刘宇晗. 农地"三权分置"视域下农村集体经济组织法人制度的完善[J]. 山东大学学报(哲学社会科学版),2019(4):168-176.

结果便是农村集体经济组织对于成员资格缺乏统一认定标准。多年来，实践中的认定往往通过地方立法、人民法院文件以及村规民约予以确定，但始终缺乏共识性标准，这极大地阻碍了农村集体经济组织法人的规范化发展。随着《农村集体经济组织法》的正式颁布，成员资格的认定现已具备国家层面的共识性判断标准，但地区、经济、人口的巨大差异仍是制度落地的巨大阻碍。

（一）成员资格认定标准模式

在司法实践方面，有学者分别以"成员资格""集体经济组织成员资格""集体成员资格"为关键词在中国裁判文书网进行检索，截至2022年4月10日，虽然以上三个关键词下的民事案件裁判文书数量明显多于行政案件裁判文书，但行政案件裁判文书的数量也达到20 455份。[1]从案件数量来看，行政裁判文书的大量存在表现出各地行政机关及人民法院对此问题的认定仍存在模糊与争议；从裁判结果来看，人民法院对涉及成员资格认定的民事案件作出驳回起诉、驳回诉讼请求和不予受理认定的法律文书占比约16.3%，说明该案由是否应由法院受理仍存在疑问。

在法学理论层面，目前学界对于农村集体经济组织成员资格认定的标准存在单一标准模式与复合标准模式两种观点。持单一标准模式观点的学者认为，严格的户籍管理制度可以最大限度地保证成员资格认定的公正性和合理性，故将简单且具有可操作性的户籍认定标准作为成员资格认定标准。[2]但另一观点则提出，单一的户籍认定标准并不适合城乡人口快速流动的现状，应以集体土地为基本生存保障原则对成员资格进行最终判定。[3]持复合标准模式的学者则认为，不应以户籍作为成员资格的唯一认定标准，而应结合其他因素加以综合认定。但在复合标准模式下，大多数学者仍将户籍因素作为成员资格认定的基础原则，至于所应结合判断的其他因素，目前则仍未形成定论。[4]

综上，统一立法的缺失与法学理论的争议直接或间接导致了司法实践出现成员资格无法认定的难题，也致使农民权益未能及时得到救济，成员资格认定难题亟待解决。对此，首先应在理论层面探讨成员资格认定标准模式，即对成员的认定应采用单一标准模式还是复合标准模式。从认定规则的统一性和形式公平性出发，单一标准模式似乎能够快速、简便地达到认定效果。但就实际效果而言，人口户籍管理制度事实上无法完全真实地反映人口常住信息，故单一的户籍标准会导致部分成员因未在户籍地而无法享受成员权利，也会因缺乏经常居住地户籍而无法行使成员权利，造成"两头空"的情况，从而缺失最基础的社会保障。而复合标准模式中，户籍成为成员资格认定的一个考量因素，并结合其他具体的标准对成员进行综

---

[1] 房绍坤，路鹏宇.论农民成员资格认定的应然司法逻辑[J].山东大学学报（哲学社会科学版），2022（6）：23-24.
[2] 孟勤国.物权法如何保护集体财产[J].法学，2006（1）：72-77.
[3] 韩松.论成员集体与集体成员——集体所有权的主体[J].法学，2005（8）：41-50.
[4] 大部分学者均认为在复合标准模式下，应当将户籍因素作为基本判断标准，并结合其他因素再进行共同认定，具体详见王丹：《农村集体经济组织法人的法律定位》，载《人民司法》2017年第28期；参见高飞：《落实集体土地所有权的法制路径——以民法典物权编编纂为线索》，载《云南社会科学》2019年第1期；参见李倩、张力：《农村集体经济组织特别法人的产权建构》，载《新疆社会科学》2020年第6期。

合认定,在一定程度上有效避免了"两头空"的尴尬情况,故此模式更符合现阶段的农村实际,更有利于农民基本权益的维护,此观点也得到立法者的认可,《农村集体经济组织法》第十一条便结合"户籍在或者曾经在农村集体经济组织""与农村集体经济组织形成稳定的权利义务关系""以集体土地等财产为基本生活保障"等因素加以认定。除此以外,在复合标准模式的基础上,成员资格认定的全部因素主要可细分为两个方面:一是共识性的一般标准,作为基础制度设计,由国家层面制定统一的规范化指引;其中还应包含地域自治要素,由当地根据具体情况自行设计,结合一般标准对成员资格进行综合判断。二是特殊认定条款,基于对农村外嫁女、入城农民、服刑人员等特殊人群的认定,由各地根据实际情况设计。

(二)成员资格的一般认定条件

从地方先行的立法实践情况来看,各地对于成员认定的标准各不相同。如广东省将户籍信息、履行组织章程规定作为成员认定的一般标准;而浙江省将"具有当地户籍"与多种因素相结合,作为成员认定的一般标准;湖北省将户籍与年龄作为一般标准;黑龙江省则综合"户籍关系""土地承包关系""与集体利益关系"等因素加以判断;陕西省高级人民法院则规定以"户籍""生产生活""权利义务关系"为一般标准。[①]

由此可见,各地方关于农村集体经济组织成员身份认定的规则与做法并不相同,呈现出多样化的形态,实践中关于成员认定的纠纷数量仍在持续上升。因此,若国家立法未及时对农村集体成员资格认定的标准进行统一规定,则农民权益难以得到有效保障。

实际上,结合农村集体经济组织的历史成因与其经济、保障的基本职能,在其成员资格的判断上应重点关注被认定成员与集体之间的关联性,包括身份关联性与经济关联性。户籍所代表的亲属关系是身份关联性的关键认定要素,也是成员认定的最基本判断条件。而经济关联性则是指双方之间是否存在稳定的权利义务关系,即成员与农村集体经济组织之间是否存在稳定的生活、生产关系。因此,将户籍、与农村集体经济组织之间的稳定度这两个因素作为一般认定标准较为合理。同时,一般标准作为普适性的规定,应当适用于所有农村集体经济组织,并通过国家立法予以确认。除此之外,《农村集体经济组织法》还提出"以农村

[①]《广东省农村集体经济组织管理规定》第十五条规定:"原人民公社、生产大队、生产队的成员,户口保留在农村集体经济组织所在地,履行法律法规和组织章程规定义务的,属于农村集体经济组织的成员。实行以家庭承包经营为基础、统分结合的双层经营体制时起,集体经济组织成员所生的子女,户口在集体经济组织所在地,并履行法律法规和组织章程规定义务的,属于农村集体经济组织的成员。"《浙江省村经济合作社组织条例》第十七条规定:"户籍在本村,符合下列条件之一,且遵守村经济合作社章程的农村居民,为本村经济合作社社员:(一)开始实行农村双层经营体制时原生产大队成员;(二)父母双方或者一方为本村经济合作社社员的;(三)与本社社员有合法婚姻关系落户的;(四)因社员依法收养落户的;(五)政策性移民落户的;(六)符合法律、法规、规章、章程和国家、省有关规定的其他人员。"《湖北省农村集体经济组织管理办法》第十五条规定:"凡户籍在经济合作社或经济联合社范围内,年满16周岁的农民,均为其户籍所在地农村集体经济组织的社员。"《黑龙江省农村集体经济组织条例》第九条规定:"农村集体经济组织应当依据有关法律、法规,按照尊重历史、兼顾现实、程序规范、群众认可的原则,统筹考虑户籍关系、土地承包关系、与集体经济组织利益关系等因素,在民主讨论的基础上,对本集体经济组织成员的身份进行确认。"陕西省高级人民法院《关于审理农村集体经济组织收益分配纠纷案件讨论会纪要》第五条规定:"农村集体经济组织成员一般是指在集体经济组织所在村、组生产生活,依法登记常住户籍并与农村集体经济组织形成权利义务关系的人。"

集体经济组织成员集体所有的土地等财产为基本生活保障"这一判断标准。事实上,这不仅是农村集体经济组织成员认定的基本标准,更是农村集体经济组织法人的设立基础。

应注意的是,《农村集体经济组织示范章程(试行)》将各地方作为一般认定要素的户籍与生产生活作为提请成员表决的前提,户籍、生产生活与身份特殊性同时存在,并经个人申请才可交成员表决。这种设置缩减了成员自治应具有的灵活性,同时也与试点实践经验不符。基于各地的历史、习惯等原因,法律在规定农村集体经济组织法人成员资格的一般认定条件时,也应尊重其认定规则的自治属性,具体体现为地域自治要素,即将法律规定与该农村集体经济组织的地域自治要素共同作为一般认定条件。而往往因地区、人员的不同,地域自治要素具体认定内容也不同。作为自治标准,在当地农业主管部门的协助下,可由村民结合当地的历史和实际情况自行开会议定。

(三)成员资格的特殊认定条件

成员资格的特殊认定是指对于具有时效性特征的身份标签群体或特定时期下的群体进行成员资格保留的规定,这涉及原籍在农村集体经济组织的在校学生、现役士兵、服刑人员等。[①]除此之外,基于婚姻关系的缔结与解除,外嫁女、上门女婿、离婚或丧偶妇女也常作为特殊情况被加以讨论与特别认定。从国家政策层面看,对于农村特殊人群合法权益的保护一直是农村集体经济组织成员界定的工作重点[②],也是农村集体经济组织特别法人成员资格认定工作的难点。

首先,在特殊群体的范围界定方面,实践中各地区也存在差异化规定。安徽省高级人民法院主要将"外嫁女、离婚、丧偶妇女、义务兵、在校生、空挂户、捐资购买城镇户口人员"等人员列为特殊群体,并对其成员资格的识别作了明确的规定。[③]有的地区主要将"外嫁女、上门婿、新生子女、丧偶和离婚妇女、空挂户、回乡退养人员、农转非"等列为特殊人员,并对其成员资格的认定分别作了相应的规定。[④]福建省高级人民法院主要将"外嫁女、离婚、丧偶妇女、外出人员(经商、务工、学习、服役)、新出生人口、空挂户成员"这几类人员明确为特殊主体,并对其成员资格的认定作了具体的规定。[⑤]德惠市则规定"农嫁农、农嫁非农、入赘婿、离婚再婚、离婚未再婚、丧偶再婚、丧偶未再婚、空挂户、宣告死亡错误"等为特殊人员,应进行特殊规定。[⑥]重庆市高级人民法院主要将"农嫁女或入赘男、外出就学人员、服兵役人员、服刑人员、空挂户、回乡退养人员"列为特殊人员,并对其成员资格的界

[①] 马翠萍,郜亮亮.农村集体经济组织成员资格认定的理论与实践——以全国首批29个农村集体资产股份权能改革试点为例[J].中国农村观察,2019(3):25-38.
[②] 中共中央、国务院于2019年2月19日出台的《关于坚持农业农村优先发展做好"三农"工作的若干意见》明确提出要"做好成员身份确认,注重保护外嫁女等特殊人群的合法权利"的相关要求。
[③] 《安徽省高级人民法院关于处理农村土地纠纷案件的指导意见》(2004年12月27日安徽省高级人民法院审判委员会第92次会议通过)"二、在土地补偿、安置费用支付和分配及与土地承包相关的案件中农村集体经济组织成员资格的确认"之"1.几类特殊主体成员资格的确认"。
[④] 《太原市迎泽区人民政府办公室关于农村集体经济组织成员身份确认指导意见》(迎政办发〔2019〕32号)"六、特殊人员农村集体经济组织成员资格认定"。
[⑤] 福建省高级人民法院《关于审理涉及农村土地承包纠纷案件疑难问题的解答》:"11.问:如何确认集体经济组织成员资格?在立法机关作出明确规定前,人民法院对相关案件能否中止审理?"
[⑥] 《德惠市人民政府关于农村集体经济组织成员身份确认的指导意见》(德府发〔2019〕27号)"三、成员身份认定的基本条件"之"(二)符合下列特殊身份条件的处理方法"。

定作了明确的规定。[①]

其次，对于特殊群体的认定规则，不同地区往往采取不同的标准。比如，重庆地区对于外嫁女、上门婿等基于合法婚姻关系迁入集体的人员，曾主要采取"在本集体经济组织生产、生活的"的判断标准；[②]而安徽省则主要采取"在本集体经济组织生产、生活并以本集体土地为基本生活保障"的判断标准；对于丧偶和离婚的妇女，安徽省与福建省将"户籍"作为判断标准，太原地区则采取"户籍、承包地、生产生活"的判断标准；对于"空挂户"，太原地区采取"民主议定"的判断标准，而云浮市云安区则认为其缺乏"与集体经济组织之间的权利义务关系，未以集体土地为基本生活保障"而直接否定其成员资格；对于服兵役、外出学习人员，重庆地区认为"未退出或符合章程、村规民约"的，其成员身份继续有效，而云浮市云安区则采取"服役完或毕业后一年后未迁回的，取消其农村集体经济组织成员资格"的做法。

综上，各地区的差异化规定凸显出认定规则的矛盾性，有学者认为这将导致司法实践中同案不同判现象的频繁发生，故对于成员资格的认定应采取"法定为主、意定为辅"的范式，将集体自治作为辅助性、补充性、兜底性规定。[③]但对于上述具有特殊情形的人员而言，本质上是对原非集体成员的吸收与对原集体成员资格的保留，反映的是农村集体经济组织对成员构成的调整，并非对因历史、身份原因而产生的成员资格确认。因此，具有特殊情形的成员资格认定，应属于农村集体经济组织的内部管理与调整，更多体现出自治属性。因此，对于成员资格的特殊认定条件而言，采取"意定为主，法定为辅"的方式或更贴合农村集体经济组织的性质。故在普适性法律规定层面，应作出原则性规定，如《农村集体经济组织法》第十二条第二款"对因成员生育而增加的人员，农村集体经济组织应当确认为农村集体经济组织成员。对因成员结婚、收养或者因政策性移民而增加的人员，农村集体经济组织一般应当确认为农村集体经济组织成员。"以及第十八条"农村集体经济组织成员不因就学、服役、务工、经商、离婚、丧偶、服刑等原因而丧失农村集体经济组织成员身份。农村集体经济组织成员结婚，未取得其他农村集体经济组织成员身份的，原农村集体经济组织不得取消其成员身份。"注重对农民集体利益的保护，体现农村集体经济组织的共益性。而在成员身份的具体认定规则层面，可由章程规定或由民主表决进行特殊认定，体现农村集体经济组织的自治性。[④]

[①] 重庆市高级人民法院《关于农村集体经济组织成员资格认定问题的会议纪要》"四、几类特殊人员集体经济组织成员资格的认定"。

[②] 重庆市农业农村委员会于 2018 年 12 月 19 日印发的《重庆市农村集体经济组织成员身份确认指导意见（试行）》"三、成员身份的取得与丧失"。

[③] 张先贵，盛宏伟. 农村集体经济组织成员资格认定标准：底层逻辑与应然表达——面向农村集体经济组织立法背景的深思[J]. 安徽师范大学学报（人文社会科学版），2023（3）：119.

[④] 从《农村集体经济组织法》第十二条第五款"省、自治区、直辖市人民代表大会及其常务委员会可以根据本法，结合本行政区域实际情况，对农村集体经济组织的成员确认作出具体规定"的规定来看，我国立法目前更倾向将集体成员资格的特殊认定规则交由省、自治区、直辖市人民代表大会及其常务委员会来负责制定。该做法或许能够尽可能地保障农民集体利益，但事实上，即使位处同一省份、自治区、直辖市，不同的集体经济组织也会因不同的历史、地域、经济、人数情况，存在不同的成员认定需求，故由各农村集体经济组织自行制定、表决成员资格的特殊认定规则并申请批准，由农业主管部门审核、确认，或许将更有利于确保农村集体经济组织成员认定的准确性。

（四）外来成员资格的特殊认定条件

所谓外来人员的成员资格认定，是指与农村集体经济组织没有历史、地域、隶属关系的其他人员，向农村集体经济组织提出申请，经集体决议通过后赋予其成员资格的过程。农村集体经济组织依法取得法人资格，是壮大农村集体经济的地区性经济组织，根据法律和章程进行民主管理是其基本组织原则。因此，农村集体经济组织法人根据法律规定，按照章程载明的程序，应当能够吸收或接纳部分外来人员作为其组织成员，具体理由如下。

第一，从组织性质来看，农村集体经济组织是管理集体财产、发展集体经济的组织。根据《民法典》的规定，农村集体经济组织以特别法人的主体地位参与市场活动，激活农村经济，即其作为特别法人，应当根据章程的规定对外进行交易，对内组织管理。一方面，经济组织的经营管理人才必不可少。但经营活动的壮大需要专业人员的技术支持，而农村地区大多经济不发达，市场交易活动存在传统性、滞后性，组织成员往往缺乏专业性。在此前提下，吸收外部经营管理人才，对集体经济组织改善集体资产经营管理，充分利用外部资源，提高集体资产的利用效率，发展集体经济，具有重要意义。另一方面，吸收、接纳新成员是其基本权利。从民事主体的意思自治考虑，成员构成本质上属于农村集体经济组织的内部管理事务，其作为特别法人和"特别的"市场主体有权决定组织的成员构成并制定新成员加入规则，这属于民事主体决定自身事务的基本权利，法律不应对此进行过多限制。

第二，从法律关系来看，接受新成员的加入使农村集体经济组织与其他人员建立新的法律关系。对于长期生活在当地，并与农村集体经济组织具有稳定权利义务关系的人员，其与农村集体经济组织之间基于历史、身份早已存在法律关系。而外来人员则不同。外来人员在被吸收为农村集体经济组织成员之前，与农村集体经济组织之间并不存在权利义务关系。权利义务关系的新建在不违反法律强制性规定的前提下，属于民事主体之间自行协商的事务，反映的是双方的意思自治。就农村集体经济组织而言，是否接受或按照什么条件和程序来接受外部人员加入，应属组织内部的自治范畴，而其与外来人员达成合意的行为在不违反法律规定、不损害社会公共利益的前提下，其他任何人或组织都不应随意干涉。

因此，农村集体经济组织如愿意接纳外部成员，应当通过章程对愿意吸收外来成员，吸收外来成员的条件、程序等问题作出规定。[1]对于拟加入农村集体经济组织或农村集体经济组织拟吸收的外来人员，经协商一致，按照组织章程规定程序，在满足条件的情况下，经成员大会表决予以确认。基于农村集体经济组织法人兼具营利与互益的特别性，在尊重意思自治的过程中还应充分保护集体利益不受侵害。成员构成问题是农村集体经济组织的基本问题，与原组织成员个人息息相关，也与农民集体整体利益密不可分。因此，为防止集体经济组织部分人员在外部成员吸收方面滥用权力，任意、草率地制定吸纳规则，侵害农民权益，应在法律层面对农村集体经济组织吸收外部人员的条件、程序作出原则性规定，同样采取"意定为主，法定为辅"的认定模式。

但应注意，基于历史与身份因素，农村集体经济组织成员的某些权利只能由原组织内部成员享有。为切实保障农民资产保值增值，即使外来人员按照规定程序获取集体经济组织成

---

[1] 许明月，孙凌云.农村集体经济组织成员确定的立法路径与制度安排[J].重庆大学学报（社会科学版），2022（1）：245-256.

员身份,也应对其成员权利予以限制,如土地承包经营权、子女获得成员身份的权利等。[①]对于外来成员而言,其权利应更多体现经济属性而非身份属性。如果允许外来成员与原组织成员享有同等权利,则可能导致原组织成员的利益被资本逐步侵蚀,甚至使农村集体经济组织随着时间的推移异化为由外部人员完全控制的私人企业,使其集体经济的性质发生改变,最终危及集体土地所有权,侵害农民集体权益。

(五)成员身份的变更与终止

农村集体经济组织特别法人的成员身份变更与终止是指同一成员主体因出现变更或终止事由而发生身份变更或终止。对于农村集体经济组织特别法人而言,其成员身份认定是以某一时间节点为基准的,在该节点之后的新增人员,无论是现有成员的配偶、子女,还是根据国家有关规定抑或是集体自治决议入社的人员,其成员身份变更都与公司法人、农民专业合作社显著不同。后两者的成员身份都与出资行为存在关联性,而农村集体经济组织特别法人的现有成员身份认定并不能理解为与出资行为有关。故农村集体经济组织特别法人的成员身份变更与终止,实质上是成员以自愿或非自愿的形式加入另一集体经济组织。简言之,所谓成员身份的变更与终止大多是集体经济组织之间的成员关系变动,抑或是成员享受的基本生活保障形式变化而引起的成员身份根本变化。

因此,实践中处于改革初级阶段的各试点地区大多采取股权固化和成员固化的封闭式管理模式,而经济发展程度较高的试点地区则可能采取股权动态管理模式,动态调整成员身份和股权。应当说,成员身份是取得集体资产股份的主要依据。实践中的基本股或人口股以成员身份为基准进行配置,成员身份变更或终止也必然影响股份,但与公司法人、农民专业合作社中成员身份与股东身份的同一性不同,农村集体经济组织法人的成员身份与股东身份不具有同一性,股东身份变更或终止并不一定影响成员身份,如成员股东有偿退出集体资产股份,其只丧失股东身份,但成员身份并未消灭,主要原因在于集体资产股份只是集体收益分配的依据,而不是集体成员身份确认的依据。换言之,股东一定是成员,但成员不一定是股东。

综上,农村集体经济组织特别法人成员身份变更与终止的特别性主要体现于以下两个方面:一方面,成员身份变更或终止以同一主体为参照系,而非以同一股份为参照系;另一方面,变更与终止的事实依据包括成员身份关系或国家有关规定,如婚姻、国家政策或有关规定等。相对而言,公司法人的成员身份变更和终止通常是指同一股份的持有人发生变更或股份灭失、转让,农民专业合作社的成员身份变更和终止与公司法人相似,同样是指同一股份的持有人发生变更或股份灭失、转让。需要注意的是,农民专业合作社的成员还可能因除名而丧失成员身份。

就农村集体经济组织法人的成员身份终止而言,特别的终止事由主要包括两点:一是成员取得另一农村集体经济组织法人的成员资格,二是成员自愿退出。由于成员身份具有唯一性,成员身份通常附加着集体经济组织的一定福利,为避免同一成员享受双重福利,成员若

[①] 对于长期在集体工作、并对集体产生贡献的非集体成员,经集体表决通过后同样可享受部分成员权利。如《农村集体经济组织法》第十五条规定:"非农村集体经济组织成员长期在农村集体经济组织工作,对集体做出贡献的,经农村集体经济组织成员大会全体成员四分之三以上同意,可以享有本法第十三条第七项、第九项、第十项规定的权利。"

取得另一农村集体经济组织法人的成员资格,其本集体经济组织法人的成员资格应当终止;同时,集体应当有偿收回其股份,使其成员身份灭失。显然,公司法人和农民专业合作社不会出现这种情况,其成员是否拥有其他法人的福利与其成员身份不相关。农村集体经济组织法人的成员退出与公司法人的股东退出不同,前者的退出成员仍然属于农民集体成员,而后者的退出股东则不再与公司法人发生联系,其原因在于农村集体经济组织与农民集体之间存在包含关系,相应的成员身份也具有嵌套关系。

从实践探索的结果来看,"死亡、自愿放弃、取得其他集体经济组织成员资格、由财政供养、空挂户、国有企业正式职工或离退休职工、集体经济组织依法解散"等事由被认定为农村集体经济组织成员身份终止的识别标准。[①]如《湖北省农村集体经济组织管理办法》将"户籍迁出"作为成员资格终止的法定事由。长沙市望城区高塘岭街道明确将"死亡(包括宣告死亡),自愿放弃,取得其他集体经济组织成员资格,由国家安排工作或给予退休、终身供养等待遇的现役和退伍军人,被有关单位(主要是国家机关、事业单位、国有企业等)正式录用,集体经济组织依法解散"等情形纳入农村集体经济组织成员资格丧失的调整范畴。达州市达川区则将"死亡、取得其他集体经济组织成员资格、自愿放弃、集体经济组织自发解散"这几种情形界定为集体经济组织成员资格丧失的事由。山西省文水县开栅镇将"死亡、取得其他集体经济组织成员资格、属于财政供养人员、国有企业正式职工或离退休职工、空挂户、自愿放弃"明确为集体经济组织成员资格丧失的情形。太原市迎泽区将"户口注销、取得了其他村集体经济组织成员资格、农转非、自愿放弃"等明确为村集体经济组织成员资格丧失的情形。综合各地实践,《农村集体经济组织法》第十七条最终将"死亡""丧失中华人民共和国国籍"" 已经取得其他农村集体经济组织成员身份""已经成为公务员,但是聘任制公务员除外"等情形作为丧失农村集体经济组织成员身份的判定标准。[②]

二、农村集体经济组织特别法人的成员权利架构

为实现集体利益与成员权益的双重保障功能,农村集体经济组织应当建立一套成熟的权利架构与权利行使规则。正如学者所言,农村集体经济组织成员权利可以被视为集体利益与成员个体利益之间的桥梁。[③]集体利益与成员权益作为桥梁的两端,应当体现一种动态平衡状态。基于此,农村集体经济组织特别法人的成员权利架构应达到两面兼顾的构建效果:一方面,成员权利架构应当维护集体成员利益,既要防止非成员侵害,也要避免以集体名义导致的成员利益受损;另一方面,成员权利架构应体现全体成员的共同利益,既不因成员的流动而致使权利缺失,也不因个别成员利益的优先而侵害他人合法权益。因此,成员权利架构的

---

① 张先贵,盛宏伟.农村集体经济组织成员资格认定标准:底层逻辑与应然表达——面向农村集体经济组织立法背景的深思[J].安徽师范大学学报(人文社会科学版),2023(3):114-125.
② 《农村集体经济组织法》第十七条:"有下列情形之一的,丧失农村集体经济组织成员身份:(一)死亡;(二)丧失中华人民共和国国籍;(三)已经取得其他农村集体经济组织成员身份;(四)已经成为公务员,但是聘任制公务员除外;(五)法律法规和农村集体经济组织章程规定的其他情形。因前款第三项、第四项情形而丧失农村集体经济组织成员身份的,依照法律法规、国家有关规定和农村集体经济组织章程,经与农村集体经济组织协商,可以在一定期限内保留其已经享有的相关权益。"
③ 管洪彦.农民集体的现实困惑与改革路径[J].政法论丛,2015(5):96-103.

合理性影响着农村集体经济组织法人化目的达成及法人治理机制的完备程度。

（一）成员权利具有身份性

农村集体经济组织的成员所具有的成员身份，是其取得权利的基础。成员权利的享有和行使以成员身份的取得为前提和依据。[①]成员权利的内容多表现出对本集体经济组织的依附性，如生存依附、居住依附、收益依附，同时对集体经济活动的民主管理权利也内蕴如身份性的要求。从权利内容来看，农村集体经济组织成员权利包括土地承包经营权、宅基地使用权、集体收益分配权和对集体经济活动的民主管理权，而对集体经济活动的民主管理权又可以细分为知情权、表达权、监督权。应当说，上述权利内容既包括成员权，也包括非成员权。成员权主要表现为土地承包经营权、宅基地使用权、集体收益分配权等实体性权利，而对集体经济活动的民主管理权主要表现为程序性权利。[②]其中，土地承包经营权体现了对成员基本生存的保障[③]，宅基地使用权体现了对成员基本居住的保障，收益分配权体现了对成员生活改善的保障，而参与集体经济活动的民主管理则体现了成员与集体之间的关联关系，同时也是成员上述三项权利得到保障的必要方式。

农村集体经济组织的成员权利表现为以成员权为基础的权利体系，表征着集体成员依身份而享有的诸多权利。农村集体经济组织法人的成员权利是以成员权为基础而形成的转化性权利体系，与公司法人的股权内涵和范围具有相似性。但这种相似性不能掩盖农村集体经济组织法人成员权利的特别性，其特别性在于与农村集体经济组织成员权利的关联性，以及农村集体经济组织成员权利的身份性。关联性因组织依附的特点自不待言，而成员权利的身份性可以从三个方面考察：其一，就权利来源而言，农村集体经济组织法人的成员权利源于成员权，其当然具有成员权的身份性特点。其二，就改革实践而言，各试点单位普遍将成员资格认定作为集体资产股权配置的前置性工作，而且成员股的配置以成员资格的享有为基础。应当说，在成员股配置方面，成员资格与成员权利具有高度一致性，而成员资格的身份性不证自明，与成员资格具有高度一致性的成员权利自然具有身份性。其三，就集体资产股份权利的权利内容和权能特点而言，农村集体经济组织法人成员权利的集中体现就是集体资产股份权利[④]，而集体资产股份权利具有身份性，如权利内容中明确只有成员股东具有选举权和被选举权，现阶段集体资产股份有偿退出不能超出本集体经济组织范围等。

（二）成员权利处分的限制性

集体资产股份权利的权能具有多样性和限制性相协调的特点。多样性是指集体资产股份权利具有抵押担保、有偿退出、继承等权能；限制性是指集体资产股份权利处分权能的实现受到改革阶段性和权利本身的限制，即现阶段抵押担保、有偿退出和继承等权能无法完全市场化。[⑤]

就抵押担保权能而言，试点地区主要形成了以下四种模式：其一，集体资产股权的单一

---

① 李爱荣．集体经济组织改革中的成员权问题研究[M]．北京：经济管理出版社，2019：129．
② 宋天骐．论农村集体经济组织成员的权利体系[J]．人民法治，2019（9）：30-33．
③ 屈茂辉．民法典视野下土地经营权全部债权说驳议[J]．当代法学，2020（6）：47-57．
④ 李劲民，等．山西农村集体产权制度改革研究[M]．北京：中国社会出版社，2016：126．
⑤ 房绍坤．深化农村集体产权制度改革的法治保障进路[J]．求索，2020（5）：14-23．

担保融资模式，即在金融机构授信额度范围内，允许单一集体股或个人股的担保融资。例如，截至 2019 年 6 月，上海市闵行区七宝镇沪星村已完成集体股抵押试点，共取得贷款 200 万元；同样，福建省晋江市的个人股权质押试点，已累计转化资金 175 万元。需要注意的是，前述试点地区的担保融资都是由特定金融机构向农村集体经济组织法人或成员个人发放担保资金的，实践中还存在成员个人向农村集体经济组织申请股权担保融资的情况。如广东省佛山市南海区规定，集体经济组织成员因重大疾病、危房改造、上学等原因造成生活困难时，可以向所在集体经济组织申请质押股权以获取一定资金。其二，农民财产权利的捆绑担保融资模式，即考虑到集体资产股权价值的有限性，允许其与其他财产权利或担保物捆绑担保融资。例如，安徽省天长市创设"农权贷"融资产品，试行集体资产股权与土地承包经营权捆绑质押贷款做法，允许农民获得集体资产股权价值最高 8 倍的担保资金；黑龙江省方正县试点推行"股权+N"的担保融资方案，截至 2019 年 5 月已实现融资 3.55 亿元。其三，农民财产权利的综合担保融资，即允许集体资产股权单独质押，或集体资产股权与土地承包经营权共同质押。如陕西省榆林市榆阳区便采取这种模式，设立总额为 1 000 万元的风险补偿基金，为综合担保提供保障。与此类似，甘肃省高台县推行了集体资产股权、土地承包经营权和地上附着物的综合担保融资试点。其四，政府风险补偿的分类担保融资模式，即在政府提供风险补偿贷款的前提下，区分集体资产股份与集体资产，实行分类担保融资。如河南省济源市便采取这种模式，明确政府为集体资产股权的担保融资提供风险补偿资金，并规定了贫困村集体资产抵押模式和非贫困村集体资产抵押模式；同时，济源市还规定了贷款资金的专门运营机构和收益分配方式，以确保贷款资金安全和农民收益稳定。

就有偿退出权能而言，在性质上，集体资产股份权利的有偿退出属于股权转让，只是其对股权转让范围和转让形式进行了限制，即现阶段的股权转让范围限于农村集体经济组织内部，转让形式限于内部转让和集体赎回。显然，集体资产股权的转让具有特别性[1]，现阶段股权还无法对外转让。从实践来看，试点地区虽然制定了有偿退出的相关规则，但有偿退出的实例很少，其原因在于以下几个方面：其一，现阶段集体经济发展态势良好，成员可以取得长期性、稳定性的分红收益；其二，集体经济发展缓慢，成员有偿退出所能获得的实际价值太少；其三，现阶段的股权有偿退出受到诸多限制，股权价值无法最大化；其四，集体资产股权与成员权的关系尚未厘清，成员担心股权有偿退出后失去成员权，无法获得土地承包经营权、宅基地使用权等成员权益。《产权制度改革的意见》所提倡的有偿退出方式包括内部转让和集体赎回，但集体赎回方式意味着农村集体经济组织法人必须具有相对宽裕的流动资金，以支付可能的有偿退出股份。在经济发达地区，成员有偿退出的意愿较高，但自愿有偿退出的实例很少。[2]农村集体产权制度改革刚完成或未完成地区的成员大多不愿有偿退出，他们对未来的分红收入报以期望，如湖北省潜江市、当阳市、荆州市荆州区。

就继承权能而言，经济发展程度对成员意愿影响不大，股权作为一种财产权益应当被允许继承，如东部江苏省苏州市吴中区重点研究户内成员之间、成员与非成员之间的继承办法，中部湖北省武穴市通过规范股份继承来确保被继承人的财产权利，西部甘肃高台县则将股份

---

[1] 房绍坤，任怡多. 论农村集体资产股份有偿退出的法律机制[J]. 求是学刊，2020（3）：73-83.
[2] 首批试点的 29 个地区已有 28 个地区规定了有偿退出的办法，如《浙江省农村集体资产股权管理暂行办法》、上海闵行区《村集体经济组织股权管理暂行办法》。而且，上海闵行区已有集体资产股份有偿退出的实例。

继承作为新增人口获取股份的方式。

集体资产股份权利的处分权能虽然具有多样性的特征，但受到一定限制，成员收益分配呈现均等性和保障性的特点。《产权制度改革的意见》既强调市场在资源配置中的决定性作用，也强调政府的调控作用，这就为成员收益分配指明了方向。收益分配不能完全依照市场要素进行配置，而应以均等分配为主、要素分配为辅的方式防止市场化的弊端。同时，处分权能的限制性集中体现在以下方面：第一，就集体资产股份权利抵押担保权能的实现而言，各试点地区的限制方式有所不同，如上海市闵行区限制授信额度，河南省济源市针对不同主体规定不同的担保融资模式，安徽省天长市、陕西省榆林市榆阳区则限制担保融资标的等。第二，就有偿退出权能的实现而言，《产权制度改革的意见》明确规定："现阶段农民持有的集体资产股份有偿退出不得突破本集体经济组织的范围，可以在本集体内部转让或者由本集体赎回。"试点地区基本遵循该政策规定，将集体资产股份有偿退出的范围限制在本集体经济组织内。第三，就继承权能的实现而言，集体资产股份限制在家庭内部继承，如福建省晋江市；或限制非本集体经济组织成员继承股权的表决权，如上海闵行区。这些处分权能在实现上的限制，一方面体现了改革的阶段性特征，如集体资产股份有偿退出的范围限制强调"现阶段"；另一方面也体现了集体资产股份公有性和保障性的特点。

（三）成员权利体系的结构性

权利体系构建的关键点在于如何平衡集体与成员、成员与成员之间的关系。因此，完备的成员权利体系不仅应当做到在保障成员权利的同时维护集体利益，也要做到成员之间的相对公平、多方利益的平衡。因此在成员权利的架构上，以利益归属划分的共益权与自益权存在着因"公私利益"交织而导致的区分标准不明，不如采取实体性权利与程序性权利的体系构造明晰。故从成员权利的具体内容来看，可将权利分为实体和程序两方面。其中，具有财产性质、追求利益的权利为实体权利，而主要为保障法人运行所产生的权利是程序权利。①

1. **实体性权利**

集体成员的实体权利可根据农村集体经济组织的财产属性分为三类。第一，基于资源性资产而产生的宅基地使用权、土地承包经营权以及土地被征收后取得补偿等其他获取收益的权利。第二，基于非经营性资产所享受到的如医疗、教育、交通、文化等服务性权利。第三，基于经营性资产折股量化而获取收益的权利。

2. **程序性权利**

集体成员的程序权利主要包含选举和被选举权、表决权、知情权、监督权。农村集体经济组织的法人化，目的之一便在于政经分离，消除少数人控制。要实现此类目标，就需要完备的法人治理结构，这也是程序权利最重大的意义。首先，表决权是集体成员参与决策最重要的程序权利，也是体现农村集体经济组织社会属性，保障成员之间民主、公平的基本权利。其次，知情权可以帮助集体成员及时、准确地了解相关信息，防止因信息不对称带来的少数人、内部人控制的局面。最后，监督权赋予了集体成员维护自身权利的能力，如提出建议、质询。②

---

① 戴威. 论农村集体经济组织成员权内容的类型化构造[J]. 私法研究，2015（1）：222.
② 高达. 农村集体经济组织成员权研究[D]. 重庆：西南政法大学，2014：142-145.

三、农村集体经济组织特别法人的成员权利的保障机制

"无救济，则无权利。"成员权利的救济机制构建，应从两个方面进行，即行政救济与司法救济。

行政救济层面，当地农业农村主管部门作为农村集体经济组织的登记与管理部门，应负责调解农村集体经济组织内部争议，如成员身份认定问题、收益分配问题、组织管理问题等。当农村集体经济组织在管理运行过程中出现损害成员权利的情形时，当地农业农村主管部门应作出责令限期更正的通知。

司法救济层面，对于集体成员在农村集体经济组织内部出现的争议，应赋予成员可诉性，即可通过向法院提起诉讼主张权利。从司法实践的现状来看，对于因成员资格认定标准而引发的争议，属于人民法院的审理范围，且《农村集体经济组织法》第五十六条对此也提供了法律支持。包括因适用村规民约后对成员资格认定仍存在争议的，同样可由人民法院予以认定。不可否认的是，为防止缺乏明确标准而使司法实践难以达成共识的情形出现，[①]作为保障全体集体成员利益的基本规范，目前《农村集体经济组织法》虽然对成员认定标准作出了共识性、一般性规定，但因地区的差异，势必存在部分不同的认定方式。故在此基础上，应当允许农村集体经济组织在不违反法律、法规的前提下作出内部自治约定，尊重其通过章程等自治治理手段所达成的一致约定。除此之外，为维护个人的合法权益，《民法典》第二百六十五条规定了成员的撤销权，针对农村集体经济组织或其负责人作出的侵害集体成员合法权益的决定，"受侵害的集体成员可以请求人民法院予以撤销"。但现有规定过于单一导致缺乏可操作性，也有待立法进一步细化。

随着《民法典》的颁布，除一般诉讼外，成员权利救济也出现了新的特点。首先，成员权利应当受《民法典》侵权责任编的保护，这将所有的民事权益都纳入侵权责任保护范围。而成员权利是农民作为民事主体享有的与财产利益相结合的民事权利，理应受侵权责任相关规定的保护。[②]其次，农村集体经济组织特别法人地位的确定亦决定了成员代表诉讼制度的适用空间，同时成员代表诉讼所维护的是农村集体经济组织的集体利益，也有助于提升法人治理水平。需要指出的是，在建立成员代表诉讼时应当参照股东代表诉讼，同时尊重农村集体经济组织的特殊性，以保护少数成员权利、平衡法人自治与国家干预、鼓励正当诉讼与防止滥诉为原则。例如，可以在考虑农民维权水平及集体意识的基础上合理设置原告资格标准，防止因要求过高而导致代表诉讼制度虚置，也避免要求过低导致法人自治机制被司法过度干预。

[①] 许中缘，范朝霞. 农民集体成员资格认定的规范路径——以地方立法、司法实践为视角[J]. 海南大学学报（人文社会科学版），2020（5）：109-117.

[②] 王利明，周友军. 论我国农村土地权利制度的完善[J]. 中国法学，2012（1）：50.

第七章　农村集体经济组织法人制度之构建方式

第一节　农村集体经济组织特别法人管理体制构建

一、农村集体经济组织特别法人的设立前提

（一）满足成熟性实质要件

正如前文所述，农村集体经济组织不应不加区分地全部登记为特别法人。在实践中，为防止"一刀切"所带来的"一窝蜂"现象，试点地区对农村集体经济组织设置了法人登记门槛，可见在实践中我们依然坚持并非所有农村集体经济组织都适合法人化改造的观点，尽力做到以成熟作为批准登记的判定条件，使成熟的组织和登记的组织在数量上大致相当。但成熟仅是农村集体经济组织申请登记的前提条件，并不是唯一要件。对于农村集体经济组织特别法人身份的审核应从多方位进行。

1. 地域固定、成员稳定

判定农村集体经济组织法人在时空维度达到成熟的意义性要素之一是历史延续性，其在内容上主要包括两个方面：地域和成员。从地域角度出发，具体研究历史延续性：农村集体经济组织作为地区性经济组织，应当被划定在一定农村区域内，以范围内的土地作为基本生活资料，经本区域内成员长期交往实践，最终形成相对稳定的生活、生产关系。"不变更集体所有权"构成了农村集体经济组织特别法人设立的基本前提。[1]作为一个成熟的农村集体经济组织，理应有自己固定的生活、生产区域。从地域角度出发的历史延续性毋庸置疑是作为特别法人的农村集体经济组织设立的实质性要件。成员的历史延续性主要是指成员与农村集体经济组织形成的长期且稳定的关系。一般来说，长期且稳定的关系主要构成要素包括固定地域范围、成员生产生活活动及以户籍为基础的血缘关系。

---

[1]《农村集体经济组织法》第十九条规定："农村集体经济组织应当具备下列条件：（一）有符合本法规定的成员；（二）有符合本法规定的集体财产；（三）有符合本法规定的农村集体经济组织章程；（四）有符合本法规定的名称和住所；（五）有符合本法规定的组织机构。符合前款规定条件的村一般应当设立农村集体经济组织，村民小组可以根据情况设立农村集体经济组织；乡镇确有需要的，可以设立农村集体经济组织。设立农村集体经济组织不得改变集体土地所有权。"

2. 经济发展状况较好

从法人财产来源与经济状态的角度判断农村集体经济组织是否具有成熟性是合理的。赋予农村集体经济组织特别法人地位有助于其职能的体现，其职能主要包含经济、管理及保障三方面。[①]对于法人而言，财产是其设立的基础，是其正常运转的必要条件。农村集体经济组织若想取得法人地位，就必须具有稳定的财产来源，这样才能更好地履行管理发展与服务保障的职能。关于农村集体经济组织，目前在《产权改革意见》中已对其财产来源作出明晰的规定：其一，政府基于公益补助目的给予的拨款，其二，基于帮扶目的进行的税费减免，其三，经营性资产。

此外，《农村集体经济组织示范章程（试行）》第五章提出，基于组织由个体组成的特性，集体经营性资产应以一定份额的形式分于成员，与此同时，《农村集体经济组织法》第四十条也对经营性财产作出了相关量化规定，两项规定互相适应。从试点实践的情况来看，有地方出现了对资源性资产进行折股量化的现象，法律法规并未禁止该行为，可将其视为现阶段改革的多方位尝试。但对于成熟的农村集体经济组织而言，应当以集体资产作为其主要财产来源。

值得一提的是，为保障农村经济高速发展，促进乡村振兴进程，2020年颁布的《社会资本投资农业农村指引》明确了社会资本在农村的投资领域和方式，鼓励社会资本积极涉足农村，提升了集体资产构成来源的广度，利于着重推动关键产业的发展。但由于农村集体经济组织法人的特别性，社会资本不宜直接进入，所以常通过项目合作的方式参与经营，助力农村集体经济组织法人进入市场，快速激活农村经济。

3. 具有初步改革效果

从改革效果的角度判断农村集体经济组织法人是否具有成熟性，这是最为直接明了的方式。[②]农村集体经济组织特别法人的设立是明确其"非完全的"市场主体地位、展现统一经营优势、发展集体经济的基本举措，这与农村集体产权制度的改革密不可分。应说明的是，基于地区经济发展的差异，各地在改革速度与实际进程上并未统一，在改革效果上也存在区域差异。通过对比各地改革成果，可以发现，取得一定成果的组织更具法人化基础。法人化与法人登记资格紧密联系，关于法人登记资格，正如学者所阐述的，农村集体经济组织如欲获得特别法人登记资格，需具备如下条件：其一，在财产上已完成清产核资工作，其资产规模与质量已达一定标准；其二，在集体成员的身份确认上已制定出一定标准，具有明确判断本集体成员的能力；其三，该组织已完成或正处于股份合作制改革的进程之中，在主体内部结构上具有预期资格。[③]

（二）履行审查制程序要件

根据《农村集体经济组织法》第二十二条的规定，农村集体经济组织的法人地位应依申

[①] 何嘉. 农村集体经济组织法律重构[M]. 北京：中国法制出版社，2017：52.
[②] 陈钦昱. 农村集体经济组织特别法人的认识确立与制度建构[D]. 成都：四川师范大学，2023：33.
[③] 房绍坤，袁晓燕. 农村集体经济组织特别法人制度建构载[J]. 上海政法学院学报，2021（3）：3.

请取得，其中登记管理办法的制定主体为国务院农业农村主管部门。①通过研究相关规定，可明确，农村集体经济组织法人实质上就属于《民法典》第五十八条规定的"须经有关机关批准的"法人。关于批准登记，事实上，2018年颁布的《登记赋码通知》明确强调登记赋码是深化农村集体产权制度改革的重要任务。其实也正因农村集体经济组织在设立过程中需满足不同的实质性要件，主管部门对其设立申请的审查便更是不可缺少的程序性要件。结合我国法律规定和政策文件要求，不难发现，将登记审查制作为农村集体经济组织特别法人设立的程序性要件，不仅能够与《民法典》确认的法人管理制度相衔接，也能满足对法人公示的要求，对我国法人制度的系统管理、协调运行都大有裨益。

在明确农村集体经济组织法人的登记管理部门时，有学者提出应从行政管理机构的专业性与延续性角度考虑。②有观点认为，赋予农村集体经济组织法人地位，主要是为其积极参与市场化活动提供法律依据。农村集体经济组织法人登记部门应与公司企业保持一致，由市场工商部门统一管理。但结合《登记赋码通知》等政策文件的表述和山东、湖北、广东等地的试点经验来看，农村集体经济组织法人在参与市场活动的同时，往往受到其社会属性的影响，表现为一种受限制的营利性。加之目前我国正处于农村集体产权制度改革过程中，从专业性上考虑，农业农村管理部门作为目前阶段的登记管理机关更为合适。③从国家法律立法趋势来看，《农村集体经济组织法》也支持此做法并明确指定登记主体为县级以上的地方人民政府农业农村主管部门。④

由上可知，农村集体经济组织特别法人地位的确立应遵循以下流程：首先进行组织实质要件自我审查，如具备要件，再作为申请主体进行登记申请，经对应的农业农村管理部门审查通过后，农业农村管理部门应作出批准并发放登记证书。

结合试点实践经验来看，目前对登记赋码程序运行效果的反馈良好，也进一步说明了审查流程的合理性，同时为后续在外部为农村集体经济组织建立更加合理完善的管理体制提供了可依循的实践内涵。

二、农村集体经济组织特别法人的设立要素

对于已具备实质要件并达到成熟性要求的集体经济组织而言，其获取法人地位的条件便是申请登记机构审查，履行程序要件。《民法典》第五十八条第二款规定，成为法人须具备一定条件：名称、具体住所、合理的组织机构，以及足以支撑法人正常运转的财产或者经费。

---

① 《农村集体经济组织法》第二十二条规定："农村集体经济组织成员大会表决通过本农村集体经济组织章程、确认本农村集体经济组织成员、选举本农村集体经济组织理事会成员、监事会成员或者监事后，应当及时向县级以上地方人民政府农业农村主管部门申请登记，取得农村集体经济组织登记证书。农村集体经济组织登记办法由国务院农业农村主管部门制定。"

② 陈晓军，宫赟. 农村集体经济组织的立法问题[J]. 东方论坛，2019（1）：75.

③ 《农业农村部、中国人民银行、国家市场监督管理总局关于开展农村集体经济组织登记赋码工作的通知》规定："各级农业农村管理部门作为农村集体经济组织建设和发展的主管部门，是农村集体经济组织登记赋码的管理部门，承担起农村集体经济组织登记赋码责任。"

④ 《农村集体经济组织法》第二十二条规定："农村集体经济组织成员大会表决通过本农村集体经济组织章程、确认本农村集体经济组织成员、选举本农村集体经济组织理事会成员、监事会成员或者监事后，应当及时向县级以上地方人民政府农业农村主管部门申请登记，取得农村集体经济组织登记证书。农村集体经济组织登记办法由国务院农业农村主管部门制定。"

农村集体经济组织特别法人相关内容位于《民法典》总则编第三章第四节，从体系解释的角度来谈，其自应遵循第一节"一般规定"，故而《民法典》第五十八条的规定应适用于农村集体经济组织特别法人。①除此之外，农村集体经济组织为特别法人，作为法人制度基本要求的法人章程对其也同样不可或缺。

（一）明确的法人名称

法人名称的特殊性是农村集体经济组织的特征之一，其作为特别的法人和特别的市场主体，在法人名称方面与其他法人和市场主体具有许多显著区别。从《市场主体登记管理条例》的规定可知，市场主体名称的确定具有自主性、法定性，即申请人依照法律，遵循一定的申报流程，根据自主意愿进行申报，但对于市场主体的名称登记没有特别限定。②事实上，自20世纪90年代起，我国某些区域便已从地方角度出发，实际研究与观察集体经济组织的法人形式与法人名称。近年来，随着农村集体产权制度改革进一步深入，在实际操作中，社区型股份合作社已成为典型模式。③在此基础上，为加强市场参与度、认可度，有效发展农村经济，对农村集体经济组织特别法人名称进行规范化设计，将是一条"看得见、摸得着、用得上"的有效途径。

目前，在区域性立法和农村集体产权制度改革不断深化的背景下，我国从地方角度已对农村集体经济组织的法人形式和名称进行了一定探索，但因国家缺乏从宏观层面对农村集体经济组织名称的统一立法，各地名称表述呈现出较大差异。《农村集体经济组织法》第二十一条虽对名称作出要求，但其仅涉及"农村集体经济组织"字样的标注与所属地区的名称④，《农村集体经济组织示范章程（试行）》在此基础上还对组织形式作出了一定明确指示。⑤现国家立法的出台为推动农村集体经济组织稳定有序、规范化、持续化发展，在形式上提供了明确指引，但相较而言，广东省、黑龙江省的地方性立法对此作出了更细致的规定。⑥

综上，《农村集体经济组织法》作为国家层面的规范性立法，应当明确：其一，明确的

---

① 吴昭军. 论农村集体经济组织立法[J]. 荆楚法学，2022（4）：50.
② 《市场主体登记管理条例》第八条："市场主体只能登记一个名称，由申请人依法自主申报，经登记的市场主体名称受法律保护。"
③ 管洪彦. 农村集体经济组织设立"特别性"的基本法理与立法表达[J]. 江西社会科学，2022（10）：165.
④ 《农村集体经济组织法（草案）》第二十一条第一款规定："农村集体经济组织的名称中应当标明'集体经济组织'字样，以及所在县、不设区的市、市辖区、乡、民族乡、镇、村或者组的名称。"
⑤ 农业农村部印发的《农村集体经济组织示范章程（试行）》第二条规定第一款："本社名称：县（市、区）乡（镇、街道）村（社区）组经济（股份经济）合作社。"
⑥ 《广东省农村集体经济组织管理规定》第七条第二、三款规定："农村集体经济组织名称统一为：广东省县（市、区）镇（街、乡）经济联合总社；广东省县（市、区）镇（街、乡）经济联合社；广东省县（市、区）镇（街、乡）村经济合作社。实行股份合作制的农村集体经济组织，其名称统一为：广东省县（市、区）镇（街、乡）股份合作经济联合总社，广东省县（市、区）镇（街、乡）股份合作经济联合社，广东省县（市、区）镇（街、乡）股份合作经济社。"《黑龙江省农村集体经济组织条例》第二十二条第三款规定："农村集体经济组织名称：组级称为'××县××乡（镇、街道办事处）××村××组（社区）股份经济合作社（经济合作社）'；村级称为'××县××乡（镇、街道办事处）××村（社区）股份经济合作联合社（经济合作社）'或者'××县××乡（镇、街道办事处）××村（社区）股份经济合作社（经济合作社）'；乡（镇）级称为'××县××乡（镇、街道办事处）股份经济合作联合总社（经济联合总社）'。"

名称是农村集体经济组织的必备要素；其二，在数量上，一个农村集体经济组织登记名称仅限一个；其三，基于前述讨论可知，农村集体经济组织的组织形式主要涵盖经济合作社和股份经济合作社。为适应市场需求和便于身份区分，应在名称中明示特定字样，如经济合作社、经济联合社、经济联合总社，或股份经济合作社、股份经济合作联合社、股份经济合作联合总社。[①]其四，农村集体经济组织的主要规范基于地方，考虑到其以区域为单位开展活动的特殊性，其地域所属，即其所属县（市、区）、乡（民族乡、镇）、村或组在名称上的标明也十分重要。名称是农村集体经济组织身份的体现，未来，为契合农村集体经济组织特殊市场主体身份，提高其身份可识别性，同时保护其交易活动顺利进行，对名称的统一规范应从国家层面进一步展开。

（二）固定的法人住所

农村集体经济组织具有区域性、社区性的显著特征，原人民公社、生产大队和生产队这三级组织是其组织基础，通常通过集体资产的所有权归属划分层级，并以区域和级别为标准进行设立。农村集体经济组织作为特别法人，应与其他法人一样，遵循《民法典》第六十三条的一般规定，即以主要办事机构所在地为住所地。但应注意，区别于公司、企业等营利法人的高度自治性，农村集体经济组织存在历史延续性与社区性两大特别属性，故农村集体经济组织特别法人住所地不应普遍适用其他营利法人规定，特别规定具有存在必要。

首先，住所地的选择涉及诸多因素，不应随意选定。应明确，农村集体经济组织是以一定地域范围内的集体所有土地为边界所建立的地域性经济组织，具有社区性，其登记的住所地或主要办事机构所在地同样需要限定在一定区域内。其次，在登记机关的登记事项和内部章程中都应明确农村集体经济组织的住所地并保持一致。最后，农村集体经济组织提交登记的住所地应由登记机关审核，经批准颁证后正式确立。从地方立法实践来看，黑龙江省、四川省的地方条例均对农村集体经济组织登记住所地变更的程序进行了相关规定。[②]但应注意，住所地无论是针对其他法人还是对于农村集体经济组织特别法人，都是在设立过程中所需要的基本条件，具有根本的重要性，所以，结合农村集体经济组织的组织形式，在变更组织住所地时，应当依照规范的程序，经由成员大会或成员代表大会作出决议，进而进行章程的修改。登记机关收到变更申请时，在尊重其法人自治的基础上，仍应对拟变更的地址进行审查，变更登记的住所地同样不应超出农民集体土地区域范围，其住所地应于审查通过后正式登记、颁证后正式变更。

（三）完备的法人机构

科学的法人机构设计是法人有效治理的基础，经过发展，现代已形成以权力机构、执行

---

① 吴昭军. 论农村集体经济组织立法[J]. 荆楚法学，2022（4）：53.
② 《黑龙江省农村集体经济组织条例》第二十二条第二款规定："农村集体经济组织名称，住所，法定代表人等原登记事项发生变更时，应当及时向登记部门申请变更登记。"《四川省农村集体经济组织条例》第二十七条规定："农村集体经济组织的名称、住所、法定代表人等登记事项发生变更的，应当按照规定向登记机关申请变更登记，并提交《农村集体经济组织事项变更申请表》、成员大会或者成员代表大会作出的变更决议、修改后的组织章程、乡镇人民政府（街道办事处）批复的文件等材料。"

机构和监督机构为基础的法人治理结构，具有严密性与科学性，为农村集体经济组织的结构探索提供了基本遵循。在试点实践中，各地虽基本按照以上三种机构相互配合的治理结构进行设置，但仍存在诸多差异。在权力机构方面，有的仅将成员代表大会确立为权力机构，例如上海市叶榭镇金家村集体经济合作社、新桥镇集体经济联合社以及湖南省韶山市韶润村股份经济合作社。在执行机构方面，部分农村集体经济组织特别法人摒弃设立理事会的做法。例如，北京市海淀区东升乡的治理结构呈现为"社员代表大会——管理委员会——监察委员会——其他职能部门"。至于监督机构的设置，一些农村集体经济组织特别法人另辟蹊径，仿效国有资产监督管理委员会的治理结构。例如，四川省都江堰市将乡（镇）集体资产管理委员会视为乡（镇）层面的农村集体经济组织，而北京市海淀区则建立了区、镇两级监督管理委员会，专门负责对农村集体资产进行独立监督。论及组织机构的重要性，需从农村集体经济组织作为特别法人的主体身份的角度来理解，其从内部规范法人治理机制，利于促进治理有序，因而可进一步推动农村集体经济组织特别法人有效运行。其法人机构的完备主要展现在两个方面，其一是内部应成立权力机构、执行机构、监督机构三大机构，其二是三大机构应清晰划分权利责任分属，以便实现三者分权制衡。

地方性法规对农村集体经济组织均作出了设立权责清晰的三大机构的要求。广东省具体规定权力机构、执行机构、监督机构分别为成员大会，社委会或理事会，民主理财监督小组或监事会。上海市也同样作出相关规定。①《农村集体经济组织法》亦同，并分别对各机构权责范围进行划定，值得肯定。除此之外，有学者考虑到农村社区作为我国通过综合性标准划分的一大社区类型，仍较为封闭，社会关系以熟人为主，股东、管理层等人员间基本具有一定亲友关系，易导致治理效率低下。为解决这一弊病，可采取将监事会作为非必设机关的措施，股东们可在日常活动中对内部机构等进行监督，当面临决策或操作失误时，可向董事会提出要求改正。②湖北省在《农村集体经济组织管理办法》中将农村集体经济组织的权力机构规定为社员大会或社员代表大会，采取监督机构非必设性原则，由管理委员会管理机构日常事务。③

农村集体经济组织的组织机构原则上由成员大会或成员代表大会（权力机构）、理事会（执行机构）、监事会（监督机构）组成，三大机构应权责明晰，各司其职。

第一，成员大会或成员代表大会应行决策之责，主要包括：章程的制定与修改，成员身份的确认与变更，理事会和监事会成员的选任，理事会和监事会报告的审议，对外投资的审议，本集体经济组织的经营方案与分配规则的确定，集体经营性财产收益权份额量化规则的

---

① 《上海市农村集体资产监督管理条例》第十三条规定："经济合作社的组织机构由成员大会、理事会、监事会组成，表决实行一人一票制。"
② 管洪彦.农村集体经济组织法人治理机制立法建构的基本思路[J].苏州大学学报（哲学社会科学版），2019（1）：57-58.
③ 《湖北省农村集体经济组织管理办法》第十八条第一、二款规定："经济合作社的权力机构是社员大会，由全体社员组成。社员大会每年至少召开一次；有五分之一以上社员提议，应当召开临时社员大会。经济联合社，经济联合总社的权力机构是社员代表大会。社员代表大会每届任期三年。经济联合社的社员代表由经济合作社社员大会选举产生，可以连选连任。社员大会可以罢免社员代表。社员代表人数由经济联合社章程规定。"第二十一条第一款规定："农村集体经济组织的日常管理机构是管理委员会。"

确定，对农村集体经济组织合并、分立等变更作出决议。第二，理事会对成员大会或成员代表大会负责，行管理、执行之责，涉及的职责主要涵盖召集、主持成员大会或成员代表大会，执行成员大会或成员代表大会的决定，以及起草制定经营计划与对外投资方案，起草每一年财务预算与决算方案，设计收益分配方案，对主要经营管理人员的聘任提出建议，并同时决定其报酬，对外达成交易、签订合同等。第三，监事会行内部监督、质询、报告之责，主要包括：监督理事会的执行与管理情况、监督检查集体财产经营管理情况、审核监督本集体经济组织财务状况等。鉴于各农村集体经济组织发展情况不同，人员构成、数量不同，监事会可相应作出调整。对于成员较少的农村集体经济组织（如少于五人的），可不专门设置监事会，改为选任执行监事一至二人，行内部监督职权，保障特别法人的运行效率。

（四）独立的法人财产

为使农村集体经济组织正常有序运转，组织财产的独立性和流动性具有重要意义。农村集体经济组织基于其特别法人主体特性，与其他特别法人存在差异。

首先，财产来源广泛，主要包括以下几类：其一，基于历史原因形成的财产，如农业合作社运动时期农民的入社财产；其二，通过一定经营活动形成的财产；其三，政府部门基于公益目的进行的拨款、税费减免；其四，社会捐赠、投资等社会资本注入，明显不同于公司、企业的财产来源于股东出资这一基本形式。因此有学者认为在目前立法下，农村集体经济组织主要负责经营管理农民集体财产，其重点在于操作性的经营管理，所以农民是否独立出资并非组织设立的必然要素。[①]与此同时，有其他学者认为，社会捐赠和政府拨款等财产来源使得组织财产构成具有公益性，与营利性法人主要以营利为目的的价值追求并不相同，因此，组织财产呈现出非出资性和专属性。[②]通过以上分析，农村集体经济组织财产可主要划分为三种类型：资源性资产、经营性资产和非经营性资产。

其次，在财产权属方面，有观点依据《民法典》第二百六十一条[③]，认为农村集体经济组织不过是基于效率需要而由法律规定的代表农民集体的主体，其功能在于统一行使财产所有权，但其仅可行使所有权，对财产的处分具有一定局限，集体财产的真正所有权人为农民。[④]不可否认，农村集体经济组织基于其产生背景和制度构成等诸多因素，确实存在特殊性，如其对集体公有制基础和集体组织成员的基本生存保障的深刻关注是其他法人所不具备的，但在关注农村集体经济组织特殊性的同时也不应忽略其遵循法人一般规定的必要性，在促进新

---

① 张先贵. 究竟如何理解农村集体经济组织特别法人[J]. 暨南学报（哲学社会科学版），2021（10）：14.

② 于雅璐. "特别法人"架构下我国农村集体经济组织改革发展路径研析[J]. 海南大学学报（人文社会科学版），2020（6）：75.

③ 《民法典》第二百六十一条规定："农民集体所有的不动产和动产，属于本集体成员集体所有。"第二百六十二条规定："对于集体所有的土地和森林、山岭、草地、荒地、滩涂等，依照下列规定行使所有权：（一）属于村农民集体所有的，由村集体经济组织或者村民委员会依法代表集体行使所有权；（二）分别属于村内两个以上农民集体所有的，由村内各该集体经济组织或者村民小组依法代表集体行使所有权；（三）属于乡镇农民集体所有的，由乡镇集体经济组织代表集体行使所有权。"

④ 管洪彦. 农村集体经济组织设立"特别性"的基本法理与立法表达[J]. 江西社会科学，2022（10）：170.

型农村集体经济健康发展而赋予其多元职能的同时,也应限制其处分财产的权限,这一限制以一般法人规范为底色,即法人应当拥有独立的财产,并以其财产独立承担民事责任,由此,应根据各财产类别对农村集体经济组织的责任财产进行判定。

《产权制度改革的意见》将农村集体经济组织资产划分为经营性资产、非经营性资产和资源性资产,但后两类被《产权制度改革的意见》排除在折股量化的范围之外,表明此两类财产与经营性资产存在不同,不应作农村集体经济组织之经营用途。同时,这也隐含了其无法通过直接分配利润的手段使成员获益的必然逻辑。因此,基于集体资产类别的不同,各类财产权属关系也应当形成差异。正如前述,集体土地等资源性资产作为集体所有制的根基,应依法由农民集体享有所有权,农村集体经济组织仅对其行管理之责。同样,因非经营性资产具有公益属性与服务属性,农村集体经济组织出于服务集体成员并使集体受益的目的对资产进行管理、维护、使用。故此类财产应归属于农民集体,从而更有利于其展示保障功能。而经营性资产作为在市场化经营过程中积极运转的一类财产,应作为农村集体经济组织特别法人独立的法人财产进行管理与运用。该财产权属划分也正好满足《农村集体经济组织示范章程(试行)》第五条中的一般规定:在面临债务时,"以集体土地等资源性资产所有权以外的集体经营性资产对债务承担责任"。综上所述,经营性资产是法人财产,其所有权仍归属于农村集体经济组织,即其责任财产。非经营性资产及资源性资产在流通中面临阻塞障碍,甚至禁止流通,依照法律规定,农民集体享有其所有权,除法律另有规定或批准转化外,农村集体经济组织特别法人仅对其行管理之责,不得使该财产作为承担任何责任的手段,如特别法人将该资产进行处分或予以强制执行,则需承担一定法律责任。但在这项规定下存在例外情况,即后继者通过购买获得的非经营性资产(例如医疗器械),可对外承担责任。其原因在于该非经营性资产来源于经营性资产,如该资产不用于债务承担,可能发生集体经济组织法人为逃避债务,购置非经营性资产的恶意情况。[①]

(五)规范的法人章程

法人章程为法人治理提供具体性操作规范,是法人治理的核心依据之一。但通过对目前实际情况的观察可发现,大部分章程存在一味奉行示范文本、雷同性强、具体适用性弱等问题,不能实现有效治理的价值目标。一如前述要素,农村集体经济组织在章程设置上也应具有特殊性,但由于历史原因,早期对农村集体经济组织营利性法人的定位影响过深,致使组织赋税过重,发展迟滞。

农村集体经济组织法人章程是不可或缺的制度设计环节,利于推动治理机制的完善和运行,在治理过程中被冠以"法人宪章"之名,其秉持社团自治原则,体现了私法自治原则。在目前国家层面缺少成文立法,现存相关法律过分强制的现实背景下意义显著。有学者通过研究表示,在农村新型集体经济组织章程的制定中,"三会"治理结构,"四权"制衡机制应被提上日程,其中"三会"指承担组织治理职能的三大机构,"四权"指法人财产权、出资者所有权、出资者监督权、法人代理权。[②]基于实际需要,我国各地普遍进行了章程制定的探索,上海松江区具有典型性,其章程内容详细涵盖相关示范章程及附随性议事规则。前者

---

① 温世扬.农村集体经济组织法人特殊构造论[J].政治与法律,2022(10):25.
② 宋洪远,高强.农村集体产权制度改革轨迹及其困境摆脱[J].改革,2015(2):112.

具体包括镇农村集体经济联合社和村集体经济合作社章程，后者包含社员代表会议议事、理事会议事、监事会议事等相关规则。关于合理有效的法人章程的制定，具体可遵循如下路径：其一，确立法人章程在法人成立中的基础地位并将其作为判断法人资格的必备标准。农村集体经济组织特别法人的章程设计可参考借鉴其他成熟法人制度设计经验，在特别法人的法人身份中，必须明确其章程的地位、制定程序、修改规定、记载事项、法律效力以及违法救济等一系列特定内容，同时关注特别法人的特殊性地位，增加其特殊色彩。其二，提升章程重要性。当下，在国家宏观层面，我国缺乏对农村集体经济组织法人治理的统一立法，因此，调动政府作用，使政府科学引导、准确建议、严格审查法人章程内容相当重要。学者提出，可由国家农业部门作为主体，出台相应文件，为各地股份合作社章程制定提供范本——《农村社区股份合作社示范章程（草案）》。[①]本文认为该宏观与微观紧密结合的政策制定具有较强可行性，需强调的是，政府虽处于指导地位，但却不能过多干预法人章程的具体制定，农村集体经济组织是由个体成员组成的，地方政府应在充分尊重成员意志的基础上，贯彻"合理干预原则"，对章程制定进行合理指导。

综上，符合申请登记并颁发登记证书条件的农村集体经济特别法人，应当具备切合其"特别性"的专属章程，在遵循《农村集体经济组织示范章程（试行）》的基础上，经集体成员讨论通过，制定适合自身的，包含成员认定、议事表决等基本治理规则的，能够反映自身个性治理的规范章程。

三、农村集体经济组织特别法人的设立程序

登记是否为农村集体经济组织取得法人资格的必备要件尚存争议，学界对此问题具有诸多争议：有学者认为，农村集体经济组织在存留时间上具有持续性和长期性，与其他短期存在的营利法人不同，因此法人登记并非必然要件。但根据法律规定，农村集体经济组织为特别法人，参与市场交易并在其中具备特殊地位，所以，出于维护交易安全、促进交易效率的目的，应在其特别法人人格的获得上设置登记门槛。由上可见，登记制度重要性不容忽视，其中制度设计应重点关注组织的特别性。

（一）向特定机关申请登记设立

学者指出，随着农村集体经济组织市场化程度的进一步加深，其从事市场交易活动的独立性也将提高，因此应将市场监督管理部门作为专门的登记机构进行资格登记。市场主体通常以营利为目的，这也是《市场主体登记管理条例》对市场主体资格的严格规定，但在这一目标导向下，具有公益服务目标的农村集体经济组织就被排除在市场主体之外。本书认为，《民法典》已经对农村集体经济组织的独立市场主体地位作出明确规定，据《市场主体登记管理条例》规定，市场主体以营利为目的，而农村集体经济组织并不以此为主要目的，这一要求和实际表现上的差异仅是农村集体经济组织不同于其他营利法人的特殊性的表现，可作为登记制度特别性的考量依据，并不能作为判断农村集体经济组织非市场主体的标准。还有学者认为，选择市场监督管理部门作为专门登记机构的原因还有实现市场统一管理的价值目

---

① 孔祥智. 深入推进产权制度改革、培育农业农村发展新动能[J]. 教学与研究，2017（3）：39.

标，本书认为该观点并不可取，原因在于农村集体经济组织发展现状和其特别法人属性：其一，农村集体经济组织职能多元，是特别法人，组织实现形式为社会主义公有制，具有经济组织和社会组织的双重属性，营利性非其唯一价值追求。其二，从发展现状的角度来看，农业农村行政主管部门在组织登记方面已建立较为完备的登记管理制度体系和运行机制。目前的制度设计已经能够较充分满足需求，为节约制度设置和改革成本，可维持现行规定。其三，有学者认为将农业农村行政主管部门作为登记机关易使农村集体经济组织在市场中遭受不被认可的困境，但该观点理由并不充分。不可否认，农村集体经济组织确实具有市场认可度低的困境，但其原因不在于登记部门，而是由于组织本身具有公益服务目的的特别性，基于这一目的，组织在资产来源构成、债务清偿能力上可能存在局限性。同时，应当将农业农村行政主管部门作为登记部门，理由如下：首先，明确指出农村集体经济组织不同于其他市场主体的特别性地位。其次，便于关注其市场竞争弱势地位并采取一定政策措施加以扶持。最后，目前大数据不断发展，登记信息可通过系统技术实现多部门共享，因此不必将农村集体经济组织登记部门局限于某一主体。

综上所述，将农业农村行政主管部门作为登记机构具有合理性。对于符合条件且具有申请登记资格的农村集体经济组织，可参照《农村集体经济组织法》的相关规定，向县级以上地方人民政府农业农村主管部门申请登记。

（二）按程序审查通过颁证

农业农村主管部门在收到农村集体经济组织的特别法人登记申请时，应履行审查责任，具体而言，应审查以下内容：组织身份、规范章程贴合性、组织机构、名称、章程、住所、成员、法人财产等。[1]符合上述登记条件的，法定部门应依规向该符合登记条件的主体颁发证书，以证书作为登记证据和办理开立账户等手续的基本要件。[2]

登记后，农村集体经济组织还可能因一些特殊事由面临变更登记的情况，对此，也应从制度角度进行规范。规范时，根据变动内容的不同，应设置不同的流程与措施，目前《农村集体经济组织示范章程（试行）》已对此作出针对性设计。[3]当重要登记事项发生变更时，应当自变更之日起 30 日内向原登记机关申请办理变更登记。

---

[1] 《农业农村部办公厅关于启用农村集体经济组织登记证有关事项的通知》规定："《农村集体经济组织登记证》的发放要严格履行农村集体经济组织登记赋码程序和手续，确保依法依规。登记证发放前要严格审核相关材料，并对农村集体经济组织名称、类型、住所、法定代表人、资产情况、业务范围、成立日期、有效期限、发证日期等信息进行认真核查，核实无误后通过登记赋码管理系统打印登记证。"

[2] 《农业农村部办公厅关于启用农村集体经济组织登记证有关事项的通知》规定："《农村集体经济组织登记证》原则上由县级人民政府农业农村行政管理部门负责发放并加盖印章，各省也可以根据实际情况确定由地市级或者省级人民政府农业农村行政管理部门发放登记证并加盖印章，具体工作由农村经营管理机构承担。经国务院、省级人民政府批准设立的开发区等区域，以及不设农业农村行政管理部门（或农村经营管理机构）的地区，其辖区内的农村集体经济组织由上级地方人民政府农业农村行政管理部门（或农村经营管理机构）负责发放登记证并加盖印章。"

[3] 《农村集体经济组织示范章程（试行）》第四十六、四十七条规定："本社名称、住所、法定代表人等登记事项发生变更的，由理事会依法依规申请变更登记；本社因合并、分立、解散等依法依规需注销的，由成员大会表决通过，并依照相关法律政策履行审核批准程序。注销前，必须对本社进行清产核资，核销债权债务。本社集体资产的处置方案必须提交成员大会表决通过方可实施。"

审查后认为应当注销的，农村集体经济组织所在地的县级以上地方人民政府农业农村主管部门应当及时办理注销登记。

第二节　农村集体经济组织特别法人治理机制构建

对于农村集体经济组织特别法人的内部运行而言，科学、合理的法人治理机制必不可少，该机制从机构人员的构成和内部运转制度两个方面影响农村集体经济组织特别法人的有效运转。农村集体经济组织特别法人尽管具有特别性，但法人均应遵循"决策—执行—监督"基本运行逻辑。因此，权力机构、执行机构、监督机构仍应是农村集体经济组织特别法人的三大内部治理机构，且根据各机构的作用，其成员构成也存在差异。除机构、成员的构成之外，法人的运行、管理应由特定的规则加以规制。换言之，一个完备的法人内部治理机制应包含人员构成与治理规则两个基本因素。

一、农村集体经济组织特别法人的内部治理机构

（一）权力机构的成员构成

一般而言，农村集体经济组织成员大会为农村集体经济组织法人的最高权力机构[1]，除此之外，集体成员较多的还可设立成员代表大会。[2]

成员大会成员身份通常具有特殊性，这是基于农村集体经济组织存在于固定地域的相对封闭性而产生的，这一特殊性对农村集体经济组织法人内部治理机构的设计至关重要，理由如下：第一，该特殊性使得成员身份具备保障功能。[3]由于地域固定，成员身份天生蕴含着集体土地权益，该权益的存在与农村集体经济组织公益服务的职能和社会保障的属性相呼应，社会保障的内涵，简言之，即在集体收益分配时考虑公益事务，这种思维背后包含着对成员利益的维护，利于成员基于身份而得到利益的有效保障。第二，该身份涉及受益主体地位。因为地域封闭，所以社区特定，而来源于这一特定社区的成员就具有稳定的身份渊源，同时基于此，在组织结构体系中，这些具有特定身份的成员在结构中具有稳定地位。[4]第三，体现整体主义分配原则，明确集体资产股份合作逻辑基础，即为强调资产收益的分配逻辑，该逻辑应区别于强调股东出资的对价逻辑。具体采用何种逻辑基础将影响权力机构对于人员构成的设置。其中，分配逻辑以第二人称代表成员，体现组织收益是由上而下的、由集体向成员的单向性输出；而对价逻辑则以第一人称代表成员，认为组织和成员是平等的双向关系。在分配逻辑导向下，成员在组织中常处于接受者的地位，更加被动与弱势，而在对价逻辑导向下，成员则以更加积极主动的姿态参与组织运行。分配逻辑基础在组织结构和决策模式上影

---

[1] 《农村集体经济组织示范章程（试行）》第十四条规定："成员大会是本社最高权力机构。成员大会由本社具有完全民事行为能力的全体成员组成。"
[2] 《农村集体经济组织法》第二十八条第一款规定："农村集体经济组织成员较多的，可以按照农村集体经济组织章程规定设立成员代表大会。"
[3] 王洪平.农村集体产权制度的法权结构研究[J].中国不动产法研究，2020（2）：98.
[4] 王洪平.农村集体产权制度的法权结构研究[J].中国不动产法研究，2020（2）：98.

响集体资产股份合作，此举利于深化成员间的互信关系，助于实现集体资产的持续性增值。[1]

因此，基于成员（代表）大会对身份特殊性的要求，其成员一般来源于农村集体经济组织成员。但仍有问题需要明确，在实践改革过程中，非成员股东是否能够成为股东大会的组成成员呢？

对此，有学者提出，一般法人的生成通常遵循"出资—设立"的逻辑，但农村集体经济组织特别法人突破了该原则性，独立奉行"命令—设立或转制"的逻辑路径，体现了法人的治理机构及其人员构成的特殊性，其中农村集体经济组织权力机构成员不可含非成员股东。该观点认为如允许非成员股东进入权力机构，作为机构细胞，将影响农村集体经济组织双重治理要求的实现。[2]

但事实上，非成员股东参与权力机构并不会实质上损害集体权益，同时也能彰显成员权利的一致性与公平性。首先，非成员股东的构成决定了其人员数量稀少，其作为权力机构成员并不会左右集体的意志。从非成员股东的构成来看，非成员股东包括两种产生路径，初始产生和继受产生，二者区别在于股权获得方式的差异，初始产生是指不依附于既存的他人所有的权利，仅根据股权类型而发生区别的新权利，具体可根据劳龄、贡献程度和才能分为劳龄股、干部贡献股、人才股几种类型；继受产生指基于他人所有的股权而发生的权利，原因通常包括继承、出资等法律事实。就初始的非成员股东而言，无论是人才股股东还是干部贡献股股东、劳龄股股东，其身份的初始取得均存在条件限制。如黑龙江省将曾为集体劳动的原成员纳入劳龄股的配置对象，其基于与该集体组织的长期相关度取得股权，从而具备股东身份，但人员数量有限。其次，从股东身份效果来看，非成员股东权益的直接表现形式为享有股份收益权，其对利益的追求完全契合农村集体经济组织对经济发展的需求，故在双方目标一致的基本前提下，确认其权力机构组成人员身份并无不当。最后，从形式公平的角度而言，同为股东，若仅因身份取得的来源不同而禁止非成员股东进入权力机构，则事实上限制了其知情权、监督权等程序性权利，有违公平原则。再从实践探索来看，四川省和黑龙江省都通过法人章程规定了基于继承而取得集体资产股权的非成员的表决权。[3]以上规定表明，部分非成员股东需通过表决权的行使参与内部治理。

（二）执行机构的人员构成

非成员股东能否成为执行机构组成人员是农村集体经济组织执行机构人员构成的争议性问题，分析这一问题，首先应明确执行机构的主要内涵。执行机构主要包括经理层和理事会，前者通常要求人员具有专业化水平，在经营管理或技术上有一定价值，并不关注人员本身的成员身份，而后者是否也不关注成员身份尚存争议，目前主要有肯定与否定两种不同观点。

肯定观认为理事会是执行机构，在市场交易中，主体行动针对外部市场，其重点在于通

---

[1] 宋天骐. 论农村集体经济组织法人内部治理中的"人"与"财"——以治理机构的人员构成与集体资产股权为观察对象[J]. 河北法学，2022，40（4）：38-39.
[2] 王洪平. 农村集体产权制度的法权结构研究[J]. 中国不动产法研究，2020（2）：98.
[3] 《黑龙江省农村集体经济组织条例》第十三条第二款规定："成员股份可以继承，本集体经济组织成员以外的人员通过继承取得股份的，不享有选举权和被选举权；是否享有表决权，由章程规定。无人继承又无人受遗赠的成员股份归本集体经济组织所有，可以转增集体股或者公积公益金。"《四川省农村集体经济组织条例》第三十二条第四款规定："农村集体资产股份（份额）可以依法继承。本集体经济组织成员之外的人员通过继承取得股份（份额）的，是否享有表决权由组织章程规定。"

过外部手段利用市场资源，如果一味局限于成员理事，一方面会削弱外部资源的引入能力，另一方面还可能造成治理上的弊端，即因人情而导致组织机构运行阻塞。[1]而正相反，非成员身份人员通常人情束缚程度较弱，加之执行机构人员通常由权力机构选举产生，也通常通过其决议进行罢免，此举通常利于纠正执行机构人员的不当控制。[2]

否定观认为农村集体经济组织法人是特别法人，在管理上注重成员意志，通常表现为"民主"形式，所以成员身份应为理事会成员的必然标准。同时，否定观通过研究同一国家对公司董事会与合作社理事会的不同规定，指出社员身份通常是同一国家中合作社理事会加以关注的重点，典型代表如德国、中国[3]，而董事会正好相反。[4]

本书认为，中国对理事会成员身份的要求取决于其法人特性，其在市场的具体定位并非重要影响因素，肯定观忽略了农村集体经济组织法人特性，因此存在偏颇；而否定观虽关注到这一特性，但其观察对象在实践中却产生混乱，包括了专业合作社，其观点还有待进一步考虑。其一，民主管理确为农村集体经济组织不可抹去的底色，理事会主要负责组织法人的日常经营管理，特别是资产的日常管理。在日常管理中，成员身份和非成员身份人员最主要的差异就在于情感的联系和信任度的保障，使用非成员身份人员的风险和成本明显高于成员身份人员。其二，农村集体经济组织在功能上具有双重性，同时追求营利和公益性，其中公益性代表着一定程度的无偿性。非成员股东通常希望通过行使理事会的职权为自身营利，但这种营利性往往和公益性相冲突，这种冲突并不符合组织法人的社会功能和服务功能，而这两种功能是组织存续的价值基础和根本要求，任何其他要求都应让位。其三，社区性是农村集体经济组织的重要特性。[5]农村集体经济组织机构组成人员通常来源于一定地域范围内的社区，国外在此规定上与国内存在差异，瑞士法和意大利法便出现了放松理事社员身份的趋势，但该趋势并不适用于国内具体情况。同时还应看到，尽管瑞士法对社员身份有所放松，但也并非完全不要求董事会成员的社员身份，不过在范围上进行了一定程度的缩小，从全体成员需具备缩小到了多数成员应具备。[6]瑞士法将执行机构区分为董事会和因授权方可行使执行权力的事务执行人或经理人。[7]可见，董事会作为执行机构，仍保持着对社员身份的要求，具体人员负责事务执行，不要求社员符合身份要求。[8]

（三）监督机构的人员构成

在比较法上，各机构人员构成存在差异，监督机构与执行机构规定不同。后者原则上要

---

[1] 文雷. 农民专业合作社治理机制会影响其绩效吗？——基于山东，河南，陕西三省153份问卷的实证研究[J]. 经济社会体制比较，2016（6）：142-143.
[2] 刘观来. 合作社治理结构法律制度研究[M]. 北京：中国政法大学出版社，2018：186.
[3] 《德国工商业与经济合作社法》第九条第二款要求合作社董事会成员具有社员身份，而我国《农民专业合作社法》第三十三条第三款也规定，理事长、理事、执行监事或者监事会成员，由成员大会从本社成员中选举产生，依照本法和章程的规定行使职权，对成员大会负责。
[4] 孙迎春. 农村股份经济合作社治理结构法律制度研究[M]. 北京：中国政法大学出版社，2020：152-153.
[5] 最高人民法院民法典贯彻实施工作领导小组. 中华人民共和国民法典总则编理解与适用（上）[M]. 北京：人民法院出版社，2020：501.
[6] 意大利《民法典》第二千五百四十二条也存在相似规定，即董事会成员的多数应具有社员身份。
[7] 戴永盛. 瑞士债务法[M]. 北京：中国政法大学出版社，2016：397.
[8] 陈珉，等. 合作社法律制度研究[M]. 北京：法律出版社，2013：125.

求社员身份[1]，前者则有两类典型立法表现：首先是以德国、俄罗斯为典型代表的，规定监事会成员须具有社员身份的立法规范；[2]其次是以《瑞士债法典》为典型的，对内部和外部成员身份要求不同的立法规范，其中内部社员身份为监事会成员必然要件，而在外部，其人员构成不再局限于社员身份，可扩大至公共机构或司法人员。[3]

上述比较法对我国具有一定的借鉴意义，主要体现在以下几个方面：其一，二者在治理机制上类似，都关注成员独立意志，鼓励采用民主的方式对社员进行控制；其二，个体意志稍显弱势，但通过合作社联合可集合成员力量，有效达到制约监督内部权力的目的，并同时构成一个权力制约监督机制。我国农村集体经济组织法人监事会在人员构成上也可参照适用以上操作，即将成员的身份要求视为一项任意性规范。这种灵活操作对监事会的组成和运行有积极影响，具体论证如下：首先，权力机构构成权力来源核心，执行机构构成组织能动性来源，二者共同促使组织运行，实现民主的价值目标，监督机构在其中仅起到次要作用。其次，中国共产党是一切事业的领导核心，对民主治理机制来说，党的领导是其明显特质。在法人内部治理中，监事会成员由党组织提名选任，党的领导作用因而在监督机构中得到发挥，这种特质是中国农业集体经济组织所特有的，在组织架构和决策机制中发挥重要影响。因为党的领导发挥强大作用，因此对于监事的成员身份，不必严格要求。最后，在我国的治理实践中，企业等法人在监督机构形式上存在一定程度的固化问题，而农村集体经济组织由于其独特的封闭性，固化问题尤为显著。

二、农村集体经济组织特别法人的内部治理规则

（一）决议规则

法人化是农村集体经济组织发展的大趋势，法人化的目的在于：其一，顺应农村集体产权制度改革潮流，明晰集体产权；其二，关注农民权益，确保农村财产自治。

此处"自治"暗含集体经济组织和农民集体的依附关系。集体成员行使参与权和管理权，两种权利集中体现为民主决策并据此达到保护自身权益的目的，参与民主管理的权利核心在于集体决议过程中农村集体组织成员发挥作用所需借助的投票权。团体会员是集体会员投票权存在的参照坐标，在传统法人构架中，投票权乃是由团体会员凭借其社员资格所衍生的权利，表现为团体会员的共益权。集体成员行使投票权对组织决策、意志等具有重要意义，农民集体成员通过行使投票权形成集体决议，对集体经济组织进行约束，进而将重大事项通过集体意志统一表达给外界。在农民集体意志形成的过程中，多数决定的意向具有决定性的作用。然而，多数决定并不等同于参与者的个体意向表达完全一致，而是允许不同意见存在。集体经济组织制定具体决议机制时，要注重自身的特点。一是决议的多数原则应实行"一票"

---

[1] 意大利《民法典》第二千五百四十二条规定董事会成员的多数应具有社员身份。
[2] 《德国工商业与经济合作社法》第九条第二款规定："董事会和监事会成员为合作社社员必须是自然人。"《俄罗斯联邦民法典》第一百一十条第二款规定："只有合作社社员方能担任合作社监督委员会和管理委员会的委员以及合作社主席。"
[3] 2008年前，《瑞士债法典》第九百零六条规定监事会的成员可以包括外部监事；现行《瑞士债法典》第九百零六条规定监事会准用股份有限公司的相关规定，而第七百三十条规定公共审计局或其雇员符合条件的可以作为外部审计人，即监事会成员。

或"一票"的平均主义，不能实行资本多数决。平均主义包含两重意思，第一，组织中的每个成员具有平等的意愿表达资格；第二，集体意愿源于每个成员的意思，又高于个人成员的意思，不是每个成员的意思的简单相加。在多数决定原则下，隐含着不过分询问少数人意志的内涵，这是团体决议的规则，但也尊重少数成员的意志，原因在于集体决议难以达成一致，因为成员的个人意愿和目的不同，而现实却需要集体决策，并对所有成员产生作用。

需要强调的是，多数决议案一般是为了优化公司内部治理机制所提出的决议案，是由董事会多数成员股权决定通过的，而不是由资本所控的。企业法人是运用多数决议的典型，谁拥有更多的股权，谁就在公司中占有绝对的优势地位，但集体经济组织基于多方面的原因，很难采纳这一原则。[①] 企业法人应在法律法规及公司章程规定的范围内进行决议。在会议召开前，应提前通知所有相关人员，确保他们有足够的时间准备。会议的召开应遵循合法公正、公开的原则，确保所有股东的合法权益。会议的表决应采用投票方式，按照公司章程规定的比例进行。在出现赞成票与反对票相等的情况时，应进行复议。而资本多数决并不存在于集体经济组织成员之间，集体没有财产投入，重在公平的折股量化机制也只是为了保障收益分配合理。再者，两者背后的逻辑不同，集体经济组织有关重大事项的表决，如修改章程、解散组织等，需经三分之二以上成员同意方可通过。其他事项的表决，按照公司章程的规定进行，显然成员享有平等投票权，不同于企业法人的多数资本股权决定。还有便是对外利害关系的适用性不同，《民法典》第八十五条规定："营利法人的权力机构、执行机构作出决议的会议召集程序、表决方式违反法律、行政法规、法人章程，或者决议内容违反法人章程的，营利法人的出资人可以请求人民法院撤销该决议。但是，营利法人依据该决议与善意相对人形成的民事法律关系不受影响。"同样，农村集体经济组织也是法人的一种，其民事法律行为自然也不能对抗善意第三人。农民集体决议的显著特征是内部性，内部决议做出的过程，外部主体很难知晓。当相对人出于善意，在对决议产生信任的基础上，明确表示接受决议内容并作出具体行为时，应当保护相对人的信赖利益。然而，在实际情境中，可能出现极端情况，第三人信赖利益在集体成员的民主参与权利和农村集体资产同时被决议行为侵犯，导致财产减少或流失时，是否仍应得到保障呢？这是一个比较难的问题。关键就是要明确信任保障原则背后的利益保障导向。尽管存在侵权行为，但第三方的信赖利益与决议行为本身的合法性和公正性无关。如果第三方基于对集体经济组织法人的信任而与该组织进行交易或其他合作，那么该第三方的信赖利益应当得到保障。这是因为保护信赖利益有助于维护社会秩序和公平交易，并增强市场信心。而集体资产背后的利益通常是更高层次的政治秩序，也就是维系和保障公有制这一利益核心，相对于其他诸多利益而言属于优先利益。既然农村集体经济组织也涉及市场，则必然会触及善意相对人的有关规定，基于农村集体经济组织财产归属集体，具有公有制规范，其受国家宪法的根本保护，因此，当善意相对人面临农村集体经济组织时，需更为严格地进行审查。但是如果法律行为本身有恶意或是无效行为，此时决议虽涉及外部交易关系，但因不得与根本法律对抗，应属无效决议，不应保护交易相对人。

由此可知，集体经济组织本身具备互助和公益的双重面向和属性。决议机制虽然来源于

---

① 李国强，朱晓慧. 农村集体经济组织法人的治理机制研究[J]. 财经法学，2022（1）：68.

集体经济组织所规范的内部治理体系，需要通过章程对决议规则和事项作出规定，但其规则和事项也不能偏离法律规定，集体经济组织基于根本法益的目标和功能，有必要通过对决议行为设定一定的强制性规范。[1]

（二）权益分配规则

部分学者强调，权益保障原则决定了农村集体经济组织法人治理机制的根本目标，不仅是实现其自身权益的需求，更是构建有效维护集体经济组织成员权利治理体系的必要条件。[2]集体资产是为农民集体成员提供基本生存条件的有力保障，集体资产的分配、权益资格的保护是集体成员最为关切的、与其密切相关的内容，必须严格贯彻权益保障和公平原则。权益分配机制致力于激发农民的劳动积极性，倾斜保护弱势群体，平衡集体组织成员的利益协调机制。可见基于群体属性和成员构成的现实需要，落实具体权益保障需要合理分配机制的加持。在落实权益保障原则的过程中，除确保乡村基础设施建设的储备和农民集体经济的可持续发展外，还要兼顾保障全体成员财产权益的普遍性，根据不同群体需要给予特殊保护。

对于上述股权分配目标，作为集体经济组织的典型特别法人需要通过"折股量化"的设计来实现。这样的设计，可以实现集体资产管理和运营的透明化和规范化，减少管理过程中的腐败和权力寻租现象。同时，每个集体成员都可以通过持有股份参与到集体资产的管理和决策中来，增强民主参与和相互监督的力度，推动实现共同富裕。[3]

集体股主要是指将集体资产按照一定标准进行量化折股，使得整个集体中的成员都能够持有一定数量的股份，从而实现对集体资产的管理和收益分配。这里的一定标准，并非资本对等，而是以股份为基础的集体资产收益分配。集体股并不是以农民集体成员为单位设立的，目标利益也不是以特定的集体成员为单位的，所以并不具体分配成员的权益。[4]基于保障公共物品和成员福利的实际需要，集体股设置呈现多样化，补充缴纳相关费用和支付相关社会性必要支出[5]处理产权制度改革中的历史遗留问题。[6]从以上目的导向可看出，集体股仍为集体成员谋福利，原因在于其虽然不直接分配成员之间的权益，但其资金支出的最终受益者实际上仍为集体成员。在阐释设置集体股的实质合理性之后，再从法律解释上来看，还存在有待进一步厘清的问题。首先，集体股应被视为一种集体资产收益回归集体的根据。理由在于作为收益分配机制的量化标准，集体股乃是非公司法意义上的股权，因此不存在股权确切归属于哪一主体的问题。其次，集体股和公积公益金存在区别。集体股对应的资产应划归集体

---

[1] 李国强，朱晓慧. 农村集体经济法人的治理机制研究[J]. 财经法学，2022（1）：69.
[2] 管洪彦. 农村集体经济组织，法人治理机制立法建构的基本思路[J]. 苏州大学学报（哲学社会科学版），2019（1）：57.
[3] 李国强，朱晓慧. 农村集体经济法人的治理机制研究[J]. 财经法学，2022（1）：70.
[4] 参见《农村集体经济组织示范章程（试行）》第三十九条规定：本社将经营性资产（不含集体土地所有权，下同）以份额形式量化到本社成员，设置份额"成员股"和"集体股"，其中成员股包括"人口股""劳龄股""扶贫股""敬老股"等。
[5] 房绍坤，任怡多. 论农村集体产权制度改革中的集体股：存废之争与现实路径[J]. 苏州大学学报（哲学社会科学版），2021（2）：63.
[6] 刘彦. 农村股份经济合作社法律问题研究——从北京市农村集体经济产权制度改革制度实践谈起[J]. 北京工业大学学报，2012（2）：40.

所有，公积公益金则归属于独立法人——集体经济组织，一般具有清偿债务、弥补经营可能性亏损、扩大生产规模的功能，最终目的是实现集体公共事业和保障成员福利，此为其价值导向。有观点认为公积公益金具有替代集体股的潜力①，但笔者认为将二者分别设置是保障产权明晰、维系成员权益分配公平的应有之义，前述看法忽略了农村集体经济组织和农民集体的主要差异性，即二者所表现的直接利益不同。

在一般规则基础上，各地方立法均将成员股具体特别化，按照各地地方实际需要，结合地方特色，设置了不同类别的成员股：北京市包括资源股、人口股、现金股、劳龄股等；上海市原则上仅配置劳龄股；而广州市荔湾区则划分劳龄股和人口股，其中人口股又包括社会股和社员股。针对不同原因，所配置成员股类型也会不同，户口未迁出的成员配置社员股，外出读书或工作等原因迁出的人员配置社会股，这类成员可参与分红但不享有选举和被选举权。②尽管上述地区具体配置差异明显，但细究本质，其中存在一定的重合性，即皆是为了满足农民集体成员个性差异需求，激励劳动成员依靠劳动创造财富的积极性，进而保障成员利益。根据所处地区的具体情况划分不同类别的成员股具有一定合理性，然为保障集体成员在集体经济发展中的平等和公平受益地位，人口股自是不可撼动的基础，地域等其他需要则是次要考虑因素。

最后但同样重要的是农民集体内部弱势群体的特殊保障制度设置，如空巢老人需要老人股等权益设置分配的助力保障。总体而言，农村集体经济组织以农民集体成员股为主要依据分配权益，各地在此基础上坚持公平分配，根据发展程度高低选择有效的不同配置类型。

（三）监督规则

机构组织需要系统的内部监督机制，农村集体经济组织内部财产分配须在监督机制下方可运转正常，即确保农民成员权的独立行使以及财产收益充足，如此组织内部成员关系或可平衡和谐，显而易见监督机制是确保集体财产由成员共享的必要条件。特别需要注意，集体经济组织中的实际控制权力和财产利益都不可由少数人掌控。这一点表明，集体组织监督机制的严苛程度较传统法人可谓有过之而无不及，对信息透明度的要求很高。监督机制构建路径如图 7-1 所示。

---

① 刘彦. 农村股份经济合作社法律问题研究——从北京市农村集体经济产权制度改革制度实践谈起[J]. 北京工业大学学报，2012（2）：40.
② 张洪波. 论农村集体资产股份合作中的折股量化[J]. 苏州大学学报（哲学社会科学版），2019（2）：50.

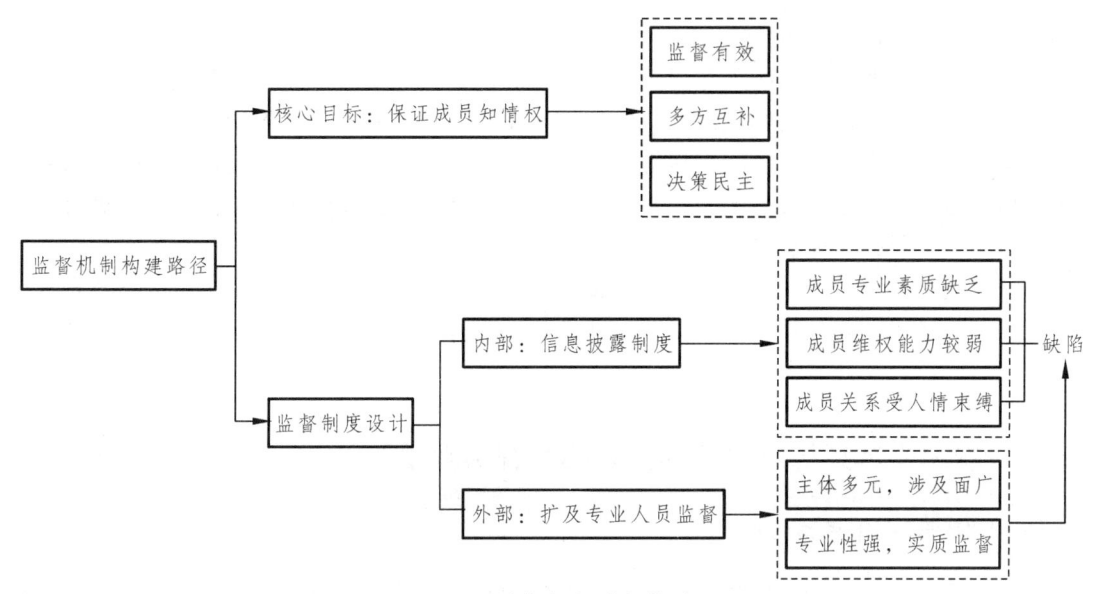

第七章 农村集体经济组织法人制度之构建方式

图 7-1 监督机制路径构建

第一，集体成员的知情权无疑是构建监督机制大厦的基石，对实现有效监督的价值目标具有根本性意义。正所谓"知己知彼，百战不殆"，只有事先了解相关信息，进而对所参与决议的事项存在多方面思考和互补决断，才能作出选择，实现监督有效。

第二，建立监督机制的枢纽是完备且及时的信息公开制度。集体经济组织本就存在团体组织内在固有的封闭性①，但恰恰在信息披露上必须要求透明、公开，但是也有例外，其财务信息就不对外公开，这是其在处理对外信息上有别于有限公司的地方。公司股东和农民集体成员存在素养差异，公司股东通常受过专业化培训，公司经营专业化素养较高，而集体成员并不具有必然的专业素质，同时，农民集体成员维护自身权利的主张能力较有限公司也有欠缺。所以，为弥补以上差距，确保信息对称性，保障农民集体成员对集体经济组织运行情况的了解，更好接受成员监督，有关其权益的重大信息必须、定期、及时公开，包括资产管理信息、财务信息、经济活动信息等。

黑龙江地方立法对重大经济事项公开进行了相关规定，明确规定相关信息需要公开和披露，为了能随时随地接受成员监督，保证成员知情权、监督权，采用季度固定公示栏，重大事项随时公开，随时接受监督。针对重大事项，监事会的监督应是"要式监督"，简而言之便是严格监督并总结、提交、公开监督报告。②信息披露规定在很大程度上借鉴了上市公司将财务信息定期公开与重大事项随时公开相结合的制度。这种机制须经法律化、政策化规定为

---

① 赵万一，张长健.论集体经济组织法权关系的创新——以社区型股份合作制法人组织的建构为研究对象[J].西南民族大学学报（人文社会科学版），2012（6）：88.
② 参见《黑龙江省农村集体经济组织条例》第四十二条：农村集体经济组织应当采取设置固定的公示栏等多种方式，每季度公开一次财务情况，重大事项随时公开，公开期限不得少于7日，接受成员监督。财务公开信息应当由理事长、监事长和会计签字确认。第四十三条：监事会应当对本集体经济组织的经济活动进行监督，年终形成监督报告并向全体成员公开，公开期限不得少于7日。监事开展监督时，不得借审查财务之机隐匿、篡改、毁损财务资料，不得擅自公布财务信息。监事会行使监督权与理事会发生争议时，有权召集成员大会或者成员代表大会讨论决定。

163

强制性规范才可有法律拘束力。

第三,在构建监督机制的外在保障中,结合农民集体成员的专业监督与民主监督显得尤为重要。监督有益于农村集体经济组织正确行使民主权利,其中主体多元、涉及面广泛应是组织监督机制的长远存续之计。但根据目前实际,所需监督是实质的、真正的监督,即专业监督。所谓专业,应是形式与实质齐头并进。一是内部机构的设置形式多样,有监事会、相关委员会等。二是监督机制确有实际效用,实际上,可以考虑设立专业财务委员会,用于实质性监督问题的阐明与报告。成员一般监督与专业部门监督相结合,呈现出更为高效合理的权利行使和内部机构管理模式,形成多元共管局面,有益于增强集体组织内部资财运转管理的透明度。①

三、农村集体经济组织特别法人的章程治理手段

(一)以章程治理为核心机制

章程是农村集体经济组织特别法人有效治理的必需条件。具体表现为:第一,法人章程作为行为准则和总纲领,规定了组织目标、确认成员身份及其权利义务、建立决策和监督机制,同时规范内部系统运转流程,作用显著。第二,法人章程是农村集体经济组织设立运转的关键和基础。作为法人事务运转的自治规范依据,对外可公示对抗,对内则体现最高效力地位。四川省在《农村集体经济组织条例》中将组织章程规定为农村集体经济组织的必备要件,法律实践已证明其重要性。第三,农村集体经济组织法人章程受到国家法律和政策的制约。法人章程内容严禁违反法律的强制性规定和公序良俗。第四,农村集体经济组织的法人章程能够具体反映其法人治理的个性化规则,如因地制宜地选择制定农村集体经济组织的成员认定规则、议事表决规则等。

农村集体经济组织法人的治理具有强制性与自治性相结合的特点,其自治性主要可见于法人章程之中。事实上,章程是有至高效力的内部管理文件,同时对外可公示对抗。因此,法人章程对成熟的农村集体经济组织法人治理结构具有重要意义。从属性上看,农村集体经济组织法人章程属于自治约定范畴,主要代表集体成员的意志。但应注意,农村集体经济组织的法人章程依然应受到法律和政策的规制,这也正体现了《农村集体经济组织示范章程(试行)》的引领作用。从内容上看,各个农村集体经济组织可以通过法人章程,制定适合自身的成员认定、议事表决等规则,反映自身的个性治理。但其内容仍然不得违反法律规定和公序良俗。

(二)以特别性为章程治理关键

第一,从整体上来看,农村集体经济组织章程内容特殊,包括组织目标、成员身份及其权利义务关系以及决策监督机制等重大事项。近些年来,不少地方立法和改革实践对法人章程内容多有涉及。从各地操作实践来看,农村集体经济组织章程的内容异中存同,甚至不少地方组织章程的内容一模一样,这显然未展现章程内容之特别性。农村集体经济组织章程应

---

① 李国强,朱晓慧.农村集体经济法人的治理机制研究[J].财经法学,2020(1):71.

如2021年《四川省农村集体经济组织条例》的相关规定[①]，将各项具体必备事项一一列举出来，毕竟章程在农村集体经济组织的治理结构中至关重要。此外，相关禁止事项也应明确示意，具体在条文中表述为组织章程不得有侵害农村集体经济组织成员的人身、财产及民主权利等内容。更值得关注的是，基于本组织特性来实现自我设计是该特别法人的特别之处。

第二，章程制定特别。章程可以说是既存成员与后来成员之间签订的合同，其成立需要当事方达成合意。[②]鉴于团体设立以章程制定为外在表现，因此法人形式选择不同会影响章程规则的类型。同时，正如前述，集体法人章程通过乃法定程序，关系法人运转和利益相关者权益，程序必然严格。对此，地方立法和改革实践普遍要求农村集体经济组织必须制定章程，法人具有民事主体性，因此章程由集体组织而非政府制定。[③]但尽管如此，农村集体经济组织法人章程的制定并非不能体现公权力，自治与强制相结合，才能确确实实区别于营利法人章程，如黑龙江省在《农村集体经济组织条例》第十八条中的具体规定。[④]

第三，法人章程修改具有特殊性。为确保修改工作的合法、合规和有效性，特制定如下程序，如表7-1所示。

表7-1 法人章程修改程序

程序	启动修改程序	股东会议决策	起草修改方案	成员大会审议	公告与生效
具体内容	·具有启动权的主体提出：包括理事会和十分之一以上有选举权的成员 ·须采取书面形式，确保信息的完整和准确 ·必须符合法律法规，不得侵犯成员的权益或违反章程的宗旨	·提交给成员股东会议进行审议，成员股东会议将决定是否需要修改章程 ·如果认为需要修改，将公告示之，确保所有成员了解修改的必要性	·理事会将在成员股东会议决策后统一起草修改方案（详细列出修改的内容、理由和预期的影响） ·方案的起草须经过深思熟虑，确保每个细节都符合法律法规和章程的宗旨	·修改方案完成后，将提交给成员大会进行审议 ·成员大会将对修改方案进行全面讨论，并决定是否通过该方案。修改方案的通过需要得到农村集体经济组织成员的三分之二以上多数的支持	·修改方案获得通过，将立即公告通知所有成员 ·公告将详细说明修改的内容、生效日期以及对成员的影响 ·修改后的章程将在公告发布后的法定期限内生效

需要注意的是，不同类型的农村集体经济组织的法人形式可能会影响修改程序的选择和应用，因而在实际操作中，要结合具体情况灵活调整，确保其合法性和有效性。

---

① 对此，如《四川省农村集体经济组织条例》第二十五条规定："农村集体经济组织应当制定组织章程，载明下列事项：（一）组织名称、住所、资产情况；（二）成员身份取得丧失的条件和程序以及成员权利义务；（三）组织机构及其产生办法，职权、议事规则；（四）成员代表大会的成立及其职责，成员代表的产生、数量、构成、任期以及成员代表大会的议事规则；（五）资产经营、财务管理和收益分配等制度和弥补亏损方案；（六）章程修改及组织变更、注销处理程序；（七）公开制度；（八）其他需要规定的事项。"
② 蔡立东等.团体法制的中国逻辑[M].北京：法律出版社，2018：38.
③ 屈茂辉.农村集体经济组织法人制度研究[J].政法论坛，2018（2）：37.
④ 《黑龙江省农村集体经济组织条例》第十八条规定："农村集体经济组织应当在乡（镇）人民政府或者街道办事处指导下起草章程，经成员大会表决通过，在县级农业农村行政主管部门的监督下实施。"

第四，章程在落实过程中效力表现特殊。一是目的特定性，特别法人章程主要是为了规范特别法人的组织和行为，保障其合法权益，实现特定的社会目标。特别法人章程的制定和修改都需紧紧围绕这一目的进行，确保其效力的针对性和有效性。二是内容法定性，特别法人章程的内容受到法律的严格限制，必须符合法律法规的规定，不得与法律法规相抵触。这保证了特别法人章程的合法性和权威性，同时也确保了特别法人行为的规范性和合法性。三是主体拘束力特定，组织章程一经法定程序表决生效，即对全体现有成员具有法律拘束力，但也不妨碍对后来加入成员具有拘束力。四是对外和对内双重约束力，特别法人章程不仅对特别法人内部成员具有约束力，还对外界具有一定的约束力。一方面，它对内表现出最高效力，是内部治理的总纲领。至于内部规制的主体，法人章程不仅约束农村集体经济组织自身整体，而且约束法人的组织机构和各个成员。另一方面，它对外也具有公示对抗的效力。即外界在与特别法人进行交易、合作等活动时，必须遵守特别法人章程的规定，不得违反其内容，这在一定程度上保护了特别法人的合法权益，提高了其公信力。而且法人效力由《民法典》规定，作为一般规则，对农村集体经济组织这一特别法人具有适用性。[①]因此，出于交易安全及保障第三人信赖利益的考虑，农村集体经济组织法人章程原则上不得违抗善意第三人。简而言之，农村集体经济组织章程同时具备对内和对外两大效力。五是强制执行性，如果违反特别法人章程的规定，将受到法律的制裁和惩罚，这点毫无疑问。法律对违反章程的行为进行强制执行，以确保特别法人章程的权威性和效力。这使得特别法人章程具有强制执行力，对维护市场秩序和社会公正具有重要意义。

第三节　农村集体经济组织特别法人终止程序构建

我国《民法典》一般规则适用于所有法人机构，对法人的终止规则设定为：通常情形下，法人可以经由法人解散、被宣告破产以及法定的其他原因而终止。农村集体经济组织属于我国法人体系下的特别法人，作为同一体系下的主体内容，适用该一般性规定。但作为特别法人，农村集体经济组织不宜直接适用该规定，而是需结合普遍性与特殊性，针对性地规范具体制度。也正如学界所言，《农村集体经济组织法》的制定除了遵循基本规范，更为重点的应在于对其法人性质的特别性深入研究和提炼总结。

一、农村集体经济组织特别法人终止之辩

（一）农村集体经济组织特别法人能否终止

针对农村集体经济组织法人终止的相关问题，学界争议不断，焦点主要集中于有没有中止的法律依据或是政策允许、终止由何导致、权益归属如何才能尽显公平、该给予哪一方保护、财产转属何去何从、立法层面如何表述方显合理等方面。其中，对于"农村集体经济组织破产可否与一般法人一样适用破产制度"这一问题，观点颇多，以下列举主要类别：

---

① 《民法典》第六十一条："依照法律或者法人章程的规定，代表法人从事民事活动的负责人，为法人的法定代表人。法定代表人以法人名义从事的民事活动，其法律后果由法人承受。"

其一,"破产否定论"。这类观点否定了集体经济组织作为法人的破产能力。[1]该理论重点关注集体经济组织的组织特性,即组织因法律支撑而存在,因此未经法律允许的农村集体经济组织不能独立享有破产的能力,不可随意解散、清算。[2]因此,对于农村集体经济组织,在非正当理由、无破产必要、不合理的情形之下不能予以破产权利。[3]该观点认为,农村经济组织的自主调节适应能力局限性很大,故而要想实现籍合组织变更,在公权力管理要求的范围之外以自身效率为先自发进行组织更新或仅仅是因为竞争失败而破产重整都是不被允许的。[4]

其二,"破产肯定论"。虽肯定破产,但也并非直接适用,而是在考虑组织法人特殊性基础上进一步构筑合宜的终止制度。该观点认为,农村集体经济组织同样可申请破产,但鉴于组织以维护集体成员共同利益为目的,专门设置破产重整程序是该组织特别性所必要的。[5]所谓特别,便是程序选择特别,第一便是从破产和解与破产重整两套程序中选择其一,第二选择才是破产清算,这是两种程序失败后的兜底之法。[6]之所以有上述流程,是因为直接破产并非最佳选择,径直选择破产清算程序意味着农村集体经济组织法人人格被禁止,不再具备相应民事权利能力和行为能力。故而主流观点认为以重整作为主要手段来解决农村集体经济组织债务问题,配之以和解作为其可选前置程序算是合理。[7]这显然是为了激发市场主体内生活力。但尽管如此,"破产肯定论"也只是主张对破产制度的适用加以限制,并未否定其适用,所以农村集体经济组织也应当适用破产制度。[8]

其三,"区别对待论"。首先,农村集体经济组织法人属于经济组织,具有营利性,但同时也具有集体利益保障性。作为农村集体组织成员的村民以承包地等资产加入农村集体经济组织,通过该组织的经营活动取得分红等收入,所以该组织具有保障成员利益的功能和责任。此外,农村集体经济组织的成员是该组织所覆盖的社区的村民,这些村民以承包地等资产加入农村集体经济组织,成为组织成员,所以集体经济组织的成员资格与村民作为土地承包经营权人的身份密不可分,具有相对封闭性,所在社区以外的人员一般不能成为农村集体经济组织的成员。因此,针对农村集体经济组织法人的"区别对待论",建议在处理相关问题时充分考虑其特殊性,采取有针对性的措施,以保障其健康、稳定发展。

如果从农村集体经济组织集体是经营性资产归属主体这方面看的话,其可以破产,也有必要破产,破产清算程序可促进组织债务豁免,获得一定缓冲期,最终有助于组织振兴,实现成员获益,这是典型的债务免除功能。[9]但从我国立法趋势来看,为保障集体资产保值增值,免受市场风险影响,目前立法仍趋于保守。[10]不可否认,该立法选择虽能保证集体经济组织的

---

[1] 屈茂辉. 农村集体经济组织法人制度研究[J]. 政法论坛,2018(2):39.
[2] 民法总则专题讲义编审组. 民法总则专题讲义[M]. 北京:法律出版社,2019:284.
[3] 房绍坤,马鹏博. 农村集体经济组织具有破产能力吗?[J]. 上海政法学院学报(法治论丛),2022(5):19-20.
[4] 陈甦. 籍合组织的特性与法律规制的策略[J]. 清华法学,2018(3):28.
[5] 温世扬. 农村集体经济组织法人特殊构造论[J]. 政治与法律,2022(10):31.
[6] 张力,程敏. 农村集体经济组织特别法人的设立与终止[J]. 北京航空航天大学学报(社会科学版),2022(5):83.
[7] 魏冉. 农村集体经济组织破产与法人特殊性:互动基础与路径选择[J]. 大连海事大学学报(社会科学版),2020(3):15.
[8] 臧昊,梁亚荣. 农村集体经济组织破产制度研究[J]. 农业经济,2018(10):12.
[9] 高冉. 农民集体与农村集体经济组织关系之二元论[J]. 法学研究,2022(3):36.
[10] 《农村集体经济组织法》第六条第二款:"农村集体经济组织不适用有关破产法律的规定。"

财产安全，但也直接导致其缺失正常市场主体地位所应具备的重要市场退出通道，在法人理论层面恐难以自洽。

（二）农村集体经济组织特别法人终止的立法和实践

1. 农村集体经济组织特别法人终止制度缺乏立法层面的支撑

首先，立法层面专门性与具体适用性尚不足。除《民法典》在法人一章有一般规定外，在实践中，尽管一些地方已经开展了农村集体经济组织终止的试点工作，但这些实践大多基于地方政府的政策推动和指导意见，而非法律法规的明确规定，可见这方面的立法还十分欠缺。

农村集体经济组织特别法人终止制度立法层面的缺失，可能会带来一系列问题。例如，由于缺乏明确的法律规定，农村集体经济组织的终止程序、资产清算、债务处理、剩余财产分配等问题都可能存在模糊和争议，给实际操作带来困难。同时，这也可能导致各地在实践中做法不一，影响农村集体经济组织的正常运转和社会稳定。

其次，立法体系尚不完整、统一，不具备系统性，地方因地制宜制定了相关法规政策，但却没有国家统一立法指导。部分省市的地方立法先行对农村集体经济组织相关问题进行了探索，四川省赋予集体组织终止双重关卡，即成员大会内部决议通过+外部登记批准，就是一个典型例子。①而黑龙江更多侧重于组织内部决议的规定，即一人一票，民主集中。②

2. 农村集体经济组织特别法人终止的实践存在运行障碍

目前，还不太普遍的特别法人终止问题在学界争议不断，然为保持市场经济运行的健康有序、使农村集体经济组织法成为市场主体法，终止制度是合理且必要的。实践中产生了不少关于农村集体经济组织终止的制度需求，但相关规范的缺失直接导致终止制度的构建与运行存在极大缺口。有学者通过实证调研得出，目前国内尚缺乏公开终止案例，更不必谈一般情形下的特殊终止案例，尽管部分地区迫于现实曾探查过城中村集体经济组织终止制度的相关建设问题，但因受限于政策、立法等因素，并无实际成果。③即便是符合注销登记条件，也已达到政策要求的农村集体经济组织，也迈不出农村集体经济组织终止的要紧步骤。

原因主要在于：第一，终止条件过于狭隘，仅少数集体组织满足或是未完全满足，又基于城乡中国发展这一国家政策，大部分农村集体经济组织仍发挥着包括养老福利、公共服务

---

① 《四川省农村集体经济组织条例》第二十八条："农村集体经济组织因合并、分立和解散等事由需要注销的，应当结清债权债务，并由成员大会表决通过，经乡镇人民政府（街道办事处）报县级人民政府批准后，由登记机关办理相关注销手续。"
② 《黑龙江省农村集体经济组织条例》第十七条："农村集体经济组织成员大会、成员代表大会选举、表决实行一人一票制，遵循少数服从多数的原则。成员大会应当由超过半数具有选举权的成员参加，成员代表大会应当由超过三分之二的成员代表参加，选举、表决结果应当以成员或者成员代表超过半数通过，方为有效；制定和修改章程，确认本集体经济组织成员，本集体经济组织的合并、分立、解散，土地承包方案和收益分配方案，应当由成员或者成员代表超过三分之二表决通过，方为有效。成员大会、成员代表大会选举、表决事项的结果应当向全体成员公布。禁止采用暴力、胁迫、欺骗、贿选等不正当手段进行选举、表决。采用不正当手段的，选举、表决结果无效。成员大会或者成员代表大会每年至少召开一次。"
③ 管洪彦. 农村集体经济组织法人终止的法理证成与立法展开[J]. 南京农业大学学报（社会科学版），2023（1）：83.

等功能在内的多元社会功能,就算是已达社区化标准的城中村农村集体经济组织也包含其中。第二,难以企及现行政策和立法规定的终止条件。目前终止条件严苛的原因是多方面的,包括程序复杂、成员权益保障问题、社区发展需要以及地方政府的态度等,为了更好地推进农村集体经济组织的改革和发展,需要进一步完善相关政策和立法,以适应时代发展的需要。第三,终止可能导致的政治、法律和社会风险令人担忧。其中,有关集体土地的部分格外重要,农村集体经济组织承担着集体土地的管理权能,其终止后农民集体资源性资产的管理主体难以确定、集体财产的处置也并无明确规定,更需要深入考虑的是,组织成员的个体权益又该如何保障和实现。

总之,农村集体经济组织法人国家立法层面中仍有待探索的问题便是组织终止问题。农村集体经济组织法人制度带有中国特色和东方智慧,因此国际经验的借鉴与参考也应以我为主,为我所用。同时,在法理基础层面,我国学界的研究还明显不足、不够深入,不仅缺乏国家层面立法,相关政策也不明晰。实践所得出的普遍性结论认为,对这类特别法人终止问题要保持耐心,以待条件成熟,循序渐进。为推进经济高质量发展,构筑现代化法人制度,进一步优化规范和调整终止活动的能力,是法治建设的应有之义。

二、农村集体经济组织特别法人终止的事由

我国《民法典》规定的农村集体经济组织特别法人中止事由主要包括解散和破产两大情形。解散指农村集体经济组织特别法人因组织的分立、合并或者组织章程规定的事项发生而终止,主要涉及组织结构和股权的变化。而破产则是农村集体经济组织特别法人因资不抵债、无法清偿到期债务而终止,是债务问题引发的法律行为。除此之外,当农村集体经济组织特别法人面临的其他严重影响其存续和独立性经营的情况,也可以成为终止事由,但这需要进一步的法律解释和规定。早期地方立法实践不合理,有的只列举了两类情形,甚至否认终止这一概念,而且也未对其他终止原因进行探索;[1]中期则将上位概念和引发解散的情形并列规定,逻辑混乱;[2]近些年虽然并未否认终止这类情形,也未采用绝对并列的方式,但三者逻辑关系错乱,仍旧显而易见。[3]除此之外,上述地方立法共同存在如下问题:仅将解散规定为唯一的终止原因,从而忽略了资不抵债时的终止情形,该类规定仍值得推敲补充。以上集体产权制度改革试点表明地方对农村集体经济组织法人终止事由规定缺乏系统性,就算出现了资不抵债的情形,地方也会因为争议不断而选择逃避,不作积极回应。但是,制度设计的贴合性和合理性势必需要完善和提高,直面终止原因是不可避免的,所以,这是未来无论如何都要经过的一条道路。该类法人虽具特殊性,但依然是法人的一种,终止原因不可脱离《民法典》对法人终止事由的一般规定。

(一)法人解散

如上所述,解散是终止农村集体经济组织法人资格的一种情形,具体规定来于《民法典》。特别需要注意的是,现阶段,随着城镇规模的进一步扩张,因土地征收而导致的村用土地城

---

[1] 参见2008年《都江堰市农村集体经济组织管理办法》:"合并、分立两种情形。"
[2] 参见2013年《广东省农村集体经济组织管理规定》:"合并、分立、解散。"
[3] 参见2020年《浙江省村经济合作社组织条例》并列规定:"合并、分立或者终止。"

镇化较为频繁。与此同时，旧村改造、土地盘活利用等相关政策相继发布，农村行政管理体制也出现了行政区划上的调整，例如"合村并居"。上述公法因素往往作为外力因素对当地农村集体经济组织的变更产生强制性影响。追溯法理之由，农村集体经济组织毫无异议是民事主体，因此即使其具有社区性和地域性色彩，但不同于单纯公法人，与行政管理体制相比，具有更高的独立程度。随着集体土地公用化程度日益提高，公法层面调整群众自治组织的方式便是以居民委员会替代村民委员会，实质上这一措施并不会直接引起组织民事主体的变化，最多不过引发某些未设立集体经济组织的地区职能代行主体变更。无论如何，撤村建居都不会是导致集体组织主体的消灭的直接原因。[①]谈及乡村、组，其在行政区划上的公法合并同样如上，即不必然引发相应组织私法上的合并，但主体和财产之间的关系依旧可能发生变动，甚至可能同一村内共同存在多个村内集体经济组织。在面临法人解散情形时，决定组织合并或分立的决定权在于成员，组织内成员通过决议方式，以集体形式共同作出决定。

（二）法人破产

我国理论界关于破产能否成为农村集体经济组织终止原因尚存极大争议，据解释论，农村集体经济组织并非《企业破产法》适用对象，据我国现行法律规定，其不应与公司适用相同破产规则。但农村集体经济组织作为经济属性优先的特殊"市场主体"，事实上具备破产退出的基本需求，关于未来是在立法层面将农村集体经济组织直接并入适用还是通过设定特别的法律规定并按照规定将破产程序专门转化适用，尚有待商榷。

如多个债权人债权到期，发生同时涉及两个或两个以上债权人的债务清理的情形，破产制度规定的债务清理机制则会多个同时启动。破产制度以公平原则为主，保障在债务人资不抵债时能公平实现多个债权人债权的清偿能力，化解诸多债权人间因竞争清偿顺序而导致的冲突和风险。由此可见，平衡债务人、债权人和社会公众等多元利益及保护债权人利益已成为现代破产制度的主要价值追求：这一制度旨在通过一系列的程序和措施，对债务人的财产进行清算或重整，以最大限度地保护债权人的利益，同时维护社会公共利益和市场经济秩序。对债务人来说，破产制度为其提供了一种合法公正的途径，使其能够重新开始或逐步摆脱困境。经由重整程序，债务人有机会通过改善经营、减少负债或寻求新的投资等方式突破困境。这不仅有利于债务人个人和家庭，也有利于减少社会矛盾和冲突，平衡债权之间利益，是平等公平原则的具体表现。

对于债权人而言，破产制度提供了一种公平、透明的方式来解决债务问题。债权人的利益在破产程序中得到了法律的保障，他们可以通过合法途径申报债权、参与清算或重整程序，并按照法律规定的方式分配剩余财产。这有助于防止债权人之间的不正当竞争和纠纷，维护市场经济的公平和秩序。破产重整将"促进"和"再生"作为风向标，着眼于救济债务人，这在某种程度是对债权人权利行使的限制，给予债务人暂时免受债务追索的合理期间。[②]

依逻辑理性可得，破产制度自当适用于农村集体经济组织。第一，破产制度和因撤销、分立、合并等情形导致破产的法律效果无甚差别，并不存在任何价值评价层面的判断，不具有负面性和可谴责性，是典型的中性债务清理机制，因而无须将破产特殊化，甚至排斥。破

[①] 郭洁. 论农村集体经济组织的营利法人地位及立法路径[J]. 当代法学，2019（5）：81.

[②] 张世君. 我国破产重整立法的理念调适与核心制度改进[J]. 法学杂志，2020（7）：15.

产无非是遵循市场规律，遵循优胜劣汰法则，助推市场劣质成员自觉退出市场，进行资源解放与流转的正常现象，其可为集体组织提供合理的市场出清机制。国家不可能完全掌握市场变化，只能宏观调控，起决定作用的依然是市场。[①]第二，破产不等于终止。破产总共包括两方面程序：和解和重整，两种程序的主要功能为保护和再生，主要目的在于救助遭遇困境、发展滞缓的农村集体经济组织。第三，顺应市场规则的应然结果便是农村集体经济组织进入破产清算程序而走向终止，这是正常现象。农村集体经济组织进入市场并从事交易活动，享受作为市场主体的权利，自然要承担因行使权利带来一定的经营风险和相应的义务。同时，就市场现实来说，农村集体经济组织职能再特殊也不会突破风险承担性，在市场上进行经济活动时需要遵循市场经济的规则和原则。作为市场主体，农村集体经济组织有权在市场上进行自主经营、自负盈亏的活动。但同时，它们也必须承担相应的经营风险和义务，包括但不限于遵守法律法规、保障消费者权益、维护市场秩序等。在市场经济中，每个市场主体都需要权衡利弊、评估风险，并做出符合自身利益和长远发展的决策。农村集体经济组织在享受权利的同时，也需要具备承担经营风险和义务的意识和能力，这样才能更好地适应市场经济的挑战和机遇。故而农村集体经济组织因破产而终止不可绝对禁止。[②]

关于农村集体经济组织破产制度的设计，有学者认为可借鉴国外的市政破产制。如美国《联邦破产法》第九章中的市政机构破产制度排除破产清算程序，选择将重整置于首位，这一举措利于实现组织的保全，值得借鉴。[③]但此观点仍有待商讨：其一，有观点将美国《联邦破产法》第九章贴切地称为债务调整程序，有助于减轻地方政府财政危机对公共服务职能的影响，维持人民基本生活，本书认同这种观点。通常意义上来说，这样的债务适合促成债权人在法定程序，与地方政府达成合适的债务清偿协议，由后者据协议偿还债务。其二，美国《联邦破产法》中的所谓市政机构破产制度，均允许其他社会组织及非人民生活必需的公用事业适用清算和破产程序，显然这种制度仅限于地方政府和为公共目的设立的公法人。不同于以公共利益为目的的政府机关等公法人，经济职能是农村集体经济组织的基本职能。[④]当然，农村集体经济组织也并不是完全不承担公共服务职能，然而作为特别法人，公共服务并非其主要职能。目前已出现职能代行的情形，如村民委员会便可据法律规定进行职能代行。伴随集体产权制度改革的进一步深化，在未来，公共职能将会从集体经济组织中被彻底清除，也就是说处于改革过渡期的集体经济组织破产程序不能完全照搬国外的市政破产制。

三、农村集体经济组织特别法人终止的程序

法人是团体的典型形式，我国主要侧重于对其进行公法上的监管，地方程序并无具体规定，但团体法人必须有法定注销程序。注销程序的详细规范是未来立法需要重点关注的领域。

---

① 李曙光. 破产法的宪法性及市场经济价值[J]. 北京大学学报（哲学社会科学版），2019（1）：150.
② 刘冰. 《民法总则》视角下破产法的革新[J]. 法商研究，2018（5）：49.
③ 魏冉. 农村集体经济组织破产与法人特殊性：互动基础与路径选择[J]. 大连海事大学学报（社会科学版），2020（3）：17.
④ 张力毅. 美国地方政府债务清理的法制构建及其借鉴——以《美国破产法》第九章地方政府的债务调整程序为中心[J]. 北京行政学院学报，2014（1）：25.

（一）财产清算

法人主要作为民事主体从事民商事活动，法人的相关财产关系应在终止前被完全了结，这一规定的原因在于法人制度面临被滥用的风险，以致损害相对人利益，所以，法人终止之前必须经过清算——财产清理程序。[1]清算类别各有其深意，一为广义，二为狭义。破产法中专为法人终止所规定的破产清算程序中的"清算"应属狭义清算，除破产清算以外，以终止法人资格为目的的公司解散同样属于"清算"程序，此二者综合便构成广义清算。以清算义务人和清算组为两大特定主体是清算的一大特点，清算成员一般没有特别规定，由执行或决策机构确定人员组成。[2]

组织团体以成员集体私有财产权为基础，由一个个团体成员组成，农村集体经济组织成员将各自财产投入集体财产即"入社"，以此形成集体资产，因而也具有了共同利益。成员的身份与出资人或股东相类似。清算义务人负有的义务为法定强制性义务，不履行将承担相应民事法律责任。

集体经济组织成员众多，清算是集体性事务，需要能代表全体成员共同意志的机构或人员来主持，目前根据《民法典》和《公司法》的规定，也可由理事会等执行机构处理。此外，主管机关和利害关系人也可作为清算启动的申请主体。

清算组的组成和具体人员选任根据解散原因、清算人种类的不同而各有差别。一种是公司自行清算，根据公司类型不同，还可以分为：股东组成的清算组和董事会、股东大会确定的清算组。若是人民法院指定清算，在特定情况下，债权人可以申请人民法院指定清算组。在清算组的人员组成上，通常由具有丰富管理经验和专业知识的高级管理层或董事长兼任组长，其职责是领导和协调整个清算过程，并负责汇报清算情况。此外，还需要财务专家、法律专家等参与。监察委员会的代表在公司进行清算过程中也应被任命为清算组的成员之一。具体操作可参照《公司法》第二百二十九条、第二百三十二条等规定，借鉴相应清算事由和方式，但应根据其自身组织特殊性进行部分调适，具体问题具体分析。[3]

（二）注销登记

注销登记是法人组织终止的最后一项程序，随着登记赋码规则的建立，农村集体经济组织终止时的注销登记应是其终止退出时的基本形式需求。对此，根据《农村集体经济组织法》第二十五条第二款的规定："农村集体经济组织因合并、分立等原因需要解散的，依法办理注销登记后终止。"

（三）职能承继

农村集体经济组织职能承继主体须在终止后及时明确。目前代表集体统一行使所有权的是集体组织，基于该权利，集体组织可经营管理集体所有的资产，承担相关土地管理职责。

---

[1] 朱庆育. 民法总论[M]. 北京：北京大学出版社，2016：442.
[2] 《民法典》第七十条："除法律、行政法规另有规定，法人清算义务人原则上为董事、理事等执行机构或者决策机构的成员。"
[3] 《公司法》第一百八十三条："公司经营管理发生严重困难，继续存续会使股东利益受到重大损失，通过其他途径不能解决的，持有公司全部股东表决权百分之十以上的股东，可以请求人民法院解散公司。"

同时，集体经济组织团结了成员共同意志，还承担着相应的农业生产生活服务供给职责。

我国法律并未设立农村集体经济组织终止、注销后的职能承继主体。但本书认为可以将《民法典》第一百零一条"未设立村集体经济组织"这一概念进行扩大解释。"未设立"可理解为不存在，可能情形既包括未设立，也包括虽已设立但终止消灭，其职能均由村民委员会在短期内代为行使。①与之相应，现行《农村集体经济组织法》也借鉴了《民法典》的相关表述。②

遗憾的是，目前我国立法并未对农村集体经济组织职能承继作出具体规定，虽然可以将相关职能交予村民委员会、村民小组代行，但此举似乎又走回"政经合一"的困境。所以，新的农村集体经济组织的设立确有必要性与紧迫性，应当通过法律规定明确其新设的时间。在设立选择期间，来自当地政府、农业主管部门的指导和监督不可或缺。③对此，建议通过立法规定职能承继主体，确定期限和方式，以完善注销、新设程序。

---

① 《民法典》第一百零一条第二款："未设立村集体经济组织的，村民委员会可以依法代行村集体经济组织的职能。"
② 《农村集体经济组织法》第六十四条第一款："未设立农村集体经济组织的，村民委员会、村民小组可以依法代行农村集体经济组织的职能。"
③ 吴昭军. 农村集体经济组织终止问题研究[J]. 暨南学报（哲学社会科学版），2021（10）：38.

参考文献

[1] 郑玉波. 民法总则[M]. 北京：中国政法大学出版社，2003.
[2] 罗平汉. 农业合作化运动史[M]. 福州：福建人民出版社，2004.
[3] 陈大斌. 重建合作[M]. 北京：新华出版社，2005.
[4] 温世扬，廖焕国. 物权法通论[M]. 北京：人民法院出版社，2005.
[5] 梅夏英. 物权法·所有权[M]. 北京：中国法制出版社，2005.
[6] 王贵宸. 中国农村合作经济史[M]. 太原：山西经济出版社，2006.
[7] 于新循. 现代商人法纵论——基本理论体系的探寻与构建[M]. 北京：人民法院出版社，2007.
[8] 陈清泰. 重塑企业制度：30年企业制度变迁[M]. 北京：中国发展出版社，2008.
[9] 孟勤国，黄莹，段晓红，等. 中国农村土地流转问题研究[M]. 北京：法律出版社，2009.
[10] 温铁军. 三农问题与制度变迁[M]. 北京：中国经济出版社，2009.
[11] 黄宗智. 中国的隐形农业革命[M]北京：法律出版社，2010.
[12] 中共中央文献研究室. 建国以来重要文献选编（第一册）[M]. 北京：中国文献出版社，2011.
[13] 中共中央党史研究室. 中国共产党历史第二卷(上册)[M]. 北京：中共党史出版社，2011.
[14] 黄中廷. 新型农村集体经济组织设立与经营管理[M]. 北京：中国发展出版社，2012.
[15] 陈珉，等. 合作社法律制度研究[M]. 北京：法律出版社，2013.
[16] 谢春涛. 中国共产党读本[M]. 北京：中国青年出版社，2014.
[17] 赵万一. 民法概要[M]. 武汉：华中科技大学出版社，2014.
[18] 祝之舟. 农村集体土地统经营法律制度研究[M]. 北京：中国政法大学出版社，2014.
[19] 国务院发展研究中心农村经济研究部. 集体所有制下的产权重构[M]. 北京：中国发展出版社，2015.
[20] 宋洪远，赵海. 中国新型农业经营主体发展研究[M]. 北京：中国金融出版社，2015.
[21] 戴永盛. 瑞士债务法[M]. 北京：中国政法大学出版社，2016.
[22] 朱庆育. 民法总论[M]. 北京：北京大学出版社，2016.
[23] 李劲民，等. 山西农村集体产权制度改革研究[M]. 北京：中国社会出版社，2016.
[24] 陈水乡. 北京市农村集体经济产权制度改革历程（1992—2013年）[M]. 北京：中国农业出版社，2015.
[25] 龙卫球，刘保玉. 中华人民共和国民法总则释义与适用指导[M]. 北京：中国法制出版社，2017.
[26] 陈甦. 民法总则评注（上）[M]. 北京：法律出版社，2017.
[27] 李适时. 中华人民共和国民法总则释义[M]. 北京：法律出版社，2017.
[28] 杜万华. 中华人民共和国民法总则实务指南[M]. 北京：中国法制出版社，2017.
[29] 何嘉. 农村集体经济组织法律重构[M]. 北京：中国法制出版社，2017.

[30] 蔡立东，田尧，李海平，等. 团体法制的中国逻辑[M]. 北京：法律出版社，2018.
[31] 刘观来. 合作社治理结构法律制度研究[M]. 北京：中国政法大学出版社，2018.
[32] 李爱荣. 集体经济组织改革中的成员权问题研究[M]. 北京：经济管理出版社，2019.
[33] 最高人民法院民法典贯彻实施工作领导小组. 中华人民共和国民法典总则编理解与适用（上）[M]. 北京：人民法院出版社，2020.
[34] 王利明，杨立新，王轶，等. 民法学（第六版）[M]. 北京：法律出版社，2020.
[35] 黄薇. 中华人民共和国民法典总则编解读[M]. 北京：中国法制出版社，2020.
[36] 孙迎春. 农村股份经济合作社治理结构法律制度研究[M]. 北京：中国政法大学出版社，2020.
[37] 张英洪. 农村集体经济和集体经济组织调查研究[M]. 北京：中国言实出版社，2023.
[38] 马晓河. 中国农村50年：农业集体化道路与制度变迁[J]. 当代中国史研究，1999（5）：70-87.
[39] 孔繁军，许尚涛. 农村集体经济组织重组的法制问题[J]. 发展论坛，2002（2）：59.
[40] 许士宦. 债务清理之理论与立法——破产法修正草案解说[J]. 法学杂志，2003（51）：5-29.
[41] 韩松. 论成员集体与集体成员——集体所有权的主体[J]. 法学，2005（8）：41-50.
[42] 孟勤国. 物权法如何保护集体财产[J]. 法学，2006（1）：72-77.
[43] 傅道忠. 农村公共产品供给制度创新研究[J]. 农村经济，2008（5）：7-11.
[44] 郎晓波. 论城市化进程中农村集体经济改制的社区整合意义——基于对浙江省F村股份经济合作社的实证调查[J]. 农业经济问题，2009（5）：72-77.
[45] 钱爱民，张新民. 经营性资产：概念界定与质量评价[J]. 会计研究，2009（8）：54-59.
[46] 王权典. 社区集体经济组织改制目标定位与职能重构之法律研析[J]. 法学论坛，2009（4）：24-30.
[47] 于学强，魏宪朝. 农村集体经济组织的法律解读[J]. 中国集体经济，2009（9）：7-11.
[48] 徐增阳，杨翠萍. 合并抑或分离：村委会和村集体经济组织的关系[J]. 当代世界与社会主义，2010（3）：3.
[49] 骆玉兰，王飞. 农村集体经济组织的法律属性[J]. 学理论，2011（7）：51-52.
[50] 韩松. 论农村集体经济内涵的法律界定[J]. 暨南学报（哲学社会科学版），2011（5）：54-64.
[51] 王利明，周友军. 论我国农村土地权利制度的完善[J]. 中国法学，2012（1）：45-54.
[52] 赵万一，张长健. 农村集体经济组织法权关系的创新——以社区型股份合作制法人组织的构建为研究对象[J]. 西南民族大学学报（人文社会科学版），2012，33（6）：84-90.
[53] 刘彦. 农村股份经济合作社法律问题研究——从北京市农村集体经济产权制度改革制度实践谈起[J]. 北京工业大学学报，2012（2）：39-45.
[54] 陈小君,陆剑. 论我国农村集体经济有效实现中的法律权利实现[J]. 中州学刊,2013(2)：52-55.
[55] 黄延信，余葵，师高康，等. 对农村集体产权制度改革若干问题的思考[J]. 农业经济问题，2014，35（4）：8-14.
[56] 张力毅. 美国地方政府债务清理的法制构建及其借鉴——以《美国破产法》第九章地方

政府的债务调整程序为中心[J]. 北京行政学院学报, 2014（1）: 21-27.

[57] 管洪彦. 农民集体的现实困惑与改革路径[J]. 政法论丛, 2015（5）: 96-103.

[58] 戴威. 论农村集体经济组织成员权内容的类型化构造[J]. 私法研究, 2015（1）: 222-243.

[59] 宋洪远, 高强. 农村集体产权制度改革轨迹及其困境摆脱[J]. 改革, 2015（2）: 108-114.

[60] 杨一介. 我们需要什么样的农村集体经济组织[J]. 中国农村观察, 2015（5）: 11-18.

[61] 徐秀英, 赵兴泉, 沈月琴. 农村社区股份合作经济组织的治理——以浙江省为例[J]. 现代经济探讨, 2015（10）: 69-73.

[62] 康润华. 湖北襄州农村社区股份合作社改革探微[J]. 农村经营管理, 2016（8）: 36.

[63] 陈亚辉. 政经分离与农村基层治理转型研究[J]. 求实, 2016（5）: 71-78.

[64] 符刚, 陈文宽, 李思遥, 等. 推进我国农村资源产权市场化的困境与路径选择[J]. 农业经济问题, 2016, 37（11）: 14-23+110.

[65] 于飞. "农民集体"与"集体经济组织": 谁为集体所有权人?——风险界定视角下两者关系的再辨析[J]. 财经法学, 2016（1）: 44-50.

[66] 文雷. 农民专业合作社治理机制会影响其绩效吗?——基于山东, 河南, 陕西三省153份问卷的实证研究[J]. 经济社会体制比较, 2016（6）: 134-144.

[67] 蔡立东. 姜楠. 农地三权分置的法实现[J]. 中国社会科学, 2017（5）: 102-122.

[68] 孔祥智. 深入推进产权制度改革, 培育农业农村发展新动能[J]. 教学与研究, 2017（3）: 33-40.

[69] 刘振伟. 建立规范的特别法人治理结构[J]. 中国人大, 2017（10）: 25-28.

[70] 林航, 李震华. 农村集体资产股份权能改革试验与对策研究——以浙江省德清县为例[J]. 浙江农业学报, 2017, 29（11）: 1949-1956.

[71] 谭启平. 中国民法典法人分类和非法人组织的立法构建[J]. 现代法学, 2017, 39（1）: 76-93.

[72] 李永军. 集体经济组织法人的历史变迁与法律结构[J]. 比较法研究, 2017（4）: 35-52.

[73] 吴宜男. 特别法人制度的理论分析与体系构建——以《民法总则》的法人分类为基本背景[J]. 现代经济信息, 2017（7）: 307-308.

[74] 韩立达, 王艳西, 韩冬. 农地"三权分置"的运行及实现形式研究[J]. 农业经济问题, 2017（6）: 4-11+1.

[75] 方志权. 农村集体产权制度改革理论和模式选择研究[J]. 科学发展, 2017（4）: 80-92.

[76] 王留鑫, 何炼成. 农村集体经济组织的制度困境与治理之道——基于制度经济学分析视角[J]. 西北民族大学学报（哲学社会科学版）, 2017（3）: 59-63+82.

[77] 韩冬, 韩立达, 史敦友, 等. 农村集体经济组织法人治理的构建与完善[J]. 中国土地科学, 2017, 31（7）: 4-11.

[78] 陆剑, 易高翔. 论我国农村集体经济组织法人的制度构造——基于五部地方性法规和规章的实证研.[J]. 农村经济, 2018（2）: 16-21.

[79] 梁春梅, 李晓楠. 农村集体产权制度改革的减贫机制研究[J]. 理论学刊, 2018（4）: 55-61.

[80] 方志权. 农村集体经济组织特别法人: 理论研究和实践探索（上）[J]. 农村经营管理, 2018（6）: 19-21.

[81] 姜红利，宋宗宇. 农民集体行使所有权的实践路径与主体定位[J]. 农业经济问题，2018（1）：36-43.

[82] 陈晓枫，翁斯柳. 股权的设置与管理：农村集体经营性资产股份权能改革的关键[J]. 经济研究参考，2018（32）：64-70.

[83] 孙宪忠. 推进我国农村土地权利制度改革若干问题的思考[J]. 比较法研究，2018（1）：171-179.

[84] 陶钟太朗，沈冬军. 论农村集体经济组织特别法人[J]. 中国土地科学，2018，32（5）：7-13.

[85] 陈甦. 籍合组织的特性与法律规制的策略[J]. 清华法学，2018（3）：26-40.

[86] 屈茂辉. 农村集体经济组织法人制度研究[J]. 政法论坛，2018（2）：28-40.

[87] 臧昊，梁亚荣. 农村集体经济组织破产制度研究[J]. 农业经济，2018（10）：12-14.

[88] 刘冰. 《民法总则》视角下破产法的革新[J]. 法商研究，2018（5）：47-57.

[89] 李曙光. 破产法的宪法性及市场经济价值[J]. 北京大学学报（哲学社会科学版），2019（1）：149-157.

[90] 张洪波. 论农村集体资产股份合作中的折股量化[J]. 苏州大学学报（哲学社会科学版），2019（2）：46-53.

[91] 刘宇晗. 农地"三权分置"视域下农村集体经济组织法人制度的完善[J]. 山东大学学报（哲学社会科学版），2019（4）：168-176.

[92] 马翠萍，郜亮亮. 农村集体经济组织成员资格认定的理论与实践——以全国首批29个农村集体资产股份权能改革试点为例[J]. 中国农村观察，2019（3）：25-38.

[93] 陈晓军，宫赟. 农村集体经济组织的立法问题[J]. 东方论坛，2019（1）：75-84.

[94] 管洪彦. 农村集体经济组织法人治理机制立法建构的基本思路[J]. 苏州大学学报（哲学社会科学版），2019（1）：51-60.

[95] 杨仕兵，方颖. 论农村集体经济组织特别法人成员的撤销权[J]. 东北林业大学学报（社会科学版），2019（1）：43-48.

[96] 孔祥智，片知恩. 新中国70年合作经济的发展[J]. 华南师范大学学报（社会科学版），2019（6）：28-37+191.

[97] 农业农村部政策与改革司集体资产处. 农村集体经济组织立法应关注的四个重要问题——农村集体经济组织立法研讨会综述[J]. 农村经营管理，2019（2）：36-37.

[98] 崔超. 农村集体经济组织发展的内部困境及其治理[J]. 山东社会科学，2019（4）：148-153.

[99] 郭洁. 论农村集体经济组织的营利法人地位及立法路径[J]. 当代法学，2019，33（5）：79-88.

[100] 高飞. 农村集体经济组织成员资格认定的立法抉择[J]. 苏州大学学报（哲学社会科学版），2019（2）：37-45.

[101] 宋天骐. 论农村集体经济组织成员的权利体系[J]. 人民法治，2019（9）：30-33.

[102] 吴昭军. 农村集体经济组织"代表集体行使所有权"的法权关系界定[J]. 农业经济问题，2019（7）：37-46.

[103] 高鸣，芦千文. 中国农村集体经济：70年发展历程与启示[J]. 中国农村经济，2019(10)：

19-39.

[104] 高海. 论集体土地股份化与集体土地所有权的坚持[J], 法律科学（西北政法大学学报），2019（1）：169-179.

[105] 焦富民.《民法总则》视域下农村集体经济组织制度研究[J]. 江海学刊 2019（5）：240-246.

[106] 林广会. 农村集体产权制度改革背景下集体所有权主体制度的机遇与展望[J]. 求是学刊，2020（3）：95-106.

[107] 宋天骐. 论农村集体经济组织法人设立的特别性[J]. 求索，2020（5）：155-157.

[108] 魏冉. 农村集体经济组织破产与法人特殊性：互动基础与路径选择[J]. 大连海事大学学报（社会科学版），2020（3）：9-18.

[109] 王洪平. 农村集体产权制度的法权结构研究[J]. 中国不动产法研究，2020（2）：95-111.

[110] 于雅璁."特别法人"架构下我国农村集体经济组织改革发展路径研析[J]. 海南大学学报（人文社会科学版），2020（6）：69-77.

[111] 许中缘，范朝霞. 农民集体成员资格认定的规范路径——以地方立法、司法实践为视角[J]. 海南大学学报（人文社会科学版），2020（5）：109-117.

[112] 屈茂辉. 民法典视野下土地经营权全部债权说驳议[J]. 当代法学，2020（6）：47-57.

[113] 房绍坤，任怡多. 论农村集体资产股份有偿退出的法律机制[J]. 求是学刊，2020（3）：73-83.

[114] 王雷. 民法典有关特别法人的规定解析——从居民委员会、村民委员会和农村集体经济组织作为特别法人的相关思考谈起[J]. 中国民政，2020（13）：39-41.

[115] 房绍坤. 深化农村集体产权制度改革的法治保障进路[J]. 求索，2020（5）：14-23.

[116] 张世君. 我国破产重整立法的理念调适与核心制度改进[J]. 法学杂志，2020（7）：14-23.

[117] 管洪彦，傅晨辰. 农村集体经济组织法人民主决策的异化与匡正[J]. 求是学刊，2020（3）：5-6.

[118] 张晖. 乡村治理视阈下的农村集体经济组织建设[J]. 广西社会科学，2020（11）：51-55.

[119] 李蕊. 农地转用领域土地要素市场化配置的制度逻辑[J]. 安徽师范大学学报（人文社会科学版），2021（2）：117-122.

[120] 韩松. 论农民集体所有权的成员集体所有与集体经济组织行使[J]. 法商研究,2021(5)：144-158.

[121] 房绍坤，袁晓燕. 农村集体经济组织特别法人制度建构[J]. 上海政法学院学报，2021（3）：1-13.

[122] 宋志红. 论农民集体与农村集体经济组织的关系[J]. 中国法学，2021（3）：164-185.

[123] 房绍坤，任怡多. 论农村集体产权制度改革中的集体股：存废之争与现实路径[J]. 苏州大学学报（哲学社会科学版），2021（2）：60-72.

[124] 王洪平. 农民集体与集体经济组织的法律地位和主体性关系[J]. 法学论坛，2021（5）：18-28.

[125] 吴昭军. 农村集体经济组织终止问题研究[J]. 暨南学报（哲学社会科学版），2021（10）：34-45.

[126] 王丽红，侯晓博，夏宇. 北京市海淀区农村集体经济组织规范发展的实践与探索[J]. 北京农业职业学院学报，2021（5）：25-31.

[127] 吴昊. 农村集体经济组织法人治理机制建构[J]. 河南社会科学，2021（2）：33-34.

[128] 张先贵. 集体经济组织享有集体财产所有权的谬误与补正[J]. 安徽师范大学学报（人文社会科学版），2021（3）：112-118.

[129] 张先贵. 究竟如何理解农村集体经济组织特别法人[J]. 暨南学报（哲学社会科学版），2021，43（10）：14-24.

[130] 张保红. 论农村集体经济组织内部治理的模式选择[J]. 中国社会科学院研究生院学报，2021（3）：49-59.

[131] 许德风. 道德与合同之间的信义义务——基于法教义学与社科法学的观察[J]. 中国法律评论，2021（5）：14.

[132] 张英红，王丽红，刘伟. 农村集体经济组织的基本特征与问题[J]. 农村经营管理，2021（8）：23-25.

[133] 何宝玉. 我国农村集体经济组织的历史沿革、基本内涵与成员确认[J]. 法律适用，2021（10）：9-21.

[134] 管洪彦. 农村集体经济组织法人类型定位之证成与价值展开[J]. 法学论坛，2021，36（5）：29-39.

[135] 芦千文，杨义武. 农村集体产权制度改革是否壮大了农村集体经济——基于中国乡村振兴调查数据的实证检验[J]. 中国农村经济，2022（3）：84-103.

[136] 郭祥. 农村集体经济组织的特征、发展趋势及监督机制建构[J]. 农村经济，2022（4）：45-51.

[137] 李国强，朱晓慧. 农村集体经济组织法人的治理机制研究[J]. 财经法学，2022（1）：62-75.

[138] 郭晓鸣，张耀文. 农村集体经济组织与农民合作社融合发展的逻辑理路与实现路径[J]. 中州学刊，2022（5）：27-34.

[139] 宋天骐，房绍坤. 农村集体经济组织法人的理论逻辑：个体主义抑或整体主义?[J]. 苏州大学学报（哲学社会科学版），2022，43（3）：115-125.

[140] 宋天骐，房绍坤. 农村集体经济组织法人治理结构的理论重构及立法建议[J]. 中州学刊，2022（2）：47-55.

[141] 高圣平. 民法典担保人资格的解释论[J]. 荆楚法学，2022（1）：80-93.

[142] 李国强. 权利主体规范逻辑中的农民集体、农村集体经济组织[J]. 求索，2022（3）：154-161.

[143] 高海. 农村集体经济组织法人治理的特别性与法构造[J]. 江西社会科学，2022（10）：34-45.

[144] 管洪彦. 农民集体和农村集体经济组织关系的理论证成和实益展开[J]. 山东大学学报（哲学社会科学版），2022（6）：37-48.

[145] 宋天骐. 论农村集体经济组织法人内部治理中的"人"与"财"——以治理机构的人员构成与集体资产股权为观察对象[J]. 河北法学，2022，40（4）：34-50.

[146] 温世扬. 农村集体经济组织法人特殊构造论[J]. 政治与法律，2022（10）：15-32.

[147] 宋志红. 集体经营性资产股份合作与农村集体经济组织之关系重构[J]. 法学研究 2022（3）：39-56.

[148] 王洪平. 农村集体经济组织法制定中的三个基本范畴问题[J]. 中州学刊，2022（2）：36-46.

[149] 吴昭军. 论农村集体经济组织立法[J]. 荆楚法学，2022（4）：49-61.

[150] 房绍坤，宋天骐. 论农村集体经济组织法人成员的特别性[J]. 山东社会科学，2022（2）：45-55.

[151] 许明月，孙凌云. 农村集体经济组织成员确定的立法路径与制度安排[J]. 重庆大学学报（社会科学版），2022（1）：245-256.

[152] 高海. 农民集体与农村集体经济组织关系之二元论[J]. 法学研究，2022（3）：21-38.

[153] 房绍坤，路鹏宇. 论农民成员资格认定的应然司法逻辑[J]. 山东大学学报（哲学社会科学版），2022（6）：22-36.

[154] 宋志红. 论农村集体经济组织对集体土地所有权的代表行使——《民法典》第262条真义探析[J]. 比较法研究，2022（5）：154-168.

[155] 房绍坤，马鹏博. 农村集体经济组织具有破产能力吗?[J]. 上海政法学院学报（法治论丛），2022（5）：19-37.

[156] 张力，程敏. 农村集体经济组织特别法人的设立与终止[J]. 北京航空航天大学学报（社会科学版），2022（5）：77-85.

[157] 姜文. 集体产权改革：农村社区股份合作社的运行机制和路径选择[J]. 安徽农业科学，2022，50（3）：250-255.

[158] 管洪彦. 农村集体经济组织设立"特别性"的基本法理与立法表达[J]. 江西社学，2022，42（10）：165-175.

[159] 丁文，程子扬. "村企合作"中农村集体经济组织的完善——基于鄂西北H村的个案研究[J]. 河北法学，2022（9）：62-79.

[160] 李庚泽，蔡淇旭，蔡春林. 广东农民专业合作社高质量发展的思路及对策[J]. 广东经济，2023（6）：30-34.

[161] 管洪彦. 农村集体经济组织法人终止的法理证成与立法展开[J]. 南京农业大学学报（社会科学版），2023（1）：82-94.

[162] 刘欢. 论农村集体经济组织法人的终止[J]. 西南政法大学学报，2023（6）：86-99.

[163] 房绍坤. 促进新型农村集体经济发展的法治进路[J]. 法学家，2023（3）：1-14.

[164] 管洪彦. 新型农村集体经济组织的法律地位：法理争辩与规范表达[J]. 理论学刊，2023（3）：140-149.

[165] 曹相见. 农村集体经济组织特别法人的特别效果[J]. 法学论坛，2023，38（2）：57-67.

[166] 陈小君. 深化农村土地制度联动改革的法治目标[J]. 法学家，2023（3）：15-29.

[167] 高海. 农村集体经济组织终止制度的特别性及立法建议[J]. 南京农业大学学报（社会科学版），2023（11）：102-113.

[168] 任大鹏，吕晓娟. 农村集体经济组织财产制度构建的法律问题探究[J]. 中国农业大学学报（社会科学版），2023（3）：185-202.

[169] 张先贵，盛宏伟. 农村集体经济组织成员资格认定标准：底层逻辑与应然表达——面向

农村集体经济组织立法背景的深思[J]. 安徽师范大学学报（人文社会科学版），2023（3）：114-125.

[170] 谢鸿飞. 农村集体经济组织权利能力的限制与扩张——兼论《农村集体经济组织法（草案）》的完善[J]. 中国社会科学院大学学报，2023，43（8）：5-22+147+153.

[171] 吴昭军. 论农村集体经济组织的经营管理权——基于信托理论的阐释[J]. 当代法学，2023，37（1）：95-107.

[172] 房绍坤，袁晓燕. 关于制定农村集体经济组织法的几点思考[J]. 南京农业大学学报（社会科学版），2023，23（1）：70-81.

[173] 何宝玉. 关于农村集体经济组织与村民委员会关系的思考[J]. 法律适用，2023（1）：95-105.

[174] 张先贵. 社区性市场主体：农村集体经济组织的角色定性[J]. 安徽师范大学学报（社会科学版），2024，52（1）：79-89.

[175] 郭雅芬. 农村社区股份合作社法人治理机制研究[D]. 上海：华东政法大学，2019.

[176] 应建均. 农村集体经济组织法人主体确定及其实现[D]. 重庆：西南政法大学，2018.

[177] 吴宜男. 商法视阈下农村经营主体法律形态研究[D]. 成都：四川师范大学，2018.

[178] 高达. 农村集体经济组织成员权研究[D]. 重庆：西南政法大学，2014.

[179] 陈钦昱. 农村集体经济组织特别法人的认识确立与制度构建[D]. 成都：四川师范大学，2023.

[180] 罗培新. 放好农村集体经济组织这只"风筝"——农村集体资产监管立法论略[N]. 文汇报，2017-04-02（7）.

[181] 李荣. 上海试点探索农村土地股份合作制改革[N/OL].（2018-10-07）[2023-12-16]. https：//www. gov. cn/xinwen/2018-10/07/content_5328351. htm.